THE EU GLOBAL STRATEGY
AND A LIBERAL INTERNATIONAL ORDER
THE IMPACT OF BREXIT AND THE WAR IN UKRAINE

EUの世界戦略と
「リベラル国際秩序」のゆくえ

ブレグジット、ウクライナ戦争の衝撃

臼井陽一郎／中村英俊 編著

池本大輔／岩間陽子／神江沙蘭
小林正英／武田 健／吉田 徹

明石書店

目　次

第Ⅰ部　英独仏と「リベラル国際秩序」

序　章

「リベラル国際秩序」とヨーロッパ統合
——ブレグジットとウクライナ戦争の影響

中村　英俊

はじめに——「リベラル国際秩序（LIO）」とヨーロッパ統合

　冷戦が終焉し始めた時、冷戦を「長い平和」と見る歴史観に従って、ヨーロッパ統合も終焉を迎えるだろうという悲観論が台頭した[1]。しかし暫くの間、ヨーロッパ統合は進化して「西側のリベラルな秩序」もグローバルに拡大する勢いを見せた。アイケンベリー（John Ikenberry）は、冷戦後に「リベラル国際秩序（Liberal International Order: LIO）」が新たなフェーズに入っていると確信した[2]。

　ところが私たちは、2016年6月23日にイギリス国民投票におけるEU離脱派の勝利（ブレグジット）、および、2022年2月24日にロシアによるウクライナへの軍事侵攻（ウクライナ戦争）を経験した。これらは、冷戦後のLIOが内と外から挑戦を受けた事象である。このように、現在、LIOもヨーロッパ統合も様々な挑戦に晒され、異議申し立てを受けている。パングロスにならずに[3]、LIOの現実を多角的に捉えて、ヨーロッパ統合の本質を捉えなおす理論的視座が必要とされている。

　本章は第1に、国際政治学界における「国際秩序」をめぐるリアリズムとリベラリズムの論争を整理する。この節では、変化する国際システムにおけるEU（諸国）の地位を確認する一方で、LIOの本質を捉えるためのリベラル理論の視座を理解する。このような理解は、冷戦後LIOの拡大や維持という観点からEU（加盟諸国）がどのような役割を果たしてきたかを考察する前提となる。

第2に、ヨーロッパ統合の進化を通してEU自体がウェストファリア秩序を修正して新しい秩序原理を作り出してきたこと、つまり、冷戦後LIOの拡大・推進や維持・強化を担う役割を演じ、EU・ヨーロッパ統合それ自体がLIOの先端事例たりうることに留意する。ここでは、EUの「安全保障」という観点からヨーロッパ統合を考察する歴史的・理論的視座の整理を試みる。

　第3に、ヨーロッパの北欧・西欧・南欧諸国間で醸成された「共同体意識」が、EUの東方拡大によって東欧諸国にも広がったか否かを検討する。EUに加盟した東欧諸国は、重要な加盟条件である本格的な「民主化」を着実に進めて、「共同体意識」を共有できるようになったのだろうか。

　第4に、国際アクターとしてEUが、LIOの拡大や維持にどのような役割を果たしたかを考察する理論的視座の整理を試みる。ヨーロッパ統合を推進するうえで重要な位置を占めていたリベラルな価値・規範について、それをEUはヨーロッパの非加盟国や域外の国々に伝播しようと試みてきた。ソ連を構成していた東欧の近隣諸国に対するEUのリベラル規範伝播の試みは、ロシアにとってどのような含意を持ったのか。グローバルなLIOが流動化する現状に鑑みて、それを考察する理論的視座の提示を試みる。

第1節　「国際秩序」をめぐる論争
——LIOに対する挑戦と異議申し立て

1.「国際秩序」とは

　アイケンベリーは、冷戦期の「西側のリベラル秩序」をLIO–2 (ver.2) と呼ぶ（Ikenberry 2009）が、これをミアシャイマーは「国際秩序」ではない「限定的な秩序（bounded order）」と呼ぶ（Mearsheimer 2019）。1970年代中頃、日米欧G7体制の形成などによって「西側のリベラル秩序」は強固なものになった。そして冷戦後、G7体制はロシアを積極的に支援して、2014年のクリミア併合まではロシアを加えたG8サミットが制度化されていた。ミアシャイマーも、冷戦後（暫くの間[4]）LIOが存在していたと見ている。しかし、アイケンベリーが冷戦後のLIOはW・ウィルソンのLIO–1あるいは冷戦期のLIO–2から進化を遂げていると見たのに対して、ミアシャイマーは冷戦後にLIOが存在した

理由をアメリカ一極世界の到来に求める。ミアシャイマーは、二極でも多極でもない一極の国際システムこそが「（アメリカ的）リベラルな」「国際秩序」の誕生を可能にしたと見ている。

　H・ブルは、（中央政府が存在しないという意味において）アナーキーな「国際社会（international society）」における「秩序」を「国際秩序」と捉えた（「世界秩序」や「グローバル秩序」とは違う）。「国際秩序」とは、主権国家から成る社会（society of states）としての「国際社会」の「主要な基本的目標を維持する活動様式」を意味した（Bull 1977/2002）。ブルは、社会生活における「秩序」を「社会生活において、安全の確保、合意の遵守、所有の安定という3つの基本的目標を維持する人間活動の様式」と捉えている。ブルにとって単なる主権国家システムにとどまらず「国際社会」が存在すると言えるのは、「一定の共通利益と共通価値を自覚した国家集団が（その相互関係において、それらの国々自身が、共通の規則体系によって拘束されており、かつ、共通の諸制度を機能させることに対してともに責任を負っているとみなしているという意味で）一個の社会を形成している」時である（Bull 1977/2002）。ブルに代表される英国学派・合理主義のパラダイムに立脚すれば、国際政治におけるアナーキーは、必ずしも混沌や無秩序を意味せず、政府不在のシステムでも、共通の利害、慣習、規範、法、そして制度を持つことは可能で、秩序も維持できる。

　ミアシャイマーは、「構成国間の相互作用を統治しやすくする国際制度が一つに組織化されている状況」を「秩序」と定義して、ネオ・リアリスト流に「大国」「覇権」「力の均衡」という概念を重視して「国際秩序」を理解する。したがって、国際政治学のパラダイムとしてのリベラリズムに立脚するアイケンベリーとは次のような見解の相違が生じる。すなわち、「国際秩序」には全ての大国が参加する必要があり、一部の大国が参加するものは「限定的な秩序」である。このように「国際秩序」を定義すれば、冷戦期にはLIOは存在せず、2つの限定的な秩序（西側のリベラル秩序とソ連中心の東側秩序）が存在していた。それらは、いずれも厚い（thick）秩序だったが「国際秩序」ではなかった。冷戦期に「国際秩序」は存在したが、米ソがともに常任理事国である国連安保理にしても、1970年代に米ソが協調して作った「核不拡散レジーム」にしても、薄い（thin）「国際秩序」の一部を表象しているに過ぎなかった。

ところが、ミアシャイマーも、冷戦後の僅かな期間、西側の民主主義、開放経済、資本主義、国際制度をグローバルに広げる試みが成功したと捉え LIO が存在していたと見る。しかし、それは単極（unipolar）世界という力の配分（power distribution）構造（＝国際システム）において構築できた例外的な産物にすぎず、西側の支援を受け（WTO にも加盟して）経済成長を遂げた中国（やロシア）がアメリカとの大国間競争のフェーズに入ると、LIO は崩壊すべくして崩壊したと見る。世界は今や、アメリカ中心の「限定的な秩序」と中国中心の「限定的な秩序」の競争・対立のフェーズに突入している。ミアシャイマーは、このように「リベラルな賭け（liberal bet）」に負けるべくして負けた冷戦後のアメリカ外交政策を痛烈に批判した（Mearsheimer 2021; アイケンベリーによる反論は Ikenberry et al 2022）。

2．国際システムの変化と EU の力

　ミアシャイマーのようなネオ・リアリスト的な「国際秩序」の定義に従えば、EU 加盟諸国は、あくまでもアメリカという「覇権国」の補完勢力に過ぎないということになる。経済力だけでなく軍事力も重要な力の源泉と捉え、その力の配分構造としての国際システムの変化を考察する時、構造・システム上の EU の地位は高くない。仮に EU 加盟国の力の総和を EU の世界戦略にフル活用できるとしても、EU は良くても「（複数の）大国」の一角を成すに過ぎないということになるだろう。しかも、そのような力が増加する傾向はなく、EU の地位が向上する兆しはない（この第 1 節 2 項は中村〔2022〕に基づく）。

　経済力を GDP という指標で、軍事力を軍事費という指標で、それぞれ EU 加盟国の力の総和を測ってみよう。2020 年に統計上もイギリスを除くと、EU の経済力や軍事力の低下は明らかである。実際、EU 内でイギリスの力は大きかった。例えば 2016 年時点で EU 加盟 28 か国中、GDP 上位 3 か国はドイツ、イギリス、フランス（EU 合計に占める割合は 20.9％、16.2％、14.9％）、そして軍事費上位 3 か国はイギリス、フランス、ドイツ（20.6％、20.3％、17.0％）だった。

　図 1 は、EC/EU および主要国の世界の GDP に占める割合の推移を示している（1970 〜 2020 年）。この指標に基づけば、EC の経済力は第 1 次拡大が実現した 1973 年に一気に増えた（加盟 6 か国合計の 19.5％から加盟 9 か国の 25.8％へ）。

図1　世界のGDPに占める割合（%）：1970 〜 2020 年

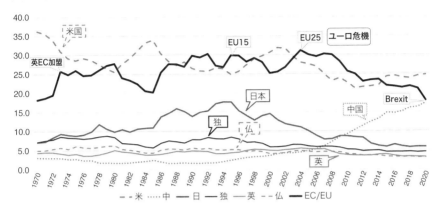

出典：*World Development Indicators*を基に作成。

　その後、1980 年代前半に（加盟国は増えた一方で）20.2%まで減ったECの経済力
も、域内市場完成化計画発表後は暫く増加傾向に転じて、アメリカも超えるよ
うになる。東方拡大を実現した 2004 年にはEU加盟 25 か国合計は 31.1%に達
するが、間もなくユーロ危機に直面すると低下を続け、2019 年時点で加盟 28
か国合計は 21.2%まで落ち込む。そして、2020 年の加盟 27 か国合計は 18.1%
になる（イギリスは 3.2%）。台頭する中国（2020 年の割合は 17.4%）との差は僅かで
ある。

　図2は、冷戦後のEUおよび主要国の軍事費の推移を示している（ロシアの
データが入手可能な 1993 年以降）。EU加盟国の合計額は、アメリカには及ばないが、
暫くの間はロシアや中国を大きく超えていた。しかし、2010 年代後半からは
中国に接近されており、2020 年にはEU加盟国合計の軍事費を中国が上回る
ことになった。2019 年のEU加盟 28 か国合計額（2747 億ドル）は 2020 年に大
きく減った（27 か国合計額が 2328 億ドル。イギリス一国の軍事費は 2019 年 569 億ドル
→ 2020 年 592 億ドル）。その一方で、中国の軍事費は増えている（2019 年 2403 億ド
ル→ 2020 年 2523 億ドル）。

　ブレグジット後のEUの経済力や軍事力は低下する。しかし、どのような国
際アクターも力の源泉を影響力に転化できなければ意味がない。そもそも、加

図2　軍事費：1993〜2020年（単位：10億ドル）

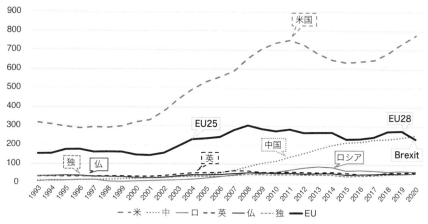

出典：*World Development Indicators*. Stockholm International Peace Research Institute (SIPRI), *Yearbook: Armaments, Disarmament and International Security* を基に作成。

盟各国の数値を単に足し算すれば EU としての力の源泉になるわけではない。他方で、加盟各国の力の源泉を合計した数値の減少が、EU としての影響力の自動的な低下を意味しない。「厄介なパートナー」と呼ばれてきたイギリスが EU を離脱したことによって、経済金融や軍事安全保障の分野で統合が深化して、それが世界における EU の影響力を向上させるのだろうか。ブレグジット後の EU は、国際アクターとしてどのように行動して、その対外関係を再構築するのか。EU 加盟国間関係の変容は統合の行方にどのような影響を及ぼすのか。

　このような論点が重要になっていた文脈で、2022 年 2 月のウクライナ戦争は勃発した。そもそも、ミアシャイマーのようなネオ・リアリストによれば、中国の台頭という力による国際システムの変化を背景に「アメリカ主導の（西側）秩序」は（再び）限定的なものになって、EU が独自で果たせる役割は大きくない。しかし、このような LIO をめぐる悲観論に直行する前に、リベラリズムに立脚するアイケンベリーの議論を整理しておこう。

3. LIO の本質は何か

アイケンベリーはドゥドニー（Daniel Deudney）と 1999 年に公刊した共著論文で「リベラル国際秩序」論の原型を提示した（Deudney and Ikenberry 1999）。同論文で提示された LIO の性質と源泉に関する「構造的リベラリズム」論には、以下 5 つの特徴がある。

第 1 に、LIO は「安全保障の相互拘束（security co-binding）」を特徴とする。秩序を構成する諸国はバランシング行動をとらず、お互いを多国間制度の内部に閉じ込める（ロックインする）。第 2 に「浸透する互恵的な覇権（penetrated reciprocal hegemony）」を特徴とする。第二次世界大戦後にアメリカの圧倒的な力を背景に構築された「西側の秩序」は、アメリカの強制的（強圧的）な覇権によって維持されているわけではない。第 3 に「半主権的・部分的な大国（semi-sovereign and partial great powers）」の存在を特徴として、軍事主権を含む完全な（対外）主権を持たず、歴史的な「大国（列強）」のような軍事力を持たずとも、国際政治場裏で一定の影響力を持つ日本やドイツのような大国が活躍してきた。第 4 に「経済的開放性（economic openness）」を特徴として、相互依存関係を築くことによって、比較優位の分野を開拓する。第 5 に、LIO は「市民アイデンティティ（civic identity）」を特徴とする。したがって、ナショナル・アイデンティティが異なっても、民主主義、立憲主義、人権、市場原理などの規範や原理を共有することが可能となる。

その後、アイケンベリーは「リベラル国際主義」という秩序構築の理念について、それを 5 つの次元で捉えることで LIO が歴史的に変容を遂げてきた様子を描こうとする（Ikenberry 2009）。表 1 はアイケンベリーが 2009 年の論文で示した LIO の 3 つのヴァージョンだが、現状の考察を踏まえて、次のように述べていた。すなわち、第一次世界大戦以降変容を遂げてきた LIO は、冷戦後に新たなフェーズに入っているが、第二次世界大戦後の LIO–2 から新たなヴァージョンに完全移行したとは言い切れず、将来、LIO–3 への移行、LIO–2.5（Ver.2.5）と呼ぶべき状況、そして LIO 崩壊の 3 つの可能性がある。

2010 年代に入ると、「民主化」の道を歩まない中国の力が台頭して、ロシアは LIO に露骨な挑戦をするようになった。さらに、2016 年 11 月にドナルド・トランプがアメリカ大統領選に勝利を収めると、LIO の自壊（内部崩壊）の可能

表1　J・アイケンベリーのリベラル国際秩序（LIO）：3つのヴァージョン

5つの次元	LIO-1：WWI後	LIO-2：WWII後	LIO-3？：冷戦後
1. 参加の範囲	普遍的（理念上）	排他的（「西側」）	グローバルに拡大
2. 主権（独立）	自律	部分的主権	経済・安全保障の相互依存
3. 主権（平等性・階層性）	平等	階層的（米国覇権）	集団的ガヴァナンス
4. 法の支配	強い法的拘束力	政府間合意	ルールに基づく
5. 政策領域	狭い（貿易、集団安全保障）	広い（経済規制、人権などへ拡大）	さらに拡大

出典：Ikenberry (2009: 74)

　性が論じられるようになり、*The International Spectator, International Affairs, Ethics & International Affairs*、*Journal of European Public Policy* などの学術誌でも次々に特集が組まれた（それぞれの特集号の編者による序論は、Alcaro 2018; Ikenberry, Parmar and Stokes 2018; Ikenberry and Tang 2018; Pepinsky and Walter 2020）。

　それでも、アイケンベリーは悲観的で安易な LIO 崩壊論には立たない。彼は LIO を簡潔に「開放的で、ルールに基づく秩序」と定義して、グローバルな広がりに限界はあるものの、いまだに LIO は存続していると見る（Ikenberry 2009, 2018）。

　冷戦終焉後、「民主化」の波とも符合するように「西側のリベラル秩序」はグローバルに拡大する勢いがあった。しかし、21 世紀に入ると、LIO は以下 3 方面から挑戦を受けるようになる。*International Organization* 誌の創刊 75 周年特集号は「LIO への挑戦」をテーマとして、その編者は LIO が、第 1 にポピュリズムの台頭に代表される西側内部からの挑戦を受け、第 2 に中ロなど外部の権威主義（専制主義）諸国から挑戦を受け、そして第 3 に環境問題や感染症問題などグローバルな課題から挑戦を受けていると論じる。このような挑戦を受けるようになった LIO はそもそも、ウェストファリア秩序と共に進化を遂げ、国家主権の平等、紛争の平和的解決、民族自決、内政不干渉など国連憲章に明記された諸原理を定着させてきた。その一方で LIO は、ウェストファリア秩序とは異なる秩序原理として自由民主主義の政治体制、モノや資本の自由移動、自由・法の支配・人権などを定着させてきた。特に、ウェストファリ

ア秩序は主権国家こそが領土およびその住民に対する究極的な権威を有すると観念するのに対して、LIO はそのような権威の共有や委譲も構想する（Lake, Martin and Risse 2021）。同じ特集号で、ベルツェルとツュルン（Börzel and Zürn 2021）は、第二次大戦後のマルチラテラリズムに基づく LIO が、冷戦後のポストナショナルなリベラリズムに基づく LIO へと変容していると捉えて、LIO に対する様々な異議申し立て（contestation）を解き明かす。

4. 自由民主主義体制と LIO

　LIO の本質を理解するには、その秩序原理が冷戦期には「西側」の自由民主主義諸国の間で広く共有されたこと、そして冷戦後の世界で多くの国が自由民主主義の政治体制に移行する傾向にあったことを正確に確認する必要がある。

　このような冷戦後の傾向を振り返るべく、ヨーテボリ大学の V-Dem 研究所のデータを基に世界各国の政治体制を 4 つに類型する研究を参照しよう（V-Dem Institute 2022; Lührmann et al. 2018）。4 つの政治体制とは、閉鎖的専制主義（Closed Autocracy）、選挙民主主義（Electoral Democracy）、選挙専制主義（Electoral Autocracy）、そして自由民主主義（Liberal Democracy）である。閉鎖的専制主義体制では、複数政党制に基づく選挙が実施されていない。選挙専制主義体制では、法的には複数政党制に基づく選挙が実施されているが、実質的には一党独裁であったり、自由で公正な選挙が実施されていなかったりして、ダール（Robert Dahl）のポリアーキー論における 6 つの制度的要件（公職層の選出、自由・公正な選挙、表現の自由、多様な情報源、結社の自律性、包括的な市民権・投票権）をほとんど満たしていない。選挙民主主義体制では、実質的な複数政党制および自由・公正選挙があり、ダールの 6 つの制度的要件も最低限満たせているが、法の支配、あるいは、自由主義原則は満たしていない。自由民主主義体制では、法の支配や自由主義原則（抑制と均衡に基づく三権分立、個人の自由の保護などを含む）が満たされている。

　図 3 は、4 つの政治体制ごとの国家数および各政治体制下に住む人口の割合について、1971 年以降の推移を示したものである。

　1971 年時点で、閉鎖的専制主義体制の国は 87 あり、選挙専制主義国は 35、自由民主主義国は 20、選挙民主主義国は 16 だった。この状況が変化して、冷

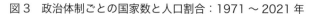

図3 政治体制ごとの国家数と人口割合：1971 〜 2021 年

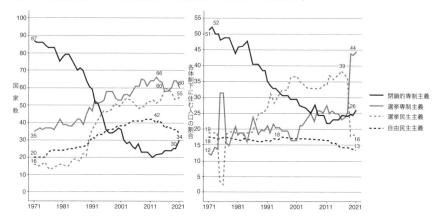

出典：V-Dem Institute (2022: 14)

　戦後の 1990 年代から 2000 年代には自由民主主義や選挙民主主義の体制をとる国が増えて、2012 年には自由民主主義体制をとる国が 42 か国に増えていた。冷戦後の約 20 年間、閉鎖的専制主義体制の国の数は概ね減っていたが、選挙専制主義体制への移行にとどまり、自由で公正な選挙が実施されているとは言えない国の数は十分に減っていなかった。そして 2010 年代には、閉鎖的専制主義国数の減少が下げ止まり、自由民主主義国数も減っていった。2021 年時点では、自由民主主義国数は 34 で、選挙民主主義国数は 55、選挙専制主義国数の 60 と閉鎖的専制主義国数の 30 を合わせた 90 か国は民主主義国数を上回っている。

　LIO にとってさらに厳しい現実は、4 つの政治体制それぞれをとる国に住む人口（世界総人口に占める割合）という観点では、自由民主主義体制下にいる人口は相対的に増えていないことである。2019 年には、インドが選挙民主主義体制から選挙専制主義体制へ移行したと判断されたことを主要因として選挙専制主義体制下の人口が急増して、2021 年時点では世界人口の約 70％が専制主義体制下で生きていることになる。1970 年代や 1980 年代の「民主化」状況と比べれば悪くはないかもしれないが（V-Dem Institute 2021: 9）、世界の平均的市民が享受できる民主主義のレベルは冷戦終焉時の 1989 年並みに戻ってしまい、冷

戦後約 30 年間の「民主化」の果実はなくなってしまったような状況にある（V-Dem Institute 2022: 12）。

　このような厳しい状況においても、EU はあくまでも LIO を維持する役割を担っていると言える。V-Dem の指標に従えば、2021 年の世界で自由民主主義体制をとる 34 か国のうち 15 か国が EU 加盟国だった。実際これまでの間、EU は域内の「安全保障」を確保するうえで自由民主主義的な価値や規範を共有することを前提としており、その延長線上で EU 流に民主主義のグローバルな拡大を図ることによって、域外安全保障の確保を試みてきたと言える。

第 2 節　EU の「安全保障」
──ヨーロッパ統合と EU の歴史的・理論的意義

　ヨーロッパ統合の進化を通して EU 自身がウェストファリア秩序を修正して新しい秩序原理を作り出してきた。冷戦後 LIO の強化役として、EU それ自体が LIO の先端事例だったと言える。これが実現できたのは、EU が域内外での「安全保障」を独特な方法で確保してきたからである。

1.　ヨーロッパの「安全保障共同体」

　まず、EU 域内で加盟諸国はどのようにして「安全保障」を確保してきたのだろうか。ドイッチュ（Karl Deutsch）の「安全保障共同体（security community）」概念に従って考察を試みよう（Deutsch 1953; Deutsch et al. 1957）。

　ここで「安全保障」を「安全で安心に暮らせる状況」と捉え、「安全保障共同体」を「2 つ以上の国家間で、長期間にわたって戦争の可能性を考える必要がなくなり、安全で安心して暮らせると多くの人々が感じることができるような意識が醸成されている空間」と定義する（中村 2015）。そして、ドイッチュたちが 1950 年代に、伝統的な軍事安全保障問題をめぐる NATO（北大西洋条約機構）のような「軍事同盟」を「安全保障共同体」とは呼ばず、仏独関係を含むドイツと近隣諸国間には「共同体意識」が（まだ）醸成されていなかったと考察していたことに留意する必要がある（Deutsch et al. 1957: 9-10, 156）。

　したがって、EU そのものが「安全保障共同体」であるか否かを問うのでは

なく、どの加盟国間で「共同体意識」が醸成されて、それが持続しているかを問うべきであろう。現在、仏独間で強固な「共同体意識」が醸成されていることには論争の余地はないだろう。他方で、仏独間と同レベルの「共同体意識」がEU加盟国全ての市民の間で醸成されているわけではなく、EUへの加盟（メンバーシップ）により自動的にEU加盟国の人々が「安全保障共同体」の一員になるわけではない。

　厳密に言えば、ヨーロッパには、「共同体意識」のレベルが異なる複数の「安全保障共同体」が重なり合って存在していると考察すべきであろう。そして「脱安全保障化（desecuritization）」概念を用いるヴェーヴァ（Ole Wæver）に従って、北欧・西欧・南欧諸国（1995年時点でのEU加盟15か国とノルウェーを含むEFTA加盟4か国）が、1つの「安全保障共同体」を形成していると解釈できる。EUおよびその前身の地域統合機構（ECSC、EEC、EC）が「安全保障共同体」を強固なものにするうえで重要な役割を果たしたことは確かだが、EUが共通の安全保障の構造や制度を打ち建てたから「安全保障共同体」が形成されたのではなく、むしろ「脱安全保障化」のプロセスを通して、相互の安全保障問題を他の問題に比べて極力脇に追いやることで一定レベルの「共同体意識」が醸成されたのである。さらに重要なのは、ヨーロッパの「他者（Other）」という敵イメージを自らの過去と規定したうえで、このように「他者化（Othering）」した過去を繰り返さないよう確認しあっていることである（Wæver 1998: 76-77 & 90; Wæver 1996: 122）。

　たしかに、様々な政策領域においてEU加盟国の利害は対立する。イタリアやスペインが純利益者になるコロナ復興基金（次世代EU）の上限額をめぐり、「倹約4か国（frugal four）」（スウェーデン、デンマーク、オーストリア、オランダ）とフィンランドがその引き下げを主張した事例などは、この軋轢が北欧諸国と南欧諸国との「共同体意識」を毀損するか否かという観点も加味して検討されるべきであろう。「厄介なパートナー」だったイギリスがEUから離脱したことでEU加盟国間の対立という厄災がなくなったわけでもない一方で、イギリスを含めた北欧・西欧・南欧諸国の「安全保障共同体」が維持されるという希望もなくなっていない。ブレグジットによってEU離脱という「パンドラの箱」は開いてしまったが、離脱国が相次ぐドミノ現象は起きていない。

2. EU 加盟国における「アイデンティティの論理」──ブレグジットの影響

ホーヘ（Lisbet Hooghe）とマークス（Gary Marks）は、各国民の「受容的コンセンサス」を基にエリート主導で統合プロジェクトが進む時代は終わり、各国民が EU に不満をぶつける「拘束的不一致」の時代になったと述べて、新機能主義に代わるポスト機能主義（Post-Functionalism）を提唱した。たしかに、新機能主義者が積極的な含意とともに予測していた「政治（問題）化（politicization）」は起こった。しかしその際、「受容的コンセンサス」の時代の「分配の論理」は通用しにくくなり、「拘束的不一致」の時代の「アイデンティティの論理」が幅を利かせるようになる。かつて、EU 加盟各国において中道右派や中道左派の既成政党が展開した、経済的合理性に依拠する「分配の政治」は限界をあらわにして、「アイデンティティの政治」ないしは「感情の政治」を展開する政党（政治勢力）が台頭するようになる（Hooghe and Marks 2008; 森井 2014）。

「安全保障共同体」の維持という観点から、「分配の論理」を後景に追いやり、「アイデンティティの論理」を（各国政治の）前面におしだす一因が、「共同体意識」の不足あるいは減退にあるのだとすれば、それは重大な問題となる。たしかに、ヨーロッパ諸国間で「共同体意識」が醸成されているからといって、人々がナショナル・アイデンティティを捨てて、ヨーロッパ・アイデンティティだけを有するようになっているわけではない。しかし、アイデンティティの「ヨーロッパ化」は着実に進んでいる。多くの EU 加盟国において、ナショナル・アイデンティティとともにヨーロッパ・アイデンティを有する市民が、排他的にナショナル・アイデンティティを有する市民よりも多いという事実がある。その事実は、難民危機をはじめとする複合的な危機の渦中でも変わらなかった（Börzel and Risse 2018: 95-96）。

このような事実を裏付ける世論調査の結果が図 4 で示されている。Eurobarometer の世論調査では、「近い将来、自らをどのように見るか」という問いに対して、(A) 各国人のみ、(B) 各国人でありヨーロッパ人、(C) ヨーロッパ人であり各国人、そして (D) ヨーロッパ人のみという主として 4 つの選択肢が与えられている。これは 1992 年から 2019 年までの間に断続的に実施された世論調査で、パネルデータとしては不完全なものではあるが、EU 平均、

および、主要各国の世論動向を概ね把握するには有用なものであろう。

　図4が示すように、1990年後半、EU平均でもドイツやスウェーデンのような国でも、排他的なナショナル・アイデンティティを有していた人は相対的に多かったのに対して、2010年代に入ると、ナショナル・アイデンティティとともにヨーロッパ・アイデンティを有する市民の割合が増えていったことが分かる。2010年代に入っても、イギリスだけは例外で、排他的にイギリス人であると自認する人が多い状況が続いていた。このような違いこそが、イギリスだけがEU離脱の道を歩んだことの一端を説明していると言える（Carl et al 2019などを参照）。

　しかしながら、そのように特殊なイギリスにおいてすら、2016年6月の国民投票の際のEU残留派（48.11%）、特に教育を受けた若い世代は、EUという制度・機構を支持し続けている。イギリス「国家」だけでなく、EUが多様な便益を分配してくれると合理的に判断しているからだと言えよう。

　図5は、国民投票で離脱派が勝利を収めて以降、「EU離脱を決めたのは正しかったか、誤りだったか」を問い続けているYouGovの世論調査結果である。イギリスが正式にEUを離脱して以降、離脱の決定が正しかったと答えた人の割合が誤りだったと答えた人の割合を超えたのは、2020年4月23〜24日、2021年3月31日〜4月1日、同年5月19〜20日に実施された三度の調査だけだった。

　ヨーロッパにおける「安全保障共同体」が形成されて、イギリスを含む北欧・西欧・南欧諸国の市民の間で国境を越えた「共同体意識」が、一定程度、醸成されたという考察が決して幻想でなければ、それはまだ消失していないのではないだろうか。EUという地域統合機構に加盟することと「安全保障共同体」のメンバーになることとは関連しているが、必ずしも前者が後者の前提条件ではない。ヨーロッパ統合の本質を「制度的統合」だけでなく「共同体意識」の醸成に見出すならば、ブレグジットにもかかわらず、イギリスを含めたヨーロッパ主要国間の「安全保障共同体」が崩壊する兆候は見出せない。

3. 「安全保障アクター」としてのEU──ウクライナ戦争の影響

　次に、EU（加盟国）は域外に、どのような「安全保障」政策を遂行してきたか。

図4　ナショナル・アイデンティティの排他性（Eurobarometer）

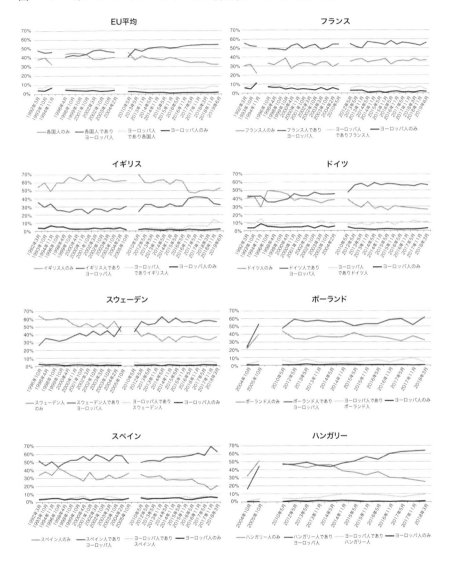

出典：*Eurobarometer Interactive*を基に作成。
https://ec.europa.eu/commfrontoffice/publicopinion/index.cfm/Chart/getChart/chartType/line
Chart//themeKy/41/groupKy/206/savFile/112（2020年6月19日アクセス）

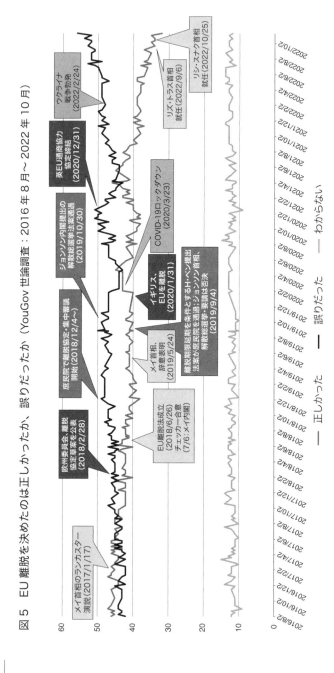

図5 EU離脱を決めたのは正しかったか、誤りだったか（YouGov世論調査：2016年8月～2022年10月）

メイ首相のランカスター演説(2017/1/17)

欧州委員会、離脱協定草案を公表(2018/2/28)

庶民院で離脱協定・集中審議開始(2018/12/4～)

EU離脱法成立(2018/6/26)チェッカーズ合意(7/6：メイ内閣)

メイ首相、辞意表明(2019/5/24)

離脱期限延期を条件とするEUへの提出法案が庶民院を通過：ジョンソン首相、解散総選挙・要請は否決(2019/9/4)

イギリス、EUを離脱(2020/1/31)

ジョンソン内閣提出の解散総選挙法案通過(2019/10/30)

COVID-19ロックダウン(2020/3/23)

英EU通商協力協定締結(2020/12/31)

ウクライナ戦争勃発(2022/2/24)

リズ・トラス首相就任(2022/9/6)

リシ・スナク首相就任(2022/10/25)

—— 正しかった　—— 誤りだった　—— わからない

出典：https://docs.cdn.yougov.com/rjyts4kyqp/Brexit%20right%20or%20wrong.pdf を基に加筆・作成。

EUが公式に「安全保障」政策と呼びうるものは、その共通外交安全保障政策（CFSP）や共通安全保障防衛政策（CSDP）として提示されている。EUとしての安全保障戦略や世界戦略（global strategy）も立案してきた。

　さかのぼれば冷戦期の遅くても1970年代以降、ECは国際政治という舞台におけるアクター（＝国際アクター）になっていた。冷戦後EUは「安全保障アクター」としても行動するようになってきたと言えるが、それは伝統的な意味での「大国（great power）」が遂行する「安全保障」の政策や戦略を模倣する（できる）ものではない。

　国際アクターEUがどのような性格（アクターらしさ）を備えてきたかをめぐり、3つの重要な概念が用いられてきた。1970年代に「経済力に長けている」ECの対外関係を「民生パワー（civilian power）」概念で肯定的に描写しようとした試みは、「パワー・ポリティクスへの回帰」が叫ばれた新冷戦状況下の1980年代に批判された。冷戦後CFSPやCSDPを打ち出すようになったEUについて、それが「民生パワー」か「軍事パワー（military power）」かという二者択一的な問いが立てられた。この二者択一を乗り越えることを目的として2000年代に「規範パワー（normative power）」概念が登場する（中村2016など）。国際アクターEUの性格付けをするうえで有用なこれら3つの概念は、EUが果たしうる3つの異なる役割を描き出す。「民生パワー」としての役割と「軍事パワー」としての役割の違いは、行使できる能力の問題と関わる。「民生パワー」と「規範パワー」の違いは、ウェストファリア秩序の因習や文化を守るか破るかという問題につながる。「規範パワー」と「軍事パワー」の違いは、紛争をどのように調停するかという問題に関連する。現在、EUという国際アクターは、どれか1つの役割だけを果たすわけではなく、同時に複数の役割を果たすことができる（Manners and Whitman 2003; Bacon and Nakamura 2019）。

　2003年3月、イラクに対する武力行使の是非をめぐってEU加盟国間に亀裂が走った。アメリカとともに武力行使を肯定するイギリスやスペインが、反対するフランスやドイツと対立した。このイラク戦争の後にむしろ受動的に起草されたと言ってよいのが、CFSP上級代表のハビエル・ソラナが同年12月の欧州理事会に提出して、採択された欧州安全保障戦略（ESS）だった（EU 2003）。ESSを通してEUが追求した路線は、「民生パワー」であることを放棄

して、アメリカに代替するような「軍事パワー」を目指すことではなく、一定の軍事能力を持つ EU がマルチテラリズムなどの価値や規範を「規範パワー」として広げていくことだったと解釈できる。

2016 年 6 月、ほぼ偶然の一致ではあるがブレグジットが決まった直後に、EU は世界戦略を更新している。欧州対外活動庁（EEAS）のトップの座である CFSP 上級代表がキャサリン・アシュトンからフェデリカ・モゲリーニに引き継がれ、「EU 外交・安全保障政策のための世界戦略」が練られて、それを欧州理事会に提出したのは 2016 年 6 月 28 日で、ブレグジットを決めた国民投票の 5 日後だった（モゲリーニのアドヴァイザーも務めた Tocci 2017 を参照）。モゲリーニは「ヨーロッパが排他的な意味での『民生パワー』であるという考えは、進化を遂げつつある現実を正しく評価することにはならない」と述べている（EU 2016: 4）。

新しい上級代表のジョセップ・ボレルは、2021 年 11 月 15 日に「戦略的羅針盤（Strategic Compass）」という EU 安全保障・防衛に関する共通の戦略的ヴィジョンを EU 加盟 27 か国の外務大臣と防衛大臣へ提示していた（EU 2021）。この原案に修正が施されて EU 外相理事会で採択されたのは、ウクライナ戦争後の 2022 年 3 月 21 日だった。最終文書には、ロシアのウクライナ侵攻が「ヨーロッパにおける戦争の復活」や「ヨーロッパ史における地殻変動をもたらすような変化となる」という文言や「ヨーロッパの安全保障は不可分なものであり、ヨーロッパの安全保障秩序に対するいかなる挑戦も EU および加盟諸国の安全保障に影響を与える」という表現などが加筆されている（EU 2022）。その一方で、「相互依存は重要であり続けているが、ますます紛争を伴うものになっており、ソフトパワーが武器化されるようになっている」という表現や「パワー・ポリティクスへの回帰」という文言とともに、「EU は効果的なマルチテラリズムを支持すると決意している主体であり、人権や基本的自由、普遍的価値や国際法に基づく、開かれたルールに基づく国際秩序を展開させようとしてきた」という文章が原案通りに用いられている（EU 2022: 5 & 7）。

2022 年 2 月のロシアによるウクライナへの軍事侵攻を前にして、EU はリベラルな価値・規範を基盤とした「開かれたルールに基づく国際秩序」、すなわち、LIO を維持・強化する役割を担うと自認していた。では、ウクライナ戦争

という域外からの脅威による「安全保障化」が、どこまで「安全保障アクター」としてのEUの性格を変え、実際の行動を変えるのだろうか。域内では「脱安全保障化」のプロセスを通して「安全保障共同体」を形成・維持・強化してきたEU加盟諸国（北欧・西欧・南欧の加盟諸国）が、域外からの伝統的な脅威に晒されている現在、今までと同じ「安全保障アクター」でいられるのか、それとも、ウェストファリア秩序における普通の国際アクター（「大国」）へと変貌しなければならないのか。

第3節　EU拡大──「安全保障共同体」も拡大したのか

「西側のリベラル秩序」で進化していたEUは、冷戦後、東側のヨーロッパ諸国の加盟申請を受けて、東方拡大を進める。しかし、北欧・西欧・南欧諸国の「安全保障共同体」が、EU拡大を通して自動的に東欧に広がるわけではない。

1. EUの東方拡大

EUは冷戦後、1995年にオーストリア、フィンランド、スウェーデンが加盟する（第4次拡大による15か国体制）前から、東欧諸国へのさらなる拡大（東方拡大）を検討し始めていた。1993年6月21〜22日にコペンハーゲンで開催された欧州理事会（EU加盟12か国の首脳会議）では、①民主主義、法の支配、人権、マイノリティの保護などを保障する安定した諸制度を持つこと（政治的基準）、②市場経済が機能していてEU域内での競争力と市場力に対応するだけの能力を有すること（経済的基準）、そして③政治的目標ならびにEMU（経済通貨同盟）を含む加盟国としての義務を負う能力を有すること（法的基準；アキの受容）という基準を満たせばEUに加盟できることが示されていた（コペンハーゲン基準の原則化）。

EUは、1997年にポーランド、チェコ、ハンガリー、スロヴェニア、エストニア、キプロスの6か国との交渉開始を決定（翌年加盟交渉開始）、1999年にラトビア、リトアニア、スロヴァキア、ルーマニア、ブルガリア、マルタの6カ国との加盟交渉開始を決定（翌年加盟交渉開始）、そして2002年にはブルガリア

表 2　EU 東方拡大をめぐる加盟 15 か国の選好

	限定的拡大	包括的拡大
推進派 Drivers	オーストリア、フィンランド、ドイツ	イギリス、デンマーク、スウェーデン
慎重派 Brakemen	ベルギー、ルクセンブルグ、オランダ	フランス、ギリシャ、イタリア、アイルランド、ポルトガル、スペイン

出典：Schimmelfennig (2001: 50)

とルーマニアを除く 10 か国との加盟交渉が終了した（2004 年に 10 か国が正式加盟＝ 25 か国体制、2007 年には 2 か国も加盟して 27 か国体制。その後、2013 年 7 月にはクロアチアが EU に加盟して一旦 28 か国体制になり、2020 年 2 月 1 日にイギリスが離脱した EU は再び 27 か国体制になる）。

　もっとも、シメルフェニヒ（Frank Schimmelfennig）によれば、EU 東方拡大へ向けた交渉が始まる頃には、表 2 のように EU 加盟 15 か国（当時）の選好は割れていた。実際、当初は「限定的拡大（limited enlargement）」が試みられたが、結果的には 2004 年に一気に 10 か国が加盟する「包括的拡大（inclusive enlargement）」が実現した。旧ソ連のバルト 3 か国も同時に加盟した。

　このような「包括的拡大」を可能にしたのは、共同体としてのリベラルな価値・規範を前面に打ち出すレトリックが広がったこと（それによって東方拡大慎重派を道義的に追い詰めたこと）によるとシメルフェニヒは考察した。東野篤子は、コペンハーゲン学派流の「安全保障化」論に従って、欧州委員会、イギリス、ドイツが「安全保障化アクター（securitizing actors）」として EU 東方拡大を推し進めたと考察した。もっとも、EU がロシアなどを仮想敵国と捉えたわけではなく、旧ユーゴの内戦状況が長引くことやロシアの政情が不安定になることが脅威であると一部で捉えられていたために「安全保障化」が進展して、EU の東方拡大が推進されたと見ている（Higashino 2004）。

2.　EU と自由民主義体制——拡大と深化

　上述のコペンハーゲン基準は、EU 加盟のためには加盟申請国が本格的に「民主化」しなければならないことを明示している。それは、南欧のギリシャ、スペイン、ポルトガルが 1980 年代に EC 加盟する時に求められたことであっ

図 6 「自由民主主義」度 (V-Dem)：1971 ～ 2021 年

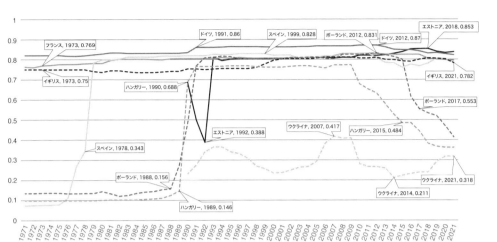

出典：V-Dem Dataset v.12（https://www.v-dem.net/vdemds.html）を基に作成。

た。2000 年代に多くの東欧諸国が EU に加盟したことは、冷戦期に「西側の
リベラル秩序」と等置されていた LIO が東側にも拡大することを意味してい
た。

　図 6 は、V-Dem が計測する主要国の「自由民主主義」度（Liberal Democracy
Index）について、1971 年以降の推移を示したものである。スペインが 1970 年
代中頃に本格的に「民主化」して EC 加盟を果たしたのは 1986 年だった。
ポーランドやハンガリーが 1990 ～ 91 年に一気に「自由民主主義」度を上げた
のに対して、エストニアは独立直後の「自由民主主義」度を 2 年間下げた後
1993 年に遅ればせながらポーランドやハンガリー並みの「自由民主主義国」
になったと言える。ところが、スペインやエストニアが高い「自由民主主義」
度を維持しているのに対して、ハンガリーは 2010 年以降、ポーランドは 2016
年以降、それを下げ続けている。ハンガリーでは 2010 年総選挙で、フィデス
と KDNP（キリスト教民主国民党）の連立政権が誕生し、フィデス党首のオルバー

図7　EU 新規加盟国の自由民主主義体制：1985 〜 2021 年

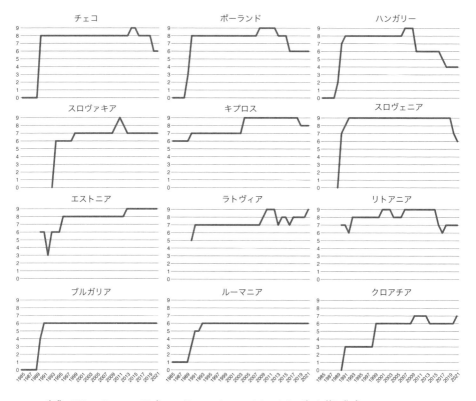

出典：V-Dem Dataset v.12（https://www.v-dem.net/vdemds.html）を基に作成。

ンが首相になり「権威主義化」を進めている。ポーランドでは 2015 年 10 月の総選挙で PiS（法と正義）が単独過半数の議席を獲得して、翌月には一党単独政権が発足、権威主義的要素の強い政権運営が続いている。非リベラル（illiberal）な政権の誕生で、両国の「自由民主主義」度は低下した。

　図7は、2004 年以降 EU に加盟した国々（マルタを除く 12 か国）が、どの時点で自由民主主義体制に移行したか、それを維持しているかを示すものである。上述の４つの政治体制について、度数が９ならば問題なく「自由民主主義体制」、８でも同様の政治体制の類型とみなす。度数が７から５までであれば「選

挙民主主義体制」、4 から 2 であれば「選挙専制主義体制」、1 か 0 を「閉鎖的専制主義体制」とみなす (Lührmann et al 2018)。2021 年時点で、EU 加盟国のうちフランス、ドイツ、イタリア、ベルギー、オランダ、ルクセンブルグ、デンマーク、アイルランド、ギリシャ、スペイン、スウェーデン、フィンランド、キプロス、エストニア、ラトヴィアの 15 か国が自由民主主義体制を維持している。一方で、ポルトガル、オーストリア、ポーランド、チェコ、スロヴァキア、リトアニア、マルタ、スロヴェニア、ブルガリア、ルーマニア、クロアチアの 11 か国が選挙民主主義体制に後退している。EU 加盟後に民主主義体制から専制主義体制に後退した事例は、2018 年以降のハンガリーのみである。

　このような状況を裏付けるように、EU が推し進めようとするリベラルな価値・規範をめぐる EU 加盟国内部の対立が、ポーランドやハンガリーにおける非リベラルな（ポピュリスト）政権の誕生を契機に日常化しつつある。

　EU は東方に拡大したが、東欧の全ての EU 諸国が北欧・西欧・南欧諸国と同じ「安全保障共同体」のメンバーになれたとは言えない。たしかに、前節 2 項の図 4 で示したように、ポーランドやハンガリーにおいても、ナショナル・アイデンティティとともにヨーロッパ・アイデンティを有する市民の割合は、排他的なナショナル・アイデンティティを有する市民の割合よりもまだ多い。しかし、非リベラルな政権が続き、政治体制が「権威主義化」を続ければ、リベラルな価値・規範が社会に埋め込まれる前に、成熟しきっていない「共同体意識」が失われてしまう危惧も抱かざるをえない。

　前述したように、北欧・西欧・南欧諸国が「安全保障共同体」を形成できたのは、「脱安全保障化」の進展と同時に「共同体意識」が醸成されたからであり、自らの過去を「他者化」したからであったと解釈できる。ドイツ人とフランス人との間でも、過去の「他者化」によって、記憶（歴史認識）の共有が可能になり、そこで「共同体意識」が醸成され、揺るぎないものになったと言える。ところが、ドイツ人とポーランド人との間では、まだ独仏間レベルの「共同体意識」は醸成されていないと考えられる。コペンハーゲン基準をクリアして EU に加盟したポーランドなど東欧諸国ではあるが、選挙を繰り返す中で「自由民主主義」度が高まり、それを維持するのは容易ではない。むしろ、過去を「他者化」して記憶を共有する前にポピュリズムが台頭してしまう状況は、EU の東方拡大が自動的

に東欧諸国を「安全保障共同体」のメンバーにするわけでないことの証左と言える。

　非リベラルなポピュリズムの台頭という内なる脅威により「安全保障共同体」の拡大・強化という意味でのヨーロッパ統合は停滞気味である。それでは、この停滞状況は、ロシアという外敵を「他者化」することで再活性化するのだろうか。LIO の維持・強化のためには何を（誰を）「他者化」するかという論点を検討する必要がある。

第4節　「民生パワー」による「脱安全保障化」の限界

　1970年代以降、フランスやドイツなどの EC 加盟諸国が「脱安全保障化」のプロセスを通じて「安全保障共同体」を形成・維持・強化する頃、域外関係で EC は「民生パワー」として行動し始めた。これはあくまでも、冷戦期の「西側のリベラル秩序」内部で、しかも東西デタント状況下での限定的な行動だった。だからこそ、1980年代に新冷戦状況下で「パワー・ポリティクスへの回帰」が叫ばれると、国際アクター EC が影響力を行使できる範囲は狭まる。他方で、EC はギリシャ、スペイン、ポルトガルとの加盟申請交渉を重ねて第3次・第4次拡大を推し進めた。「民生パワー」EC/EU は「脱安全保障化」のプロセスを通して、本格的に「民主化」した国々を加盟させ、時間をかけて徐々に「安全保障共同体」に参加させることにも成功したと言える。

　このような歴史を振り返る時、「安全保障化」の進展とともに EU の東方拡大が推進された背景には、国際アクター EU が「民生パワー」としての役割だけでなく「規範パワー」としての役割も果たすようになってきたことがあるだろう。そうだとすれば、EU の東方拡大の成果とともに、国際アクター EU が果たしうる役割を性急に結論づけることは避ける必要があろう。

1.　EU によるリベラル規範の伝播──意図せざる「安全保障化」？

　EU 加盟などを通して、各国の諸政策・諸制度は「ヨーロッパ化」され、EU の理念や規範も伝播すると考えられてきた。このプロセスをよく体現するのが EU の東方拡大や欧州近隣政策であり、それが持続可能で効果的であるかが問

われてきた（Börzel and Risse 2012）。前節の考察は、その問いに否定的な答えを与えるかもしれないが、中長期的な答えを性急に出すべきではない。

　たしかに、東方拡大を通してリベラルな規範を根づかせようとしたEUの試みは、ポーランドやハンガリーなど東欧のEU加盟諸国における非リベラルな政権の誕生を抑制できなかった。本来は、EU条約第7条を援用して「制裁」対象となるような両国の内政（「自由民主主義」度の低下）にもEUは目をつぶっている。しかし、EUが望む特定の政策が採択されなかったり、制度改革が進まなかったりしても、対象国にEUのリベラルな規範がまったく伝播していないわけではない。選挙により非リベラルな政権が誕生しても、少数派がリベラルな規範を望む限り、EUによる規範伝播の試みは各国の政治状況に応じて続く。

　EUは欧州近隣政策などを通しても、リベラルな規範を伝播させようと試みてきた。欧州近隣政策は南方の10か国・地域（アルジェリア、エジプト、イスラエル、ヨルダン、レバノン、リビア、モロッコ、シリア、パレスチナ、チュニジア）も対象にしている。ここでは、アルメニア、アゼルバイジャン、ベラルーシ、ジョージア、モルドバ、ウクライナの東欧6か国に対する政策が重要で、2004年のEU東方拡大に合わせて欧州近隣政策が始まったことに留意する。EUは2009年以降、これら東欧6か国（いずれもソ連を構成していた国）を対象に、「民主化」と開かれた市場経済を二本柱とする「東方パートナーシップ（Eastern Partnership）」を立ち上げた。一定の基準を満たす「東方パートナーシップ」諸国は、さらにEUとの間に包括的自由貿易協定を含む「連合協定（Association Agreement）」を締結できる。その先には、EUへの加盟申請という道が待っていて、このような道を進む過程で、EUのリベラルな価値・規範が着実に伝播すると期待された。

　EUは2014年、モルドバ、ジョージア、ウクライナ各国との間で「連合協定」に調印した。モルドバとジョージアとの協定は2016年7月1日に発効して、ウクライナとの協定は2017年9月1日に発効した。発効の時期が約1年違う理由の1つは、EU加盟国のうちオランダが2016年4月6日の国民投票で協定批准反対の意思表示をしたからである（その後オランダ政府は他のEU加盟国との間で「連合協定」の補遺に合意して、これを踏まえて議会が協定の批准を決めた）。

ソ連を構成していた東欧3か国との間にEUが「連合協定」を締結したのは、ロシアのクリミア併合の直後であった。前節2項の図6に示した「自由民主主義」度の指標でも、2007年まで「民主化」していたウクライナは、徐々に「権威主義化」傾向を示していたが、2014年以降は反転して「民主化」している（2020年には再び選挙民主主義体制に移行した）。いくつかのEU加盟国が「権威主義化」傾向を示す中で、モルドバとともにウクライナは「民主化」傾向を示している（V-Dem Institute 2022: 14-15）。

　では、EUによるリベラル規範の伝播が、ロシアを不要に刺激して、意図せざる「安全保障化」を招いたのだろうか。それとも、ロシアが意図的に「安全保障化」を進めたことが、EUによる東欧3か国へのリベラル規範の伝播を加速させたのだろうか。ここでは、2014年のロシアによるクリミア併合が、ウクライナなどの東欧3か国の親ロ派を加勢して「権威主義化」を進めていないことだけを指摘しておこう。

　2022年2月にウクライナ戦争が勃発した原因の分析も本章の範囲を超えるが、次の事実を指摘しておく意義はあるだろう。すなわち、戦争勃発直後の2月28日にウクライナがEUへの加盟を申請して、6月23日には欧州理事会がウクライナに加盟候補国の地位を与える決定をした事実である[5)]。

2. 「他者化」されるロシア——それでも「脱安全保障化」は可能か

　冷戦後のEU（加盟国）とロシアとの関係は起伏に富んでいる。ソビエト社会主義共和国連邦が解体した後、15の旧共和国のうち、バルト3か国が2004年にEUに加盟した。EUはほぼ同時に上記の東欧6か国を欧州近隣政策の対象にして、やがて「東方パートナーシップ」などを通して、リベラルな価値・規範を伝播し始めた。

　「自己・他者（Self-Other）」を峻別していた東西冷戦が終焉した時、EUは東欧諸国だけでなくロシアも包摂するような諸制度・諸機構を創造した。EUは北欧諸国を中心にロシアとの間で、バルト海沿岸諸国評議会[6)]、バレンツ・ユーロ北極評議会[7)]、ノーザン・ディメンション[8)]など「ヨーロッパ北部」地域の構築を試みたと言える。その際、EUは明示的に「安全保障問題を語る」ことはなく、むしろ環境汚染、犯罪などの実務的問題に議論を集中させる

ことで、各制度・機構の議論から伝統的な軍事安全保障問題を取り除くという「脱安全保障化」を図ったと言える（Browning 2003: 50）。

　しかしながら、ロシアをあくまでも平等なパートナーと位置付けながら、「ヨーロッパ北部」地域独自のディスコースを作っていく作業は難航した。EUとロシアの相互作用の中で結局、ロシアにとってEUは文明開化の帝国（civilizational empire）と映るようになり、EUにとってロシアは「他者」と映り続けるようになってしまう（Browning 2003: 52）。EUが「民生パワー」としての役割だけでなく「軍事パワー」としての役割も果たしながら、押しつけがましく「規範パワー」としてリベラルな価値・規範を伝播する行動をとれば、当然、それはロシア（の権威主義的な指導者）にとって受け入れ難いものになる。他方で、北欧諸国やバルト諸国ではロシアが「他者化」され続け、「ロシア＝脅威」認識は高まり「安全保障化」が進んでしまう。

　そして、2014年のロシアによるクリミア併合、2022年のウクライナ戦争である。EUをはじめとする西側において、ウクライナをロシアとの間の緩衝地帯として「フィンランド化」するという考えは通用しなくなり、むしろウクライナは「ヨーロッパ化」される。ロシアという「他者」に対して戦うウクライナは、西側の身代わりであり「自己」を反映する存在にさえなっている（Browning 2022）。ウクライナ戦争をめぐるEU加盟国間の「温度差」を示唆する世論調査こそあるが（Krastev and Leonard 2022）、当面、EU加盟諸国の結束（連帯）は揺るぎないように見える。「西側のリベラル秩序」の強化に積極的な役割を担った日米欧G7体制も結束を強めている。

　しかし、EUやG7はLIOを（再び）西側だけで擁護する存在になってよいのだろうか。グローバルな秩序は流動化しており、グローバルにLIOのリベラルな秩序原理が維持されているとは言い難い。ミアシャイマーであれば、冷戦期と同様に現在のグローバルな秩序は存在しているとしても薄っぺらなものであり、自由民主主義諸国による西側のリベラルな秩序がどんなに分厚くなっても、中国やロシアなど権威主義諸国が別の分厚い秩序を構築すると見立てるだろう。ここで、アイケンベリーのように楽観的なLIO存続論を共有しなくてもよい。ヨーロッパ統合のリアリティを正確に（批判的に）捉えて、それと同様の視座で、LIOのリアリティを捉えるための営為が必要である。

そのためには、冷戦後に EU をはじめとする西側諸国が LIO の拡大・維持のためにとった行動を省察する必要がある。「リベラルな覇権国」アメリカによる「強制するリベラリズム（liberalism of imposition）」（Sørensen 2011）や「押しつけがましいリベラリズム（intrusive liberalism）」（Börzel and Zürn 2021）とは一線を画す方法で、EU（諸国）は LIO の拡大・維持に役割を果たしたのか、それとも、単なるアメリカの補完勢力にすぎなかったのか。本章は紙幅の関係で取り上げなかったが、冷戦後の「人道的介入」の事例を含む「リベラルな介入主義」の省察も必要であろう。具体的には、旧ユーゴスラヴィアの内戦に関するブレアの「リベラル介入主義」、ブッシュの「イラク軍事介入」をめぐる EU 加盟国の分裂、さらにはオバマが裏から英仏をリードした「リビア介入と政権転覆」に対するドイツなどの反発といった事例を研究する必要がある。リベラルな価値・規範を押しつけるように主権に侵入することが LIO 流動化の主要因ならば、EU をはじめとする西側諸国は、無邪気な楽天家にはならず、意図せざる「安全保障化」を避けるべきである。ポストモダンの世界から優越感に浸って「リベラル介入主義」を唱えても（Cooper 2004）、流動化するグローバルな秩序では、むしろ対立・紛争を惹起してしまうことを反省すべきかもしれない。

　EU は、ウクライナ戦争を惹き起こしたロシアの権威主義的指導者（「他者」）に対する厳しい制裁措置などを講じることで戦争の終結を模索する一方で、ロシア社会を不必要に「他者化」し続けるべきではない。ロシア国内でリベラルな価値・規範を望む人々に温かい目を向け続けて、再び「脱安全保障化」を進められるような環境作りに励むべきだろう。このような環境を作るために迂遠だが不可避なのは、まず EU 加盟各国内において非リベラルなポピュリズムが台頭する環境を是正して「安全保障共同体」を拡大・強化することであろう。EU 加盟諸国が自らの「自由民主主義」度を高める政策立案のための地道な努力を重ねてこそ、真の意味での「安全保障アクター」としての EU によるリベラルな規範の伝播が実効性を持つことになり、LIO を拡大・強化することに繋がるだろう。

■注

1) 代表的な悲観論として Mearsheimer（1990）を参照。ミアシャイマーは、「冷戦＝米ソ二極構造＝長い平和」という歴史観に従って、ヨーロッパにおける統一ドイツの核武装など「危険な多極の世界」を処方していた。しかしその説はホフマンによって、歴史の無理解ないし歴史の誤読による「ネオ・リアリズムの戯画」と一蹴されていた（Hoffmann 1990）。ホフマンは、ヨーロッパ統合の強靭さを強調して、各国政府が作り上げた超国家的制度（EU）の下で着実に展開する政府間協力により、EU は簡単に解体しないと見ていた。

2) 学説史的には、Deudney and Ikenberry（1999）が重要である。この共著論文以降、アイケンベリーは単著を公刊し続けている。アイケンベリーの LIO 論を紹介した邦語論文として、池嵜（2019）を参照。

3) Lake, Martin and Risse（2021: 226）を参照。パングロスとは、ヴォルテールの『カンディード』に登場するライプニッツ流の極端な楽天家である。

4) ミアシャイマーは 1990 年から 2004 年までの期間を LIO が存在しえた「黄金期」と呼ぶ。実際、中国やロシアの台頭だけでなく、2003 年のイラク戦争をきっかけに「西側秩序」「大西洋秩序」が崩壊したと言われはじめて、2016 年に LIO を構築したと言ってよい英米の国内におけるブレグジットとトランプによって LIO が自壊すると言われた。

5) ウクライナと同時にモルドバとジョージアも EU 加盟を申請した。欧州理事会はモルドバには加盟候補国の地位を与えたが、ジョージアについては決定を保留している。両国よりも高い「自由民主主義」度を維持しているジョージアが両国の後塵を拝している形だが、その原因は、ジョージア社会の民意とは異なる権威主義的な政権運営を試みるジョージアの政治指導者に帰すると言ってよいだろう。ちなみに、ウクライナとモルドバに先立って、2005 年 12 月には北マケドニアが、2014 年 6 月にはアルバニアが EU 加盟候補国になっていたが、2022 年 7 月にようやく両国と EU の本格的な加盟交渉へ向けた「スクリーニング」会合が始まった。

6) The Council of the Baltic Sea States: CBSS. EU とドイツ、デンマーク、フィンランド、スウェーデン、エストニア、ラトヴィア、ポーランド、アイスランド、ノルウェーから成る地域機構。1992 年の創設時、ロシアは原加盟国だったが、2022 年 3 月に参加停止、同年 5 月に脱退。https://cbss.org/about-us/history/

7) The Barents Euro-Arctic Council: BEAR. EU、ロシア、デンマーク、フィンランド、スウェーデン、アイスランド、ノルウェーが 1993 年に創設した地域機構。https://barents-council.org/

8) EU、ロシア、ノルウェー、アイスランドによる共同政策枠組み。1999 年に ND イニシアティブが始まり、2006 年に更新された。https://northerndimension.info/about-northern-dimension/

■参考文献

池嵜航一（2019）「【書評論文】リベラルな国際秩序論の再検討——G・ジョン・アイケンベリーの議論を手がかりに」『北大法学論集』第70巻第1号、89-107頁。http://hdl.handle.net/2115/74540

中村英俊（2015）「『安全保障共同体』としてのEU——2012年ノーベル平和賞受賞の意義」岡澤憲芙編著『比較政治学のフロンティア——21世紀の政策課題と新しいリーダーシップ』ミネルヴァ書房、2015年、318-335頁。

中村英俊（2016）「EUと外交・安全保障・防衛政策——国際アクター論の観点から」福田耕治編著『EU・欧州統合研究〔改訂版〕——Brexit以後の欧州ガバナンス』成文堂、303-330頁。

中村英俊（2022）「公開シンポジウム・ポストBrexitのEU世界戦略——対外関係の再構築と加盟国間関係のゆらぎ」『日本EU学会年報』第42号、53-58頁。

森井裕一（2014）「ドイツにおける国内拘束の強まりと欧州統合——国内構造の変化と対外政策」*European Studies*, 13, pp. 5-14. http://www.desk.c.u-tokyo.ac.jp/download/es13_morii.pdf

Alcaro, Riccardo (2018) 'The Liberal Order and its Contestations: A conceptual framework', *The International Spectator*, 53(1), pp. 1-10.

Bacon, Paul and Hidetoshi Nakamura (2019) 'Ordinary/Civilian, not Normative/Post-modern: lessons from the EU for Japanese security policy' in Axel Berkofsky, Chris Hughes, Paul Midford and Marie Söderberg, (eds.) *Ripe for Cooperation? EU-Japan Partnership in the Shadow of China and the Crisis of Liberalism.* Routledge, Chap. 4, pp. 59-80.

Börzel, Tanja A. and Thomas Risse (2012) 'From Europeanisation to Diffusion: Introduction', *West European Politics*, 35(1), pp. 1-19.

Börzel, Tanja A. and Thomas Risse (2018) 'From the euro to the Schengen crises: European integration theories, politicization, and identity politics', *Journal of European Public Policy*, 25(1), pp. 83-108.

Börzel, Tanja A. and Michael Zürn (2021) 'Contestations of the Liberal International Order: From Liberal Multilateralism to Postnational Liberalism', *International Organization* 75(2), pp. 282-305.

Browning, Christopher S. (2003) 'The Region-Building Approach Revisited: The continued othering of Russia in discourses of region-building in the Europe North', *Geopolitics*, 8:1, pp. 45-71.

Browning, Christopher S. (2022) 'Why are we supporting Ukraine? A cautionary note about vicarious war', The Critic, May, https://thecritic.co.uk/issues/may-2022/why-are-we-supporting-ukraine/

Bull, Hedley (1977/2002) *The Anarchical Society: A Study of World Politics* (1977; 3rd Ed., Palgrave, 2002)（臼杵英一訳『国際社会論——アナーキカル・ソサイエティ』岩波書店、

2000 年）

Carl, Noah, James Dennison and Geoffrey Evans (2019) 'European but not European enough: An explanation for Brexit', *European Union Politics*, 20(2), pp. 282-304.

Cooper, Robert (2004) *The Breaking of Nations: Order and Chaos in the Twenty-first Century.* Atlantic Books.

Deudney, Daniel and G. John Ikenberry (1999) 'The Nature and Sources of Liberal International Order', *Review of International Studies*, 25(2), pp. 179-196.

Deutsch, Karl W. (1953) *Political Community at the International Level: Problems of Definition and Measurement,* Foreign Policy Analysis Series No.2, Princeton University.

Deutsch, Karl W., Richard W. Van Wagenen et al. (1957) *Political Community and the North Atlantic Area: International Organization in the light of historical experience.* Princeton University Press.

EU (2003) 'A Secure Europe in a Better World: European Security Strategy', Brussels, 12 December, https://www.consilium.europa.eu/ueDocs/cms_Data/docs/pressData/en/reports/78367.pdf

EU (2016) 'Shared Vision, Common Action, A Stronger Europe: A Global Strategy for the European Union's Foreign and Security Policy', https://www.eeas.europa.eu/sites/default/files/eugs_review_web_0.pdf

EU (2021) 'A Strategic Compass for Security and Defence: For a European Union that protects its citizens, values and interests and contributes to international peace and security', Brussels, 9 November, 13638/21, https://s3.eu-central-1.amazonaws.com/euobs-media/326b61261ab99 5993ddb7581e47aa4f3.pdf

EU (2022) 'A Strategic Compass for Security and Defence: For a European Union that protects its citizens, values and interests and contributes to international peace and security', Brussels, 21 March, 7321/22, https://data.consilium.europa.eu/doc/document/ST-7371-2022-INIT/en/pdf

Higashino, Atsuko (2004) 'For the Sake of "Peace and Security"? The Role of Security in the European Union Enlargement Eastwards', *Cooperation and Conflict,* 39(4), pp. 347-368.

Hoffmann, Stanley (1990) 'Correspondence: Back to the Future, Part II: International Relations Theory and Post-Cold War Europe', *International Security*, 15(2), pp. 191-199.

Hooghe, Lisbet and Gary Marks (2008) 'Postfunctionalist Theory of European Integration: From Permissive Consensus to Constraining Dissensus', *British Journal of Political Science,* 39, pp. 1-23.

Ikenberry, G. John (2001/2019) *After Victory: Institutions, Strategic Restraint, and the Rebuilding of Order after Major Wars.* (Princeton: Princeton University Press, 2001; Second edition, with a new Preface, 2019). (鈴木康雄訳『アフター・ヴィクトリー──戦後構築の論理と行動〔叢書「世界認識の最前線」〕』NTT 出版、2004 年)

Ikenberry, G. John (2006) *Liberal Order and Imperial Ambition: Essays on American Power and*

International Order. London: Polity Press.（細谷雄一監訳『リベラルな秩序か帝国か——ア メリカと世界政治の行方〔上・下〕』勁草書房、2012 年）

Ikenberry, G. John (2009) 'Liberal Internationalism 3.0: America and the Dilemmas of Liberal World Order', *Perspectives on Politics*, 7(1), pp. 71-87; later In Dunne, Tim and Flockhart, Trine (eds.) (2013), *Liberal World Orders* (OUP for the British Academy), Chap. 1, pp. 23-52.

Ikenberry, G. John (2018) 'The end of liberal international order?', *International Affairs*, 94(1), pp. 7-23.

Ikenberry, G. John (2020) *A World Safe for Democracy: Liberal Internationalism and the Crises of Global Order.* New Haven: Yale University Press.（猪口孝監訳、岩﨑良行訳『民主主義にとっ て安全な世界とは何か——国際主義と秩序の危機』西村書店、2021 年）

Ikenberry, G. John and Yoichi Funabashi (eds.) (2019) *The Crisis of Liberal Internationalism: Japan and the World Order.* Washington, D.C.: The Brookings Institution.（船橋洋一、G・ジョ ン・アイケンベリー編著『自由主義の危機——国際秩序と日本』東洋経済新報社、2020 年）

Ikenberry, G. John, Inderjeet Parmar and Doug Stokes (2018) 'Introduction: Ordering the world? Liberal internationalism in theory and practice', *International Affairs*, 94(1), pp. 1-5.

Ikenberry, G. John and Shiping Tang (2018) 'Roundtable: Rising Powers and the International Order – Introduction', *Ethics & International Affairs*, 32(1), pp. 15-16.

Ikenberry, G. John et al. (2022) 'A Rival of America's Making? The Debate over Washington's China Strategy', *Foreign Affairs*, 101(2), pp. 172-188.

Krastev, Ivan and Mark Leonard (2022) 'Peace versus Justice: The coming European split over the War in Ukraine', June, Policy Brief, European Council on Foreign Relations, https://ecfr. eu/publication/peace-versus-justice-the-coming-european-split-over-the-war-in-ukraine/

Lake, David A., Lisa L. Martin and Thomas Risse (2021) 'Challenges to the Liberal Order: Reflections on International Organization', *International Organization,* 75(2), pp. 225-257.

Lührmann, Anna, Marcus Tannenberg and Staffan I. Lindberg (2018) 'Regimes of the World (RoW): Opening New Avenues for the Comparative Study of Political Regimes', *Politics and Governance*, 6(1), pp. 60-77.

Manners, Ian and Richard Whitman (2003) 'The "difference engine": constructing and representing the international identity of the European Union', *Journal of European Public Policy*, 10(3), pp. 380-404.

Mearsheimer, John J. (1990) 'Back to the Future: Instability in Europe after the Cold War', *International Security*, 15(1), pp. 5-56.

Mearsheimer, John J. (2019) 'Bound to Fail: The Rise and Fall of the Liberal International Order', *International Security*, 43(4), pp. 7-50.

Mearsheimer, John J. (2021) 'The Inevitable Rivalry: America, China, and the Tragedy of Great-Power Politics', *Foreign Affairs,* 100(6), pp. 48-59.

Pepinsky, Thomas B. and Stefanie Walter (2020) 'Introduction to the debate section: understanding contemporary challenges to the global order', *Journal of European Public*

Policy, 27(7), pp. 1074-1076.

Schimmelfennig, Frank (2001) 'The Community Trap: Liberal Norms, Rhetorical Action, and the Eastern Enlargement of the European Union', *International Organization*, 55(1), pp. 47-80.

Sørensen, Georg (2011) *A Liberal World Order in Crisis: choosing between imposition and restraint*. Cornell University Press.

Tocci, Nathalie (2017) *Framing the EU Global Strategy*. Palgrave Studies in European Union Politics.

Tourinho, Marcos (2021) 'The Co-Constitution of Order', *International Organization,* 75(2), pp. 258-281.

V-Dem Institute (2021) *Democracy Report 2021: Autocratization Turns Viral*. University of Gothenburg.

V-Dem Institute (2022) *Democracy Report 2022: Autocratization Changing Nature?* University of Gothenburg.

Wæver, Ole (1996) 'European Security Identities', *Journal of Common Market Studies,* 34(1), pp. 103-132.

Wæver, Ole (1998) 'Insecurity, Security, and Asecurity in the West European Non-War Community', in Emanuel Adler and Michael Barnett (eds.) *Security Communities*. Cambridge University Press, Chap. 3, pp. 69-118.

第Ⅰ部

英独仏と「リベラル国際秩序」

第 1 章
リベラル国際秩序の危機とブレグジット
——変わったもの、変わらないもの [1)]

池本　大輔

　本章の目的は、イギリスが EU から離脱（ブレグジット）した原因と、ブレグジット後の両者の関係を分析することにある。その際、リベラル国際秩序（LIO）の発展とその危機に関する議論の文脈の中にブレグジットを位置づけるのが、本章の特徴と言える（第 1 節）。第 2 節では、東西冷戦終結時の外交過程に遡り、イギリスが EU の一員として冷戦終結後の LIO の発展に果たした役割を概観する。次に、イラク戦争とグローバル金融危機に象徴される LIO の綻びが、イギリスの EU 内での立場に与えた影響について分析する（第 3 節）。ブレグジットの原因と（第 4 節）、ブレグジット後のイギリス・EU 関係について説明した上で（第 5 節）、ブレグジットが 2022 年に勃発したロシア・ウクライナ戦争におけるイギリスと EU の協力にいかなる影響を与えたかを確認して、筆を置く（第 6 節）。イギリスは東西冷戦に勝利した国であるが、冷戦後のヨーロッパ国際秩序形成をめぐる外交では敗北し、そのとき合意された経済通貨同盟への不満は後々ブレグジットにも寄与した。ブレグジットはイギリス・EU 関係にとっては大きな転機となったが、ロシア・ウクライナ戦争はイギリスが LIO 自体に背を向けたわけではないことを示した [2)]。

第 1 節　リベラル国際秩序の危機とブレグジット

　東西冷戦が終結した後、欧米諸国が主たる推進役となって LIO が発展した（Kundnani 2017）。序章で説明したように LIO は多義的な概念であり、単に「ルールに基づく国際秩序」を指す場合もあれば、民主主義・人権といったリベラルな価値に基づき、そうした価値を守るための国際社会による介入を容認する秩序として定義され、国家主権に重点を置くウェストファリア秩序と対比される場合もある。経済的には、ポスト冷戦期は自由貿易や国際資本移動の自

由を特徴とするグローバル化（経済的自由主義）がめざましく進んだ時代であった。1992 年に調印されたマーストリヒト条約により創設された EU は、民主主義や市場経済を加盟の必要条件と定め、自身の諸機関や加盟国に基本的人権の遵守を求める一方、国際社会においてもリベラルな価値の推進に努めるなど、まさに LIO を体現する存在であり続けている。

　しかし周知のように、LIO は近年内外からの挑戦のため危機に直面している（Lake, Martin and Risse 2021）。第一に、中国やロシアのような権威主義国家は、国家主権を重視する伝統的な国際秩序への回帰を主張している。第二に、LIO を支えてきた欧米諸国の国内でポピュリズム勢力が台頭し、トランプの大統領就任やイギリスの EU 離脱という形で、LIO は内からの危機にさらされている。これらの内外からの挑戦に加えて、気候変動や新型コロナウイルス感染症のパンデミックが、LIO を脅かす「イッシュー」として位置づけられることもある。

　ヨーロッパに関する限り、LIO に対して挑戦するものは、冷戦後の世界における「負け組」だと言われることが多い[3]。その最たるものはロシアである。東西冷戦は 1980 年代後半、東西両陣営の「和解」によって終結に向かうかに見えたが、東側諸国の体制転換・ソ連の崩壊を経て、冷戦は西側陣営が東側陣営に「勝利」する形で終わったという見方が一般的になった（藤原 1998; 塩川 2020; 吉留 2021; 板橋 2022）。旧ソ連の勢力圏であった中東欧地域には、その後 1990 年代から 2000 年代にかけて NATO（北大西洋条約機構）や EU が拡大したが、ロシアとヨーロッパ国際秩序との関係は曖昧なままに残された。2014 年のロシアによるウクライナ領クリミア半島の武力併合や、2022 年のウクライナ侵攻は、（それが国連憲章上武力行使を行う正当な理由でないことは明白であるが）プーチン大統領やその取り巻きにとっては、ソ連崩壊によって失った国際的影響力を回復しようとする試みという面がある（Walt 2022）。

　LIO を推進してきた先進民主主義諸国においてポピュリズム勢力が台頭している原因については、経済的要因を重視する見方と社会的・文化的要因を重視する見方の二つがある（Mounk 2018）。前者によれば、ポピュリズムの中核的支持者は低学歴で高年齢の非熟練労働者や年金生活者等「グローバル化から取り残された層」である。後者は、先進民主主義諸国で支配的になった、個人の自己決定やジェンダー／人種間の平等を重視する社会的リベラリズムに対する反

動として右派ポピュリズムを理解する。いずれにせよ、冷戦後の時代にはグローバル・地域レベル双方でより強い権威を持つ国際組織が発展し、経済・社会の両面でリベラルな規範を促進した。EU はその代表例と言える。それにより周縁化された階層の支持が LIO に批判的なポピュリズム勢力へと向かい、その台頭をもたらしている（Börzel and Zürn 2021）。右派ポピュリズムとプーチン・ロシアとのイデオロギー的・政治的な近接性、LIO に対する内外からの脅威の連関を指摘する声も多い（一例として Welsh 2016: 242）。

　冷戦後の時代における国際秩序について EU の観点から論じる場合、それを国家の立場から見るのとは異なる問題が発生する。EU は（連邦）国家と国際組織の両方に類似した側面を持っているものの、一つの国家であるとは言えないからである（池本・板橋・川嶋・佐藤 2020）。そのため、ヨーロッパ内部の国際関係の変化（欧州統合）の研究と国際システムの中における EU の地位（グローバルなアクターとしての EU）の研究とを結合するような視座が必要になる（Hill, Smith, and Vanhoonacker 2017）。冷戦後の世界で EU がグローバル・アクターとして存在感を発揮できたのは、管轄する政策領域の拡大や多数決による決定の一般化など、欧州統合の進展によるところが大きい。とすれば、ブレグジットという形で起きた EU の部分的な分解（disintegration）は、イギリスと EU とがグローバルに活動する上で影響を与えずにはおかないだろう。しかしその点に入る前に、まずはイギリスが LIO の発展に果たした役割を確認しておきたい。

第 2 節　イギリスとリベラル国際秩序

　本節では、イギリスが冷戦終結後の LIO の発展に果たした役割について、保守党政権期と労働党政権期に分けて概観する。

サッチャー政権末期・メージャー政権

　イギリスの事例は、冷戦における勝ち負けとポスト冷戦の国際秩序形成における勝ち負けとを同一視するのは適切でないことを示している。イギリスは西側陣営の一員として、民主主義や市場経済を擁護した側であり、冷戦で勝利した国の一つである。しかし、冷戦が終結に向かう過程で、イギリスのサッ

チャー首相は東西ドイツ統一に最後まで反対し、冷戦後のヨーロッパ国際秩序のあり方をめぐる交渉の中で外交的に孤立した。フランスのミッテラン大統領も、論者によって見方は多少異なるものの、当初はドイツ統一に反対していたとみられる[4]。英仏両国は米ソ超大国と並んで、第二次世界大戦の戦勝国としてベルリンを共同管理する立場にあり、ドイツ統一に対して一定の発言力を有していた。1989年11月にベルリンの壁が崩壊したあと、英仏両国が統一阻止のために共同戦線を組もうとする動きもあったが、アメリカが統一を積極的に後押しし、東ドイツ市民が自国の社会主義体制を見捨てる中で、両国がとりうる選択肢は限られていた。サッチャーと比べ、自国の国際影響力に現実的（もしくは悲観的）な見方をしていたミッテランは、早々と条件闘争に切り替えた。ミッテランはユーロ創設により欧州統合を「深化」させ、統一ドイツをその中に組み込むという構想に西ドイツのコール首相の支持を取り付けることで、ポスト冷戦のヨーロッパ国際秩序形成に対する一定の影響力を確保した（Loth 2015）。フランスは統一ドイツに対するバランサーとしての役回りをイギリスに期待したが、サッチャーはミッテランによる再三再四の働きかけにもかかわらず、経済通貨同盟の進展に加わることを拒否した（Documents on British Policy Overseas 2010: 418-422）。外相のハードは、イギリスのドイツ統一に対する姿勢を徐々に現実的なものにすることに成功し（Wall 2008: 91）、統一ドイツ全体のNATO帰属、アメリカ軍のドイツ駐留の継続等、ドイツ統一の態様はイギリスにとって概ね満足の行く形で決着した。しかし、冷戦終結に伴う欧州統合の進展に際してイギリスが孤立したのは、否めない事実である。

　サッチャーは保守党内部の路線対立により首相の座を追われ、後を継いだのはメージャーであった。メージャーは、サッチャー政権末期に蔵相として英ポンドを欧州為替レートメカニズムに参加させた人物であるが、首相として臨んだマーストリヒト条約の政府間会議では、経済通貨同盟の最終段階と社会憲章からの適用除外を勝ち取った。適用除外は、イギリスが参加／不参加を選択する自由を留保しつつ、EUの意思決定に対する影響力を可能な限り保持することを目的としていた（Wall 2008: 99-100）。メージャーは保守党内の欧州懐疑主義グループからの圧力にもかかわらず、将来的なユーロ参加の可能性を完全に排除することは拒否した（Wall 2008: 114-115）。しかし1992年に起きた欧州通貨危

機のため、英ポンドは欧州為替レートメカニズムからの離脱を余儀なくされ、保守党政権下でのユーロ参加の可能性は事実上なくなった（イギリスの経済通貨同盟に対する政策の詳細は Stephens 1996; Thompson 1996 を参照）。以上のように、イギリスは西側陣営の一員として東西冷戦に勝利したものの、冷戦後のヨーロッパ国際秩序形成に際しては「負け組」という面があったのである。

　経済通貨同盟に関してイギリスが他の EU 諸国と袂を分かったことは [5]、ブレグジットの原因を説明する上でも非常に重要である。EU の東方拡大を受けて中東欧諸国から多数の移民が流入したことに対する不満と、反エリート主義とが結合して、ブレグジットを支持する右派ポピュリズム政党のイギリス独立党（UKIP）のへの支持が急速に高まった（Ford and Goodwin 2014）。国民投票の期間中、有権者を離脱支持に駆り立てた最も重要なイッシューの一つが移民だったのは事実である。しかし、ブレグジットを支持する声は二大政党の一角である保守党内部にも存在した。保守党の欧州統合に対する姿勢が消極的になったのはサッチャー政権末期以降のことであり、その際、経済通貨同盟に対する不満は最大の要因であった（Young 1998）。1997 年に保守党が下野した後、欧州懐疑主義勢力の影響力はさらに増すことになった（Heppell and Seawright 2015）。2010 年にユーロ危機が勃発したあと、EU が危機の再来を防ぐためにマクロ経済運営の協調・金融規制の強化に乗り出すと、保守党内部では EU がロンドンの国際金融センターとしての地位に対する足かせになっているという不満が強まった。キャメロン首相が 2013 年に国民投票実施を公約した理由としては、保守党内のこうした不満の方が、移民よりも重要な要因であったと考えられる（Ikemoto 2020）。さらに、イギリスがユーロの一員であれば、ブレグジットのコストは実際の場合よりも遥かに高く、離脱への歯止めとなったであろう（Papadia 2014）。冷戦後のヨーロッパ国際秩序形成に際してイギリスが外交的に孤立したことは、ブレグジットの一因ともなったのである。

ブレア政権
　そうした保守党政権時代の失敗がしばらくの間表面化しなかったのは、1997年に登場した労働党のブレア政権が、あるときは EU の枠組みで行動し、またあるときはアメリカと協力することで、ポスト冷戦期の LIO の発展に際して

中核的な役割を果たしたためだと考えられる。

　ブレア首相はイギリスを EU とアメリカとの間の架け橋とすることを目指していた。イギリスは NATO の東方拡大に加えて、EU の東方拡大にも賛成した (Bache and Nugent 2007: 535-536; Wall 2008: 218)。イギリスから見て EU の東方拡大には、ソ連の影響下に長くおかれた歴史的経験のため国家主権を重視している中東欧諸国の参加によって EU がこれ以上超国家主義的な方向に傾斜することを防ぐ、ロシアに対する警戒心から安全保障面でアメリカとの強固な関係を求めている国々の加盟により EU を大西洋同盟重視の方向に変化させる、という期待があった。

　統合の深化の面に目を移すと、ブレア政権はイギリスを社会憲章に参加させた。共通外交・安全保障政策はマーストリヒト条約で EU の第二の柱として位置づけられていたが、旧ユーゴスラビア連邦解体過程の民族紛争に際して当初 EU 諸国の足並みが揃わなかったこと、紛争収束にあたってもアメリカの軍事力に依存したことから、さらなる協力強化が必要だと考えられるようになった。EU の安全保障面での協力について、保守党政権は NATO への悪影響に対する懸念や党内事情から消極的な姿勢をとっていたが、ブレア政権は方針転換した。英仏両国首脳のサン・マロ合意を受け、EU が平和維持活動等のペータースベルク任務を取り込んだことで、欧州安全保障・防衛政策（ESDP）がスタートした。さらに 2002 年の NATO ベルリン・プラス合意により、EU が独自の行動を行う場合にも、NATO の能力やアセットを利用できることになった。ただし、領域防衛は引き続き NATO の役割だと位置づけられた。

　単一通貨ユーロへの参加については、ブレア個人は前向きだったが、ブラウン蔵相をはじめとして政府内には消極論が根強く存在した。保守党の欧州懐疑主義への傾斜に伴い、超党派的な協力（「ヨーロッパの中のイギリス〔Britain in Europe〕」）に基づいて国民にユーロ参加への支持を訴える見込みが遠のいたこともあり、ブレア首相がユーロ参加の是非をめぐる国民投票を行うことは遂になかった (Sinclair 2007: 190-195; Bache and Nugent 2007: 542-544)。ドイツとの協力によって共通農業政策を改革することで、イギリスの EU 予算分担金の削減を狙ったものの、ドイツ側が協力の条件とした経済通貨同盟への参加を果たせなかったこともあり頓挫した (Cook 2004: 171; Bache and Nugent 2007: 544)。EU 憲法

条約の交渉過程で中心的な役割を果たしたのは仏独両国であるが、イギリスは EU の円滑な運営に必要な改革に賛成する一方、国家主権に密接に関わる分野での超国家的統合には反対し、概ねその主張を通すことに成功した（EU 憲法条約については Norman 2005 が詳しい）。

　経済のグローバル化においては、イギリスはアメリカと共に旗振り役を務めた。ブレア政権は「第三の道」と呼ばれる、戦後福祉国家とも、サッチャー的な新自由主義とも異なる路線をとることを標榜した（Giddens 1999）。この点、アメリカのクリントン政権やドイツのシュレーダー政権との類似性を指摘することができる。ブレア政権の下では一定の再分配政策もとられたから、同政権の経済政策を保守党政権のそれと同一視する見方は単純に過ぎよう（今井 2018）。しかしブレア政権が国際的な経済活動の自由を重視したのも、また事実である。イギリスは EU の単一市場を推進し、EU の東方拡大によって新たな加盟国となった中東欧諸国に対する人の自由移動の適用に、移行期間を設けることもなかった（Bache and Nugent 2007: 536-537）。この決定の背後には、中東欧諸国との関係を深めたいという政治的考慮に加えて、安い労働力の流入に依存するイギリス経済の構造的問題があったと言われる（Bickerton 2018: 134-135）。対照的に、フランスやドイツは 7 年間の移行期間を設定した。とりわけイギリスの存在感が際立ったのは金融・サービス分野であった。サッチャー政権下の為替管理撤廃（1979 年）・金融ビッグバン（1987 年）によりシティは国際金融センターとして復活を遂げたが、ブレア政権も金融業・サービス業主体の成長モデルを継承した（Taylor 2007: 215-217）。イギリスはアメリカと共に、グローバルなルール形成において主導的な役割を果たした。EU における金融統合の進展も概ねイギリスの選好を反映した形で進み、イギリスがユーロに参加していないことは、シティがユーロ建て業務のシェアを拡大することの障害にはならなかった。ただし野党保守党の中では、EU の環境規制や労働規制をイギリス経済にとっての足かせとみる見方が徐々に強まっていた。

第 3 節　リベラル国際秩序の綻び

　2000 年代に入るとイラク戦争の失敗やアメリカ発のグローバル金融危機と

いう形で LIO の綻びが表面化する。そこで以下では、二つの事件がイギリスの EU における立場にどのような影響を与えたか、順を追って見ていこう。

イラク戦争

　2001 年 9 月にアメリカで起きた 9.11 同時多発テロ事件を受けてブッシュ政権が「テロとの戦い」に乗り出すと、ブレアはこれに全面的に協力する道を選んだ（Clarke 2007; 小川 2004; 梅川・阪野 2004、とりわけ力久 2004; 柳沢・加藤・細井・堀井・吉留 2013: 第 16 章）。アフガニスタンでの軍事行動は、9.11 事件を実行したアルカイダの基地があったことから、国際法上自衛であるとみなされ、幅広い支持を集めた。しかしイラクに対する軍事行動の是非をめぐって、国際社会は二分された。イラクはフセイン大統領により支配される独裁国家ではあったが、アメリカへの攻撃に加担してはいなかったからである（世俗主義的なフセインと過激なイスラーム主義のアルカイダとは、イデオロギー的にはむしろ対立関係にあった）。アメリカがイラク戦争を強行しようとした背景としては、冷戦で勝利して世界で唯一の超大国となったアメリカが、自国の価値や利益に沿う形で国際秩序をつくりかえるためにリーダーシップを発揮すべきと主張する、ネオコンと呼ばれる政治勢力が国内で台頭していたことが挙げられる。

　ブレア首相は 2002 年秋の時点で、既にイラク戦争に参戦する意思を固めていたようである。戦争に至る過程では、米国務省とも協力しつつ、国際機関や同盟国を軽視する単独行動主義的なネオコンに対抗して、イラクが保有する大量破壊兵器が国際平和への脅威になっているという論拠で国連の安全保障理事会の武力行使に対する支持を得るよう、ブッシュ大統領を説得した。しかし安保理で米英両国の主張が受け入れられないとみるや、ブレアはアメリカと共に武力行使を明示的に正当化する決議なしにイラク戦争に乗り出した。

　イラク戦争への参戦は、イギリス国内で大きな論争を巻き起こした。ブレア自身は、これを民主主義や人権といった価値を促進することを目的とする、倫理的に正当な戦争だと見ていたようである。政権の閣僚の中では、クック下院院内総務とショート国際開発相が抗議して辞任した。彼らは、コソボ紛争において NATO が国連安保理の決議なしにセルビア人勢力に対する空爆に踏み切ったことは人道的介入として支持したが、虐殺など急迫不正の侵害がないイ

ラクに対する介入は正当化できないと考えた。LIO の支持者の間でさえ、イラク戦争が論争的だったことを物語る。ただし対米関係を重視して参戦に賛成する議員も多く、与野党にまたがる支持のおかげでブレアは下院の審議を乗り切ることができた。

　独仏両国とベルギーは国連憲章の遵守を重視してイラク戦争に反対し、イタリアやスペインは開戦を支持したが軍事作戦への参加は見送った。そのためこの問題をめぐって EU は深刻な内部対立に陥った。イギリスがアメリカと EU との間の架け橋となることも、当然のことながら不可能であった。アメリカのラムズフェルド国防長官はアメリカに批判的な「古いヨーロッパ」と協力的な「新しいヨーロッパ」とを対置し、後者とのみ協力していく姿勢を示した。アメリカの「有志連合」を重視する姿勢のために、一時は NATO の将来についても悲観的な見方が広がった。米英両国は軍事的には勝利したが、イラクの戦後統治が難航し、軍事行動の根拠とされた大量破壊兵器が発見されなかったことで、政権やブレア個人への信頼は失墜した。

　イラク戦争が EU におけるイギリスの立場に与えた影響をどう解釈するかは、非常に難しい問題である。EU とアメリカの架け橋としてのイギリスという議論は、イギリスにとって EU との関係とアメリカとの関係とが相互補完的であることを前提としている。すなわち、イギリスは EU の一員であるからこそアメリカによって重視され、逆に米英両国の特別な関係のために、イギリスは EU 内で大きな影響力を行使できるというわけである。しかしイラク戦争は欧米間に大きな亀裂を生んだ。両者の間には国際社会における軍事力の役割をめぐる認識の相違だけでなく、京都議定書や国際刑事裁判所をめぐる対立も存在した [6]。市場経済のあり方についても、社会的ヨーロッパと市場原理主義・金融資本主義のアメリカとの対比が強調された（アッシュ 2013）。イギリスの政治学者ギャンブルは、イラク戦争をめぐる欧米間の対立や、野党保守党内部でのEU の規制に対する不満の高まりを背景として、イギリス国内では両者との関係は相互排他的であり、イギリスは外交的にも経済の枠組みの面でも、アメリカと EU のどちらかを選ばなければならないという見方が強まったと指摘している（Gamble 2003）。

　他方、当時の EU 諸国とアメリカには、広い意味でリベラルな価値にコミッ

トしているという点では共通性があり、米欧が手を携えて LIO を築くという
アイデアにはそれなりに現実味があった。EU 内部に目を移すと、確かにイギ
リスはイラク戦争に協力しフランスは反対に回ったが、アメリカが覇権を濫用
し国連の集団安全保障の枠外で行動することをどう防ぐかという問題意識は、
両国の間で共有されていた（カ久2004）[7]。イラク戦争の後、イランの核開発問
題への対処をめぐって、英仏独三カ国の間で外交的に共同歩調がとられたこと
や、英仏両国間では安全保障面での協力も深化したことを考えると、イラク戦
争がイギリスを EU 内で孤立させてブレグジットにつながったとまで言えるか
は疑わしい。

グローバル金融危機

　それに対して、2007 年に起きたアメリカ発のグローバル金融危機は、イギ
リスの EU における立場に深刻な打撃を与え、ブレグジットに大きく貢献した
と考えられる。
　UKIP の台頭を促した要因は、よく指摘されるように、中東欧諸国からの移
民の流入に対する一般有権者の不満である。先に述べたように、ブレア政権は
EU の東方拡大に際して人の自由移動に移行期間を設けなかったため、多くの
移民が流入した。イギリス経済は金融業の発展と不動産ブームのおかげで、
1992 年から 2007 年まで景気後退なき繁栄を享受したが、金融危機によりひと
きわ大きな打撃を受けた。不景気の中で、移民はイギリス人労働者の職を奪う
存在とみなされるようになった。2010 年に誕生したキャメロンを首班とする
保守・自民連立政権の下で、緊縮財政のために医療や教育といった公共サービ
スの水準が低下したが、比較的最近になって移民が増加した地域では、その責
任を移民に帰する見方が広まった。人の自由移動は単一市場の基本原則である
ため、その制限は EU に留まる限りは不可能である。そのため、移民への不満
は EU 離脱を唱える右派ポピュリズム勢力の UKIP への支持を拡大させた[8]。
　グローバル金融危機はヨーロッパ大陸にも波及した。ギリシャの財政危機を
発端として、2010 年以降はユーロ危機が本格化する。ブレグジットの原因に
関する既存研究の多くは、ユーロ危機が EU におけるイギリスの地位に与えた
影響を考慮していない（例外として Thompson 2017 がある）。国民投票のキャン

ペーンの中で有権者の選択を左右したのは移民問題だった（浜井 2018）。しかし、キャメロン首相による国民投票実施の決定や国民投票直前に行われたイギリスの地位の再交渉の段階では、以下見るようにイギリスの政策決定者が EU の通貨統合や金融規制に対して抱く懸念が重要な役割を果たしたのである。

第 4 節　ユーロ危機によるイギリスの孤立と国民投票への道 [9]

　ユーロ危機の原因をめぐっては、経済通貨同盟の仕組みに問題があったという見方と、アングロサクソン流の金融資本主義の危機がユーロ圏に飛び火したという見方とがある（Bastasin 2012）。独仏両国をはじめユーロ圏諸国は、危機に対処しその再発を防ぐために、救済案の策定やユーロの機構改革と並んで、金融規制の強化を進めた。そのため、アングロサクソン流の金融規制は、グローバル金融危機以前のような優越的地位を主張できなくなった（Helleiner 2012）。

　イギリスでもグローバル金融危機が起きた直後は金融業への過度の依存が問題視され、ドイツ的な輸出主導の経済モデルが再注目された。ブレアの後任となった労働党のブラウン首相は、2009 年 12 月にフランスのサルコジ大統領と共に世界的な金融取引税導入を提案し、グローバル金融システム改革の旗手となったかに見えた（*The Guardian*, 11 December 2009）。しかしキャメロン政権が誕生すると、金融規制改革こそある程度は実現したものの、景気回復の遅れもあって徐々に金融成長モデルに回帰することになる。野党時代から経済通貨同盟への反発のために欧州懐疑主義派の勢力が強まっていた保守党の中では、イギリスの EU 内での影響力低下や、EU の金融規制がシティの国際競争力に対して及ぼす悪影響を懸念する声が強まった。

財政協定と銀行同盟をめぐる対立
　ギリシャで財政危機が勃発したあとも、EU 条約がユーロ参加国への財政支援を明示的に禁止していることもあり、当初支援の動きは鈍かった。危機の深刻化を受けて、EU 諸国は 2010 年 5 月に欧州金融安定化メカニズムと欧州金融安定ファシリティを設立することでようやく合意した。ドイツは、危機に瀕

した国に対する金融支援と引き換えに、各国に均衡財政を義務づける財政協定の締結を求めた。

　財政協定をEU条約に含めるには加盟国すべての同意が必要であり、イギリスは強い立場にあるとキャメロンは考えていた。キャメロンはユーロ存続のために必要な改革を妨げることはしないと表明しつつ、EUが新たに導入する金融規制に対するイギリスの拒否権あるいは適用除外を要求した（リスボン条約上、金融規制は特定多数決の対象である）。キャメロンの思惑に反して、2011年12月の欧州理事会でサルコジ大統領はこの取引を拒否し、イギリスは孤立した（BBC, 9 December 2011）。結果的に、財政協定は基本条約とは別の政府間条約として締結され、イギリスとチェコは参加を見送った。

　ユーロ危機の再発を防ぐための中長期的対策の一環として、ユーロ圏諸国は2012年6月に銀行同盟の設立で合意した。これは欧州中央銀行にユーロ圏の金融機関の監督権を与える単一監督メカニズムと、危機の際に迅速に破綻処理を行う単一破綻処理メカニズムからなる。イギリス政府は、ユーロ圏諸国が新たな銀行規制に合意し、それをEU全体に押しつける可能性を懸念するようになった。新設の欧州銀行監督局が、意思決定に二重多数決制（ユーロ圏諸国と非ユーロ圏諸国双方での多数決が必要）を導入したことでこの懸念は差し当たり回避されたが、非ユーロ圏諸国の数が減少し、二重多数決制がなくなるリスクは存在した。

金融機関のボーナス規制と金融取引税の導入をめぐる対立

　グローバル金融危機が起きたあと、金融機関が過剰なリスクをとった原因の一つは、金融機関の経営陣が受け取る業績連動型の賞与にあるとみなされるようになった（ボーナス規制に関する詳細はLongjie 2016を参照）。とりわけ独仏両国は、ボーナスの上限規制をグローバル金融システム改革の中心に据えた。イギリス政府は、規制が一部の国だけで導入されればシティの国際競争力を損ねることになるとして消極的な立場をとった。

　当初、ボーナス規制導入をめぐる議論の舞台になったのはG20であったが、米英両国の反対により挫折し、2011年後半からはEUによる規制導入をめぐる議論が本格化した。2013年3月に開かれた理事会で、給与額の100%を賞与

の上限とする妥協案が可決された。EU加盟27カ国中、反対したのはイギリス一国のみであった（*The Daily Telegraph*, 5 May 2013）。翌月には欧州議会で法案が可決され、成立している（European Parliament 2013）。イギリス政府は2013年9月にEU司法裁判所に提訴したが、後に取り下げた。

先にみたように、金融取引税の導入を国際的なアジェンダとしたのは、イギリスのブラウン首相とフランスのサルコジ大統領の共同提案だったが、2010年の保守・自民連立政権の成立によって、イギリスは金融取引税に反対する立場に回った（金融取引税をめぐる議論については津田2016aと津田2016bが詳しい）。

金融取引税の場合も、当初導入をめぐる議論の舞台になったのはG20だったが、2010年5月のトロント首脳会合で導入に賛成する独仏両国・EUと、反対する米英両国が対立した結果、導入は見送られることになった。そのため、独仏両国はEUでの金融取引税導入を目指した。2011年9月には、欧州委員会が次期多年次財政枠組みの一環として金融取引税を導入するよう提案した（European Commission 2011）。ドイツ国内では、野党の社会民主党や緑の党が財政協定批准への支持と引き換えに金融取引税導入を急ぐようメルケル首相に対し圧力をかけていた。金融取引税法案は2012年5月に欧州議会で可決されたが、税制は理事会で全会一致による決定の対象となる事項であり、イギリスやスウェーデンが反対したため、2012年6月に理事会は法案制定をいったん断念した（Council of the European Union 2012）。

このような状況で独仏両国を含む11カ国は、「強化された協力」手続（先行統合）を用いて金融取引税導入を目指すことを表明した（津田2016b: 80）。提案によれば、取引税導入国の金融機関とイギリスの金融機関の取引も課税対象になるため、イギリス政府は猛反発した。イギリスは2013年4月にEU司法裁判所に提訴するが、法案が成立する前であったため、訴えの利益がないとして敗訴している。結局、現在に至るまで金融取引税の導入は実現していない。

このようにユーロ圏諸国を中心として金融規制強化の動きが強まる中、イギリスはEU内部で孤立していった。EU研究者のシメルフェニヒは、「一部の国だけの統合（differentiated integration）」と「一部の国だけの分解（differentiated disintegration）」とを区別した上で、統合の場合も分解の場合も各国の選好を規定する要因は同一であるが、バーゲニング・パワーの分布は正反対になると主

張している（Schimmelfennig 2018）。ユーロ不参加を筆頭に、イギリスは欧州統合の進展に際して多くの適用除外を勝ち取ってきた。条約改正には全ての加盟国の同意が必要であるため、各加盟国には拒否権があり、現状維持を望む国が交渉上有利になる。そこで他の加盟国は、イギリスが拒否権を行使して条約改正自体がご破算になることがないよう、適用除外を認めてきた。しかし離脱交渉の場合は、離脱後の関係に関する協定は全ての加盟国で批准されなければならず、現状変更を望むのはイギリスの方である。そこで各国の拒否権行使によって協定発効が妨げられるのを防ぐため、イギリス側が譲歩を迫られる、というのである。

　しかし現実には、EU内でのイギリスの影響力は国民投票以前から既に低下していたと考えられる。G20を通じたグローバルな金融規制改革の試みが行き詰まり、金融レジームの地域的な分断が進む中、ユーロ圏諸国は一部の国だけでマクロ経済運営や金融規制に関する統合を深化させようとした。独仏両国からみれば、ユーロの存続がかかっている以上、イギリスに対して可能な譲歩の余地は限られていた。反対にイギリス政府から見れば、EUによる規制は金融業主体の自国経済に対する深刻な脅威になりかねないものであった。

キャメロンのブルームバーグ演説（2013年1月）

　キャメロン首相は2013年1月に行ったブルームバーグ演説の中で、次回の総選挙で保守党が勝利した場合には、EU内におけるイギリスの地位の再交渉を行った上で、残留の是非をめぐる国民投票を実施すると表明した。演説は「ユーロ危機がEUにもたらす変化」「競争力の危機」「EUと市民との距離」の三つのテーマからなっていたが、「移民」という語はただ一度も登場しない（この点を指摘した文献として Evans and Menon 2017; Ikemoto 2020 がある）。キャメロンが演説の中で強調したのは、ユーロ危機がユーロ圏と非ユーロ圏との間の亀裂を拡大させ、EU加盟国でありながらユーロ不参加を貫くイギリスの立場が不利になることについての懸念であった。そこでキャメロンはユーロ圏と非ユーロ圏の双方にとって公平な解決を呼びかけた。

　　　　EUは通貨［ユーロ］を修復しようとしており、それは単一通貨に入って

いるか否かを問わず、われわれ全てにとって大きなインプリケーションを持つ。（中略）EU の根本的な基礎は、単一通貨ではなく単一市場にある。イギリスのような非ユーロ圏の国は、ユーロ圏が大きな制度的変化を必要としていることを理解している。同様にユーロ圏諸国の側も、イギリスや全ての国にとって、自国の利益を守り民主的な正統性を強化するために必要な変化があることを、受け入れるべきである。ユーロ圏のためにどのような仕組みが設けられようとも、それはユーロ圏にとっても非ユーロ圏にとっても公平なものでなければならない。単一市場への参加、そしてその規則の制定に参与する能力は、イギリスにとって EU のメンバーである主たる理由となっている。そこでイギリスにとっては、全ての加盟国に対する単一市場の一体性と公平性を守ることが、死活的に重要な国益なのである。これこそが、ユーロ圏の危機が財政面での協調や銀行同盟についてのルールを書き換える中、イギリスが単一市場を促進し守ろうと努める理由なのだ（Cameron 2013）。

EU 内におけるイギリスの地位の再交渉（2015 年 11 月〜2016 年 2 月）

　2015 年総選挙で、事前の予想に反し保守党が単独過半数の議席を得たことで、国民投票が実施されることになった。これを受けて、イギリスと EU の間で、EU 内におけるイギリスの地位の再交渉が行われることになった。再交渉のテーマは「経済ガヴァナンス」「競争力」「主権」「社会的給付と人の自由移動」の四つであるが、最初の三つはブルームバーグ演説の三つのテーマにそれぞれ対応している（Cameron 2015）。移民問題にかかわる「社会的給付と人の自由移動」のみが、この段階で新たに付け加えられたものである。イギリスと EU との合意は、国民投票で残留派が勝利した場合のみ実施されることになっていた。

　本章の問題関心に照らし合わせて最も重要な、経済ガヴァナンスについての合意内容は以下のとおりであった（European Council 2016: 13）。①法人・自然人をその加盟国で用いられる通貨や所在地に基づき差別することは禁止される。②銀行同盟の規制はユーロ圏の金融機関に限定される。公平な競争条件を維持するため、単一のルールブックが全ての金融機関に適用される。③ユーロ圏の

財政的な安定を保障するための措置は、非ユーロ圏諸国の財政負担を伴わない。④非ユーロ圏諸国の銀行規制や金融安定措置は、その加盟国の責任とする。⑤ユーログループによる決定は、EU 理事会の権限を尊重する。

　合意内容の①は、ユーロ建て取引の決済業務を、ユーロ圏を所在地とする機関に限定する動きから、シティを守るための条項であった。③は、欧州金融安定化メカニズムにはイギリスも拠出したため、そうした事態の再来を防ぐことを目的としている。合意内容は従来の取り決めを再確認したに過ぎないという見方もある（例として Howarth and Quaglia 2017）。しかし、合意内容が EU の基本条約に盛り込まれれば、より強い法的保障になったであろう。さらに両者の間には、残留派が国民投票で勝利した場合に、イギリスが金融機関のボーナス規制を撤廃することを認める秘密合意があったと言われる（*The Times*, 27 August 2016）。

第5節　ブレグジット後のイギリス・EU 関係

　国民投票で離脱派が勝利したことで、キャメロンの「賭け」は大失敗に終わった。それでは、ブレグジット後のイギリスは LIO といかに関わり、EU との協力はその中でどのような位置を占めているのだろうか。

　2020 年 1 月にイギリスが EU から正式に離脱し、移行期間が始まったことで、今後の両者の関係の詳細についての交渉の幕が開いた。同時期にコロナ感染症の世界的流行が起きたこともあり交渉は難航したが、移行期間終了を直前に控えた同年 12 月になって、イギリスのジョンソン政権はようやく EU との間で「貿易と協力協定」の調印にこぎ着けた。この協定は自由貿易協定の一種であるが、イギリスは EU の単一市場のみならず、関税同盟からも離脱し、EU の規制とのダイナミック・アラインメント（片方が将来規制水準を引き上げた場合、相手方も一定程度水準を引き上げる義務を負う）も拒否した。そのため、EU 側はイギリスに対し単一市場への限定的なアクセスしか認めなかった。政治的には、イギリス側の要求を受ける形で、「貿易と協力協定」から外交・安全保障問題は除外された。言い換えれば、イギリスが EU から強硬離脱したことで、両者が国際社会の中で一体となって行動することを担保するバイラテラルな枠

組みは、経済面でも政治面でも存在しなくなったのである。

「統合レビュー」の刊行

　国民投票の際の離脱派は、イギリスへの移民の流入に反対する UKIP 系のグループと、イギリスを EU の規制から解き放つことでよりグローバルな存在にすることを目指す保守党系のグループという、グローバル化に対してほぼ正反対の態度をとる二つのグループから構成されていた。離脱後のイギリス外交を主導しているのが後者であることは、イギリス政府が 2021 年 3 月に刊行した安全保障・防衛・開発・外交政策の統合レビューのタイトルが『競争的な時代のグローバル・ブリテン』となっていることが示している（HM Government 2021）。

　統合レビューは、ブレグジットをイギリスの内政・外交政策を再検討するユニークな機会と捉えている。その上で、中国のパワーの増大と自己主張の強まり、インド太平洋地域の重要性の向上、民主主義諸国と権威主義諸国との間の「システムをめぐる競争」の激化、といった世界的変化への対応の必要性が強調されている。

　本章の問題関心に照らし合わせて、統合レビューの中で最も興味深いのは、イギリスの国際秩序に対する態度に言及した箇所である。イギリスは冷戦終結後の「ルールに基づく国際システム」が綻びを見せる中でも、それを維持することに努めてきたが、国際環境がより競争的かつ流動的になる中それでは不十分であり、イギリスは開かれた社会を支持し人権を擁護することや、多国間主義に基づく開放的なグローバル経済を維持することを目標としてポストコロナの国際秩序形成に積極的に携わる必要がある、という。別の箇所では、民主的な社会が繁栄し、基本的人権が擁護される世界は、われわれの主権・安全保障・繁栄をもたらす世界でもあるとして、ほとんどの場合にイギリスの「国益」と「価値」は連携していると指摘されている。これらの議論は、イギリスを「善のための力（force for good）」と位置づけていることとあわせて、ブレア政権期の政策を彷彿とさせる。

　しかしイギリスが目指すのは、あくまで民主主義国がその中で安全や繁栄を実現できるような「ルールに基づく国際秩序」であり、民主主義という特定の

価値に基づく国際秩序とは異なる。民主主義や人権を世界に広めるための具体的手段としては、資産凍結と旅行禁止を主な内容とする人権制裁レジーム（マグニツキー法）への言及はあるものの、イラク戦争のような形での軍事力行使を容認する議論はみられない。大国間の対立が激化しても、世界は冷戦期のように民主主義諸国と権威主義諸国に二極化するわけではない。むしろ国際秩序を維持していく上で、「安全保障から気候変動に至るまで、私たちがトランスナショナルな挑戦に取り組む能力は、私たちと価値を共有しないものも含め、世界中の幅広いパートナーと働くことができるかどうかにかかっている」として、非民主主義国家との提携にも柔軟な姿勢がとられている。ここには、価値観や政治体制を異にする国々が、外交や国際的なルール・規範の助けを借りながら共存していくことを可能にする枠組みとして国際秩序を理解する、国際社会論的な立場（Bull 2012）との親和性を見てとることができよう。

問題山積のイギリス・EU 関係

　このような国際秩序をイギリスはいかなるアプローチによって実現しようとするのだろうか。統合レビューは、イギリスが NATO や二国間での協力を通じてヨーロッパ安全保障へ引き続き関与すると強調しつつ、EU との協力には全般的に冷淡な姿勢をとっている。協力の対象になる具体的なイッシューとしては環境問題への言及があるに留まり、イギリスが EU との関税同盟から離脱したことで、第三国と通商協定を結ぶ自由を得たことが強調されている。

　実際、「貿易と協力協定」の締結によってもイギリス・EU 間の対立がリセットされることはなく、両者の間には懸案が山積している。最も深刻なのは、英領北アイルランドの法的地位をめぐる対立である。離脱交渉において EU 側が、北アイルランドにおけるカトリック系住民とプロテスタント系住民との間の対立の再燃を避けるため、南北アイルランド間の自由往来を維持するよう強く求めたのに対して、イギリス政府が北アイルランドの英本土からの実質的な切り離しに合意したことで、ようやくブレグジットは実現した。離脱後、英本土から北アイルランドへの物流が停滞し、プロテスタント系住民の不満が強まる中で、イギリス側は EU に対して北アイルランドと英本土間の「国境」管理を緩和するよう求めている。しかし①イギリスの EU 単一市場・関税同盟から

の離脱、②南北アイルランドの自由往来、③北アイルランドと英本土の法的地位の相違を避ける、という三つの目標を同時に実現することは不可能であることから（北アイルランド問題のトリレンマ）、交渉は難航した。両者は2023年2月に「ウインザー枠組」といわれる新たな合意に至ったが、その帰趨は未だ不明確である。

イギリスが、EUの規制から逸脱する自由を生かして、サービス・デジタル・データ分野でのグローバル・ハブとなることを標榜するのに対して（HM Government 2021: 4）、EUによるイギリスの金融規制・データ保護規制の同等性承認が遅れていることも、対立の火種となっている。外交面では、イギリスとEUとが共にインド・太平洋地域への関与を深める中、「豪英米の協力枠組み（AUKUS）」締結により、米英両国はオーストラリアに攻撃型原子力潜水艦を提供することになった。オーストラリアに通常型潜水艦の購入契約をキャンセルされたフランスは激しく反発した。イギリスがEU加盟国であれば起こり得なかった事態であり、ブレグジットが欧米関係を悪化させかねないことを示した。コロナ感染症の流行に対処する上でも、イギリスがEUの医療用防護具・人工呼吸器・PCR検査キット・ワクチンの共同調達スキームへの参加を見送り、ワクチン分配をめぐる対立のためEUが輸出認可制度を設けるなど、両者の協力は限定的だった（池本2021）。

EU側から見ると、国際的な約束をイギリス政府が簡単に反故にしようとすることは、パートナーとしての信頼性を失わせる行動だと言えよう。第三国との通商協定締結がブレグジットによる経済的打撃を埋め合わせることが到底期待できない中、イギリス外交の目標と利用可能なリソースとの間にはギャップが存在するという指摘もある（Strachan 2021）。

第6節　ブレグジットとロシア・ウクライナ戦争

本章の冒頭で述べたように、ロシアや中国のような権威主義諸国の行動と、先進民主主義諸国におけるポピュリズムの台頭、その結果としてのブレグジットやトランプの大統領就任は、冷戦終結後に発展したLIOに対する内外からの挑戦だと位置づけられている。しかし2022年2月にロシア・ウクライナ戦

争が勃発したことで、イギリスはLIOを支持する側であることが改めて明確になった。ブレグジットはイギリス・EU関係を大きく変えたが、イギリスのLIOに対する姿勢の変化は限定的なものである。

ロシアの軍事行動が始まった当初から、イギリスはアメリカ・日本・EU諸国と共に、国連その他の場でロシアの行動を国際法違反だとして厳しく批判した（イギリスのロシア・ウクライナ戦争に対する姿勢についてはKampfner 2022を参照）。イギリスとEU諸国は他の先進国と協力しつつ、ロシアに対して大規模な経済制裁を課すと共に、軍事・人道・財政面でウクライナを支援している。

ヨーロッパ諸国の中でも、イギリスは対露強硬姿勢が際立つ国の一つである。ジョンソン首相は「プーチンは失敗せねばならない（Putin must fail）」と繰り返し発言しているが、この種の表現を用いたのは西側諸国の首脳の中でジョンソンが最初であった。トラス外相も「ロシアをウクライナ全土から追い出すため、さらに迅速に行動する」と表明することで、ウクライナが取り戻すべき領土の中にクリミア半島も含まれることを示唆した。軍事面では、ロシアの侵攻以前から、対戦車ミサイル・対空ミサイル等の武器の供与、ウクライナ軍の訓練、イギリス艦船による黒海のパトロールが行われており、開戦後は対艦ミサイル提供にも踏み切った。諜報活動ではアメリカと共にロシアの侵攻を事前に警告し、サイバー・セキュリティでもウクライナを支援している。

イギリスが対露強硬姿勢をとる背景には、開戦前からロシアとの政治的関係が険悪であり、ドイツやイタリアと比較してエネルギー面での対露依存度が低い、等の要因がある。他方で、「ロンドングラード」という表現が示すように、国際金融センターとしてのシティにはロシア人富豪が保有する多額の資産が流入し、そのマネー・ロンダリングを助けていた面があり、経済的には不透明な関係が続いてきた。このような「政冷経熱」的関係は、東西冷戦の時代とは異なって、経済が政治に優先したポスト冷戦の国際秩序を反映していたのかもしれない。今後大国間の地政学的対立が激化するとして、シティとロシアとの経済的「デカップリング」が進むか否かは、大陸欧州諸国のロシアへのエネルギー依存が解消されるか否かと並んで、注目すべき点である。

ウクライナの領域的一体性を維持するため、イギリスがこれまで熱心に努力してきたとは言えない。1994年のブダペスト覚書でイギリスはアメリカ・ロ

シアと共に、ウクライナが旧ソ連時代の核兵器の引き渡しに応じる代わりに、ウクライナの領域的一体性を保障することに合意している。しかし2014年にロシアがクリミア半島を武力併合した際には、ロシアに対して他の欧米諸国と共に経済制裁を課した以外は、ロシア・ウクライナ間の停戦合意を仲介しようとする独仏両国の外交努力を見守る役回りに終始した。

　そのため、今回のロシア・ウクライナ戦争に対するイギリスの積極的な介入の背景には、ブレグジットの影響があると指摘する声がある。先に述べたように、ブレグジット後のイギリス・EU関係は安定せず、多くの対立の種を孕んでいるが、ロシア・ウクライナ戦争に際して両者の協力は維持されており、戦争に対処する上でブレグジットが大きな障害になる局面は、これまでのところない。その上で、イギリスの保守党政権には、ブレグジット後のイギリスの国際的な存在感を高めるためにこの戦争を利用している面がある。ジョンソンは、「独仏伊三カ国は当初ロシアに宥和的だった（CNN, 23 November 2022）」と主張することで、イギリスがウクライナ支援のために迅速に行動できたのはEUを離脱したからだと示唆している。この主張の真偽は脇に置くとして、イギリスはEUの中でも対露強硬姿勢をとる中東欧諸国（ハンガリーを除く）・バルト三国・北欧諸国や、アメリカとの関係強化を図っている。イギリスのロシアに対する厳しい姿勢は、インド太平洋地域で中国の勢力拡張に不満を持つ諸国の間でも、イギリスとの協力への期待を高めた。

　イギリスのLIOに対する姿勢が、ブレグジットによってもさほど影響を受けなかったのはなぜか。その最大の理由は、政権を担う保守党が（ポピュリスト的な戦術に訴えることがあるとはいえ）既存政党であり、UKIPやブレグジット党のような右派ポピュリスト勢力は国政政党としての地位を確立できなかったことであろう。ポーランドとハンガリーのように、ポピュリズム勢力の台頭により非自由主義的民主主義化が進んだEU加盟国であっても、その対露姿勢は極めて対照的な事例もある。とすれば、LIOに対する外からの脅威と内からの脅威とを安易に結びつけるのは避けるべきではないだろうか。

　イギリス・EU間の協力がブレグジットによって悪影響を受けずに済んでいるのは、軍事的にはNATO、経済面ではG7を通じた協力が機能しているためである。しかしそれが可能なのは、アメリカの大統領が多国間主義を重んじる

バイデンであるところが大きい。アメリカの大統領選挙の結果、多国間主義に後ろ向きの政権が誕生すれば、NATO や G7 が機能不全に陥る可能性も大いにある。その場合イギリスと EU とは、バイラテラルな協調枠組みの再建に乗り出さざるを得なくなるだろう。

■注

1) 本章は 2017 年度日本国際政治学会研究大会部会「歴史としての冷戦後」・2021 年度日本政治学会研究大会分科会「D10（G7+3）の連帯は可能か」における発表に部分的に依拠している。それぞれの企画を担当された宮城大蔵、松本佐保両先生の他、報告者や討論者の方々に感謝したい。

2) 本章ではイギリス・EU 間で行われた離脱交渉や、ブレグジットをめぐるイギリス国内での論争については扱わない。これらの問題については池本（2020）、庄司（2019）、デイ・力久（2021）、若松（2018）を参照されたい。

3) ロシアとは対照的に、中国はポスト冷戦の国際秩序の「勝ち組」であった。そのことがポスト冷戦の国際秩序に対して中国が与える脅威の性質にいかなる影響を与えるか、中露両国を一括りにすることの問題点等、興味深い論点は多いが、いずれも本章の射程を超える問題である。

4) Documents on British Policy Overseas（2010: 215-9）。これに対して、ミッテラン文書への特権的なアクセスに基づいて書かれた Bozo（2010）は、ミッテランがドイツ統一に反対した事実はないとしている。ボゾに対する批判としては板橋（2022: 105）がある。

5) EU の東方拡大により加盟した中東欧諸国を除くと、ユーロに参加していない EU 加盟国はデンマークとスウェーデンのみである。デンマークは 1992 年の国民投票で当初マーストリヒト条約の批准が否決された結果、経済通貨同盟の第三段階の適用除外を得た。スウェーデンも 2003 年の国民投票でユーロへの参加が否決されたため、事実上の適用除外状態になっている。

6) LIO は冷戦終結後にアメリカ主導で形成されたと言われることが多い。しかし国際刑事裁判所への不参加・京都議定書からの離脱等にみられるように、トランプ政権以前からアメリカの LIO への関与が選択的なものだったことは、指摘しておく価値があろう。EU はその活動範囲・決定の拘束力等の諸点において最もリベラルかつ国家主権制約的な組織であると同時に、国際刑事裁判所や京都議定書の実現に際して中心的な役割を果たした。もちろん、リベラルな価値観を共有しない国に対して LIO を強制するためにはパワーが不可欠であるから、LIO がアメリカの軍事力によって支えられてきた面があるのは否定し難い。

7) シラク大統領は、筆者も出席したオックスフォード大学での講演（2004 年 11 月）の際に、ブレアと最も激しく対立した問題は EU の共通農業政策の改革であり、イラク戦争をめぐる見解の相違は乗り越えられないものではなかったと述べている。

8) イギリス独立党は 2014 年の欧州議会選挙では第一党となった。翌年の下院総選挙では得票率こそ二大政党に次ぐ 12.6％を記録したものの、獲得議席は 1 に留まった。
9) 本節の記述は Ikemoto（2020）に基づく。

■参考文献

アッシュ、ティモシー・ガートン（2013）「ヨーロッパのパワーには道徳的な基礎があるか」『ダンシング・ウィズ・ヒストリー──名もなき 10 年のクロニクル』添谷育志監訳、風行社。

池本大輔（2020）「イギリス──強硬離脱の原因とその帰結」外務省外交・安全保障調査研究事業『混迷する欧州と国際秩序』日本国際問題研究所、35-47 頁。

池本大輔（2021）「英国──変化を加速させた新型コロナ危機」植田隆子編著『新型コロナ危機と欧州──EU・加盟 10 カ国と英国の対応』文眞堂、286-314 頁。

池本大輔・板橋拓己・川嶋周一・佐藤俊輔（2020）『EU 政治論──国境を越えた統治のゆくえ』有斐閣。

板橋拓己（2022）『分断の克服 1989-1990──統一をめぐる西ドイツ外交の挑戦』中公選書。

今井貴子(2018)『政権交代の政治力学──イギリス労働党の軌跡 1994-2010』東京大学出版会。

梅川正美・阪野智一編著（2004）『ブレアのイラク戦争──イギリスの世界戦略』朝日新聞社。

小川浩之（2004）「ブレア政権の対応外交」櫻田大造・伊藤剛編著『比較外交政策──イラク戦争への対応外交』明石書店、153-192 頁。

塩川伸明（2020）『歴史の中のロシア革命とソ連』有志舎。

庄司克宏（2019）『ブレグジット・パラドクス──欧州統合のゆくえ』岩波書店。

津田久美子（2016a）「『車輪に砂』(1) ── EU 金融取引税の政治過程：2009 〜 2013 年」『北大法学論集』第 66 巻第 6 号、101-158 頁。

津田久美子（2016b）「『車輪に砂』(2・完) ── EU 金融取引税の政治過程：2009 〜 2013 年」『北大法学論集』第 67 巻第 1 号、59-116 頁。

デイ、スティーブン・力久昌幸(2021)『「ブレグジット」という激震──混迷するイギリス政治』ミネルヴァ書房。

浜井祐三子（2018）「排外主義とメディア──イギリスの EU 残留・離脱国民投票から考える」宮島喬・木畑洋一・小川有美編『ヨーロッパ・デモクラシー──危機と転換』岩波書店、173-196 頁。

藤原帰一（1998）「冷戦の終わり方──合意による平和から力の平和へ」東京大学社会科学研究所編『20 世紀システム 6　機能と変容』東京大学出版会、273-308 頁。

柳沢英二郎・加藤正男・細井保・堀井伸晃・吉留公太（2013）『危機の国際政治史 1873 〜 2012』亜紀書房。

吉留公太（2021）『ドイツ統一とアメリカ外交』晃洋書房。

力久昌幸（2004）「フランスやドイツとの対立──米欧架橋外交の限界」梅川正美・阪野智一編著『ブレアのイラク戦争──イギリスの世界戦略』朝日新聞社、89-116 頁。

若松邦弘（2018）「『普通の人』の政治と疎外——EU 問題をめぐるイギリス政党政治の困難」宮島喬・木畑洋一・小川有美編『ヨーロッパ・デモクラシー——危機と転換』岩波書店、51–72 頁。

Bache, I. and Nugent, N. (2007) 'Europe', in Seldon, A. (ed.) *Blair's Britain, 1997-2007*. Cambridge University Press, pp. 529-550.

Bastasin, C. (2012) *Saving Europe: Anatomy of a Dream*. Brookings Institution Press.

Bickerton, C. (2018) 'The Brexit Iceberg', in Martill, B. and Staiger, U. (eds.) *Brexit and Beyond: Rethinking the Futures of Europe*. UCL Press, pp. 132-137.

Börzel, T., and Zürn, M. (2021) 'Contestations of the Liberal International Order: From Liberal Multilateralism to Postnational Liberalism', *International Organization*, 75(2), pp. 282-305.

Bozo, F. (2010) *Mitterand, the End of the Cold War, and German Unification*, Berghahn Books.

Bull, H. (2012) *The Anarchical Society: A Study of Order in World Politics*. Palgrave Macmillan.

Cameron, D. (2013) 'EU speech at Bloomberg', 23 January 2013. Available online at: https://www.gov.uk/government/speeches/eu-speech-at-bloomberg

Cameron, D. (2015) 'Letter from David Cameron to Donald Tusk', 10 November 2015. Available online at: https://assets.publishing.service.gov.uk/government/uploads/system/uploads/attachment_data/file/475679/Donald_Tusk_letter.pdf

Clarke, M. (2007) 'Foreign policy', in Seldon, A. (ed.) *Blair's Britain, 1997-2007*. Cambridge University Press, pp. 593-614.

Cook, R. (2004) *The Point of Departure: Diaries from the Front Bench*. Pocket Books.

Council of the European Union (2012) 'Press Release, 3178th Council meeting, Economic and Financial Affairs'.

Documents on British Policy Overseas (2010) Series 3, Volume 7, *German Unification 1989-1990*. Routledge.

European Commission (2011) 'Proposal for a Council Directive on a common system of financial transaction tax and amending Directive 2008/7/EC /*', COM/2011/0594 final.

European Council (2016) 'EUCO 1/16, European Council meeting (18 and 19 February 2016) – Conclusions'. Available online at: https://www.consilium.europa.eu/media/21787/0216-euco-conclusions.pdf

European Parliament (2013) 'Parliament votes reform package to strengthen EU banks', 16 April 2013. Available online at : http://www.europarl.europa.eu/news/en/press-room/20130416IPR07333/parliament-votes-reform-package-to-strengthen-eu-banks

Evans, G. and Menon, A. (2017) *Brexit and British Politics*. Polity Press.

Ford, R. and Goodwin, M. (2014) *Revolt on the Right: Explaining Support for the Radical Right in Britain*. Routledge.

Gamble, A. (2003) *Between Europe and America: The Future of British Politics*. Palgrave Macmillan.

Giddens, A. (1999) *The Third Way: The Renewal of Social Democracy*. Polity Press.

Helleiner, E. (2012) 'Multilateralism Reborn? International Cooperation and the Global Financial Crisis', in Bermeo, N. and Pontusson, J. (eds.) *Coping with Crisis: Government Reactions to the Great Recession*. Russel Sage Foundation, pp. 65-90.

Heppell, T. and Seawright, D. (eds.) (2015) *Cameron and the Conservatives: The Transition to Coalition Government*. Palgrave Macmillan.

Hill, C., Smith, M., and Vanhoonacker, S. (eds.) (2017) *International Relations and the European Union*. Oxford University Press.

HM Government (2021) *Global Britain in a Competitive Age: The Integrated Review of Security, Defense, Development and Foreign Policy*. CP403.

Howarth, D. and Quaglia, L. (2017) 'Brexit and the Single European Financial Market', *Journal of Common Market Studies*, 55, Annual Review, pp. 149-164.

Ikemoto, D. (2020) 'Brexit as a Result of European Struggles over the UK's Financial Sector', in Wassenberg, B. and Suzuki, N. (eds.) *Origins and Consequences of European Crises: Global Views on Brexit*. Peter Lang, pp. 45-63.

Kampfner, J. (2022) 'UK's strong Ukraine support hides a less glorious past'. Chatham House. Available online at: https://www.chathamhouse.org/2022/05/uks-strong-ukraine-support-hides-less-glorious-past.

Kundnani, H. (2017) 'What is Liberal International Order?'. German Marshall Fund Policy Essay, No.17. Available online at: https://www.gmfus.org/news/what-liberal-international-order.

Lake, D., Martin, L., and Risse, T. (2021) 'Challenges to the Liberal Order: Reflections on International Organization', *International Organization*, 75(2), pp. 225-257.

Longjie, L. (2016) 'The End of Bankers' Bonus Cap: How Will the UK Regulate Bankers' Remuneration after Brexit?', *European Business Law Review,* 27, pp. 1091-1125.

Loth, W. (2015) *Building Europe: A History of European Unification*. De Gruyter.

Mounk, Y. (2018) *People vs. Democracy: Why Our Freedom is in Danger and How to Save it.* Harvard University Press.

Norman, P. (2005) *Accidental Constitution: The Making of Europe's Constitutional Treaty*. EuroComment.

Papadia, F. (2014) 'Operational Aspects of a Hypothetical Demise of the Euro', *Journal of Common Market Studies*, 52(5), pp. 1090-1102.

Schimmelfennig, F. (2018) 'Brexit: differentiated disintegration in the European Union', *Journal of European Public Policy*, 25(8), pp. 1154-1173.

Sinclair, P. (2007) 'The Treasury and economic policy', in Seldon, A. (ed.) *Blair's Britain, 1997-2007*. Cambridge University Press, pp. 185-213.

Stephens, P. (1996) *Politics and the Pound: The Tories, the Economy and Europe*. Macmillan.

Strachan, H. (2021) 'Global Britain in a competitive age: strategy and the Integrated Review',

Journal of the British Academy, 9, pp. 161-177.

Taylor, R. (2007) 'New Labour, new capitalism', in Seldon, A. (ed.) *Blair's Britain, 1997-2007*. Cambridge University Press, pp. 214-240.

Thompson, H. (1996) *The British Conservative Government and the European Exchange Rate Mechanism, 1979-1994*. Pinter.

Thompson, H. (2017) 'Inevitability and Contingency: The Political Economy of Brexit', *The British Journal of Politics and International Relations*, 19(3), pp. 434-449.

Wall. S. (2008) *A Stranger in Europe: Britain and the EU from Thatcher to Blair*. Oxford University Press.

Walt, S. (2022) 'An International Relations Theory Guide to the War in Ukraine', *Foreign Policy*, 8 March 2022.

Welsh, J. (2016) *The Return of History: Conflict, Migration, and Geopolitics in the Twenty-First Century*. House of Anashi Press.

Young, H. (1998) *This Blessed Plot: Britain and Europe from Churchill to Blair*. Macmillan.

第2章
ドイツとポスト 1989 リベラル国際秩序

岩間 陽子

　戦後西ドイツは、リベラル国際秩序（LIO）の申し子であった。初代宰相アデナウアーの「西側結合」政策は、西ドイツを欧州統合と NATO に組み込もうとした。1990 年の両ドイツの統一は、この枠組みをそのまま引き継いだ。西ドイツ基本法に、旧東ドイツの五つの州が加盟する形で統一が実現し、統一ドイツは全体が NATO に加盟にした。コール首相は、統一ドイツをしっかりと欧州統合の枠内に組み込んだ。1998 年にシュレーダー首相率いる社会民主党と緑の党の連立政権が実現した。この政権は、第一期は外交の継続性を重んじたものの、二期目に入ると、ブッシュ米政権のイラク戦争に正面から反対し、対米関係は極度に悪化した。シュレーダー首相の価値観は、ロシアを重視しアメリカの秩序を軽視する、LIO からはみ出しかねない要素を持っていた。メルケル政権の外交は、かなりの部分このシュレーダー外交との連続性がある。ロシアとの緊密なエネルギー関係、中国との経済関係はそれを表している。ショルツ政権は、ロシアによるウクライナ侵攻でドイツの対露政策は大きな転換点（Zeitenwende）を迎えたと宣言した。しかし、ウクライナへの武器供与には消極的であり、中国との対決姿勢を望まず、むしろ多極世界のアクターとして多くのパワーと良好な関係を望んでいる。緑の党は完全に LIO に適合的な外交政策を主張しているが、ドイツとしての態度はいまだ定まっていない。

第1節　冷戦期 LIO の申し子としての戦後西ドイツ

　冷戦期西ドイツは、リベラル国際秩序（LIO）の申し子であった。東西対立の産物として生まれた西ドイツには、それ以外の選択肢はなかった。磁石の両極に砂鉄が引き寄せられていくように、ドイツ内の政治勢力は東ドイツと西ドイツに分かれ、西側にはアメリカを中心とした LIO を肯定する政治勢力が集

まった。ドイツの東西分裂を正当なものとは認めなかった西ドイツは、その前文において、「全ドイツ国民は、自由な自己決定により、ドイツの統一と自由を完成させることを要請されている」と宣言している「基本法」（Grundgesetz）という名前の憲法で出発した。その第 146 条は、「本基本法は、ドイツ国民が自由な決断で議決した憲法が施行される日にその効力を失う」と書かれていた。

　戦後西ドイツの国家体制は、複数のレベルにおいて、権力の集中を避けるように構造化されており、国家自体が LIO に組み込まれていた。国内制度は連邦制であり、連邦参議院には州代表制が取り込まれていた。連邦と州の間の権限分配は細かく基本法で定められており、その変更には憲法改正手続きが必要であった。さらに戦後西ドイツは、国家より上のレベルで、様々な国家間制度に構造的に組み込まれていた。それらを代表するのが、欧州統合と NATO（北大西洋条約機構）という二つの制度的枠組みであった。これは占領国側が望むことであったと同時に、初代西ドイツ首相アデナウアーがとった「西側結合（Westbindung）」政策の結果でもあった（Baring 1971）。それまでのドイツ外交の不安定さを避け、西側的価値に新生西ドイツを構造的に結びつけることが、アデナウアー外交の大きな目標であった。そのための手段は、欧州統合と西側の軍事同盟 NATO に西ドイツを結びつけることであった。

　ドイツは地政学的に欧州大陸の真ん中に位置し、必然的に東と西の双方に気を配らねばならない。1871 年にビスマルクが作ったドイツ帝国は、その誕生にあたって普仏戦争を利用したため、フランスの恒常的な敵意を前提としなければならなかった。そのためビスマルク外交は、何よりも対露関係を悪化させないことに心血を注ぐことになった。これ以前から、ドイツとロシアは深く文化的・歴史的に結びついてきた。エカテリーナ女帝はドイツ出身だったし、歴代ロシア皇帝の妃にはドイツ出身の貴族が多く含まれていた。帝政ロシアにとってかなり長期間にわたり、ドイツは隣国であった。しかし、この歴史的靱帯が、戦間期には国際社会からのはみ出し者同士の結びつきに変わり、ワイマールドイツがソ連と行った軍事・外交協力は、「ラッパロ」という代名詞で語られるようになってしまった。アデナウアーの意図は、ドイツが二度とロシアに引き寄せられることのないよう、制度的に西側と結合させることであった。

西ドイツは、冷戦下の自由主義体制の中で、かつてないほどの平和と繁栄を謳歌した。当初は分断の事実を受け入れきれない勢力もあったが、1950年代後半に社民党の政策が変化し始めてからは、次第に現状を受け入れ、アメリカの勢力圏内において、経済成長の果実を享受した。西ドイツ国家は、初代経済相ルードヴィッヒ・エアハルトが名付けた「社会的市場経済」の下、比較的社会保障の手厚い市場主義経済を築いた。欧州共同体の枠内でもある種の再配分が行われる仕組みができており、アメリカ的な自由主義市場経済とは若干理解が異なったが、その政治的自己認識においては、完全にLIOの中であった。

第2節　LIOの拡大としてのドイツ統一過程

　1989年11月に突如ベルリンの壁が崩壊すると、じきに両ドイツの再統一が議論され始めることになった。再統一に際しては、戦後西ドイツが積み上げた歴史がすべて振り出しに戻る可能性があった。西ドイツという国家は、いつかは統一ドイツが発足するという前提で作られていた。西ドイツの国際的コミットメントが統一ドイツを縛るかどうかに関しては、かなりの範囲で留保がつけられたままであった。統一ドイツがどのような国境を持ち、どのような国家体制を持つのかについては、実際のところ白紙であった。それゆえ、サッチャーやミッテランなど多くの政治家が、当初ドイツ統一に警戒心を隠さなかった（板橋2022）。もう一度戦勝四か国が講和会議の場に戻り、ドイツの地位を一から話し合い、憲法もゼロから作り直すことも、理論的には可能であった。しかし、最終的には統一ドイツは、戦後西ドイツの枠組みを、ほぼそのまま受け入れることになった（高橋1999; テルチク1992）。

　これは、熟慮の結果というよりは、東西間の壁がなくなった後、東ドイツの体制崩壊の速度があまりに急激であり、ゆっくりと新憲法や新体制を議論している時間がなかったためという面がかなり強い。壁が開いてしばらくすると、多くの東ドイツ人が、より豊かな生活を手に入れようと、東を捨てて西ドイツへ移動し始めた。彼らを押しとどめるためには、東ドイツにいても西ドイツと同じ生活ができるようになる、という展望を与える必要があった。当時の西ドイツ首相ヘルムート・コールは、この状況をたくみに利用して、最短でのドイ

ツ統一をたぐり寄せて行った。決定的であったのは、1990年3月18日、東ドイツで最初で最後の自由な人民議会選挙であった。この選挙でヘルムート・コール率いるCDU（キリスト教民主同盟）の姉妹政党である東独CDUに保守系の集団を加えた連合が圧勝したことにより、最速でのドイツ統一への道が開かれた。当時よりゆっくりとした統一を訴えたSPD（社会民主党）は、21.88％の得票しか得られなかった（ルップ2002）。

　コール西ドイツ首相の最短時間での統一路線が、東ドイツ市民の圧倒的支持を得た結果、基本法第23条を通じての統一が実現することになった。新しい統一ドイツのための憲法を作るのではなく、戦後西ドイツの基本法に、東ドイツの再編された諸州が加盟することにより、統一ドイツを実現するのであった。これにより、戦後西ドイツの国家秩序がそのまま東ドイツに拡大されることになった。1990年5月18日には、両ドイツにより、経済・通貨・社会同盟条約が締結され、7月1日にはこれが発効し、東ドイツの通貨は廃止され、事実上一つのドイツの経済圏が出現した。この後東ドイツは、州に再編された。1949年当時の東ドイツには五つの州が存在したのだが、1952年にこれらは14の行政区に分割されていた。これを、再びメクレンブルク＝フォアポンメルン州、ブランデンブルク州、ザクセン＝アンハルト州、ザクセン州、テューリンゲン州の五州に戻し、これらの州が連邦共和国の基本法に加盟する形をとったのであった。おそらくこれは、周辺国の統一ドイツに対する不安を和らげるのに役立ったであろう。少なくとも、過去40年間にわたって試されてきたシステムの延長線上に統一ドイツがあることの方が、まったく新しいシステムで始めるよりは、はるかに予測可能性が大きく、安定の見込みがあると思われた。

　国内的なプロセスと並行して、統一ドイツの国際的地位に関する交渉も進んでいた。この過程は、後にロシア側が統一ドイツが拡大しないという約束を西側がした、と主張したことにより、ずいぶんと争いの種になった。現在までにかなりの外交史料が開いており、そこから判明していることは、確かにベーカー米国務長官やゲンシャー独外相らが、そのような趣旨のことを交渉の過程で言ったことはあった、ということである。ただ、それがその後当事者間の合意として確定されることも、何らかの合意文書にされることもなかった。アメリカではベーカーが、西ドイツではゲンシャーが不拡大派であったようだが、

最終的にはどちらの国でも、統一ドイツを丸ごと NATO に加盟させ、将来の東方拡大についても言質を与えない方針が貫徹された。ブッシュ大統領もコール首相も、当初は迷いがあったようであるが、ゴルバチョフ側が譲歩するのであれば、この道を行かない理由がなかった（Sarotte 2021; 板橋 2022）。

　むしろゴルバチョフが要求を吊り上げなかったことの方が、驚きであった。1990 年の早い段階で、ソ連側が統一ドイツのステータスについて、はっきりした方針を立てていれば、東ドイツに軍隊を駐留させていたことは、大きな交渉のカードであったから、ドイツ統一は全く違う形で実現することもあり得たはずだ。しかし、ソ連側は驚くほど無策であった。かつて 1952 年スターリン・ノートで要求した中立化も、ラパッツキイ・プランなどで繰り返し提案された兵力引き離し・非核地帯構想も、実現できなかった。ドイツの非核化は、1950 年代初頭以来、一貫したソ連外交のテーマであったし、ゴルバチョフ自身が核廃絶に強い熱意を抱いていただけに、この機会にドイツの非核化を試みることも可能であったはずだが、実際に 2 ＋ 4 条約で合意されたのは、旧東ドイツ地域に展開するドイツ連邦軍は核兵器の運搬手段を保有しないこと（通常兵器と共用のものは通常兵器用として許容される）と、外国軍隊と核兵器・同運搬手段はこの地域へ配備・移動しないことのみであった（Trachtenberg 1999; 堀田 2022）。この過程でゴルバチョフは、かなりの程度ファーリンらソ連のドイツ専門家の意見を無視して、独断で外交を進めた（Sarotte 2021: 62-63, 135-136, 142-146）。

　最終的に、ゴルバチョフはコールとブッシュに押し切られ、統一ドイツ全体の NATO 加盟をのんだ。ソ連軍撤退までは、東ドイツ部分には NATO 軍は展開しないとはいえ、ドイツ全体の NATO 加盟は、相当大きな譲歩であった。しかし、西ドイツ基本法の拡大適用と同様に、NATO が東ドイツ部分まで拡大したことにより、戦後西ドイツの国際的位置付けはそのまま統一ドイツにも引き継がれたのであった。サッチャーやミッテランなどが、ドイツ再統一に懸念を抱く中、少なくとも西ドイツと同様に統一ドイツが NATO の中にしっかりと統合されていることは、安心材料となった。しかも、ドイツ連邦軍の兵力は減少し、CFE（欧州通常戦力）条約の中で制限されることになった。他方で、米軍基地の数や規模は縮小されたものの、米軍のプレゼンスは変わらず維持さ

れることになった。

　欧州統合に関しては、コールは当初からその枠組みを維持し、東方へ拡大する意思を示していた。1989 年 11 月 28 日の「10 項目」プログラムの中の、第 7 項目は、欧州共同体を強化し、さらに「開放性と柔軟性をもって、改革を目指す中欧・東欧・南東欧諸国に歩み寄る」ことを求めていた。「EC はエルベ川で閉じられてはならず、東側に対しても開放されねばならない」、とこの時点でかなり明確に欧州共同体の拡大を訴えた。また、第 8 項目では、CSCE（欧州安全保障協力会議）プロセスの中心性を強調していた（板橋 2022: 84-85）。統一ドイツの EU 加盟に関しては、大きな問題にはならなかった。

　このように、ドイツ統一はあたかも西ドイツが旧東独国境まで押し寄せるかのような形をとって実現した。そのような形でのドイツ統一を実現したのが、アデナウアー直系の CDU の政治家で、ラインラント出身であるヘルムート・コールであったことは、歴史的にも理に適っていた（フィルマー／シュヴァン 1993）。アデナウアー同様に、コールもまた欧州統合の重要性をよく認識していた。1992 年マーストリヒト条約は、通貨と経済を通じてドイツを欧州共同体の枠内に位置付けるものであった（Köhler 2014: 948）。欧州統合が彼の外交にとって中心的であったことは間違いない。

　ブッシュ政権の末期において、米独間で独駐留の米軍の規模についての意見交換がなされた際には、コールは欧州統合と NATO の双方がドイツにとっては死活的利益だと訴えている。ドイツは「政治的にも経済的にも、欧州の屋根を必要としている。この欧州の屋根は、同時に NATO の屋根と結合されていなければならない。自分にとっては、欧州統合を進めるが、アメリカへの結びつきを弱めるような政治は議論の価値もない。ここは、これかあれか、ではなく、これもあれも、なのである」、と彼はブッシュ大統領に対して語っている（Schwarz 2012: 1282）。

　西ドイツ外交の中で、経済的手段は常に大きな位置を占めてきており、それはコールにおいても同様であった。彼は社会民主党政権の東方政策の成果を、大半においてそのまま引き継いだ。イギリスの歴史家アッシュが批判した、共産圏の体制側に対する甘さもそのままであった。ソ連を含む東欧圏には、80 年代後半には対西ドイツのハードカレンシーの借款が積みあがっており、コー

ルはそれを 1990 年の外交において効果的に利用した（アッシュ 2009：巻末図表参照）。ただ、1990 年以降、ロシアを含む東欧圏の経済は新しい基盤からのスタートになり、東西ドイツ経済結合とユーロの完成に心血を注いだコール政権は、旧共産圏支援にそれほど特徴ある外交を打ち出すことはなかった。

　全体を通じて言えることは、コール外交はアデナウアー外交の正しい継承者であり、戦後西ドイツが組み込まれた LIO の制度をほぼ変えることなく、全ドイツへ拡大したということである。CSCE が OSCE（欧州安全保障協力機構）になる、という変化はあったが、OSCE は旧ユーゴスラヴィア紛争解決において、期待されたほど活躍できなかった。旧ユーゴ紛争は、むしろアメリカと NATO の欧州安保へのカムバックを演出することになり、結果としてはヨーロッパにおける LIO の枠組みは、90 年代を通じて大きな変化なく、存続することになった。

　旧ユーゴ紛争は、今から考えればヨーロッパがアメリカ中心の LIO から脱して、新しい形のより独自性を持った LIO を作るチャンスだったかもしれない。しかし、特にボスニア紛争の局面において、EC、OSCE、そして国連が、繰り返し停戦のための仲介を行ったがどれも長持ちしなかった。95 年 7 月のスレブレニッツァの惨劇を止められなかったことで、冷戦後盛り上がっていた新しい秩序への期待は急速に萎んでいった。1994 〜 95 年は、ポスト冷戦ヨーロッパにとって一つの分かれ道であった。クリントン政権が、ボスニア軍事介入を決断したことで、NATO がヨーロッパ安全保障秩序の中心に返り咲き、また、チェチェン戦争でのロシアの振る舞いに対する違和感が一つのきっかけとなって、NATO の東方拡大に関する基本的な方向性が定まった（Sarotte 2021: 206）。共同体形成には、一定の価値観の共有が必要である。1975 年ヘルシンキ最終文書は、全欧で価値観の共有を行うための実験の開始でもあった。ロシアが西側の価値を共有するような国になってくれるのではないか、という希望を、冷戦後多くの国が抱いたが、次第にそれは夢と終わって行った。

第 3 節　赤＝緑政権第一期（1998 〜 2002 年）

　1998 年秋に、保守から左派政権への政権交代が起こった。しかも、ドイツ

連邦共和国史上初めて、緑の党が政権入りした赤＝緑連立政権の成立であった。社会民主党のゲアハルト・シュレーダー首相はともかく、緑の党の党首であり外務大臣職を引き受けることになったヨシュカ・フィッシャーは、外交面では未知数であった。緑の党は、そもそも80年代初頭の反核運動を基盤に成長してきた党であり、その政党が政権与党になることに関しては、ドイツ内外で少なからぬ懸念が持たれていた。1998年秋はコソボ危機がまさに進行中であった。結論から言えば、赤＝緑政権は1999年春のコソボ情勢に関しては、NATO路線に忠実であり、同盟の一員としての義務を果たした。赤＝緑連立がNATOに対し前政権の政策を継続したことは、安堵をもって迎えられた。

　より社会主義寄りの左の政権が、LIOの側から疑念を持って見られる、というのは決してドイツ特有の現象ではない。西側各国では冷戦期において、基本的には保守政党が親米政党であり、これに対抗する左の政党がアメリカに批判的であった。左派は、その時々でナショナリズムやインターナショナリズムを主張してきたが、アメリカの秩序としてのLIOに批判的である点は変わらなかった。シュレーダーは当時、イギリスのブレア首相の「第三の道」をモデルにドイツの労働市場改革を行い、ドイツ経済を再生させることを公約としていた。90年代のドイツ経済は、深い谷底に落ちていた。ドイツ統一とその後の東西格差の是正のために、大きな財政出動を強いられたが構造改革は進まず、インフレと高失業率に悩まされ続けていた。特に旧東独地域の失業率は高く、ネオナチの温床にもなり、人心は荒んでいた。16年ぶりの政権交代と、当時54歳の若い首相に対する国内の期待は高かった。

　ヨシュカ・フィッシャーの伝記を書いたアメリカ人ジャーナリストのホケノスは、「ドイツのアイデンティティ探しは、統一で終わったのではなく、始まったばかりだった」と書いている（Hockenos 2007: 226）。あまりにアデナウアー的であったコール政権の外交に対し、赤＝緑政権は次第に左派政権らしさを発揮し始めた。その最初の兆候は、脱原発政策であった。緑の党はそもそも反核運動で浮上した政党であり、その支持母体は強い反原発でもあった。彼らの確信をさらに強めたのは、1986年のチェルノブイリ原発事故であった。1998年選挙綱領でも同党は、石炭を含む化石燃料と原子力双方からの脱却と再生可能エネルギーへの転換を求めていた（Bündnis 90/ die Grünen 1998）。社民

党の綱領も、できるだけ早くに脱原発を実現することを求めていた（SPD 1998）。ドイツ選挙民のかなりの部分は、やはりチェルノブイリ原発事故以後、強い反原発になっていたため、この政策は実現が早く、2000 年には基本的な脱原発が立法化された。

　どちらの政党もこの時点で確固たるエネルギー政策を持っていたわけではなく、代替策なしに脱原発政策が先行した感は否めない。そこに渡りに船であったのが、ロシア産のガスであった。ロシアのガスをバルト海の海底パイプラインでヨーロッパに持ってくる計画は、1997 年にロシア＝フィンランド間で検討が始まった。翌 1998 年にはドイツのガス会社ルールガスも参加して、様々なルートの可能性が検討され始めた。2000 年にウラジーミル・プーチンがロシア大統領になると、エネルギー政策は急速にロシア国家立て直しの中心的手段となっていった（Goldman 2008）。このプーチン大統領とシュレーダー首相が急接近し、非常に緊密な関係を築いた。独ロ関係の重視は、1969 年ブラント政権登場以後、社会民主党のある意味党是であった。西側統合のアデナウアー外交に対して、社民党は東との関係を再建したことを誇っていた。その中心にあったのがブラントの新東方政策であり、当時からガス・パイプラインはその鍵の一つであった（Stent 1982, 1999）。

　シベリアのガスを西ドイツの投資と技術により西ヨーロッパまで持ってくることは、ブラントが始め、コールも引き継いだ西ドイツの国家プロジェクトであった。新東方政策は、東側の関係構築にあたって、ソ連の利益を考慮することを訴えて始まった。石油ショックの後、ヨーロッパではエネルギー問題を起点に一定のアメリカ離れが起こり、外交を多角化させようとする動きが強まっていた。資源輸入国の西ドイツにとって、エネルギーの中東依存を減らす手段の一つとして、当時はソ連からのエネルギー輸入は意味があるように思われた。ソ連との間に強固な経済関係を築き、そのことにより東西間の壁を乗り越え、最終的にはドイツ統一を達成する、というのがエゴン・バールらが作った計画であり、それは驚くほどうまくいったように思われた。目標であったドイツ統一が達成された後も、その成功体験は引き継がれた。赤＝緑政権が西側統合だけでなく、東とのより強固な関係を求めることは、それまでの特に社民党の体験から自然な帰結であった。

図　西ドイツのソ連・ロシアからの天然ガス輸入

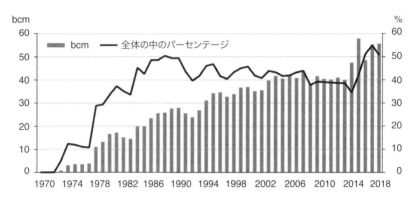

出典：Kirsten Westphal, "German–Russian gas relations in face of the energy transition," *Russian Journal of Economics* 6(4): 406-423, https://doi.org/10.32609/j.ruje.6.55478 (14 Dec 2020).

　アメリカは、新東方政策のころから、西ドイツのパイプライン建設には反対であった。特に 80 年代に入りソ連のアフガニスタン侵攻後、西側の経済制裁の一環として、西ドイツ＝ソ連間のパイプライン計画も停止するよう求めるようになった。しかし、西ドイツ側はこれに応じることなく、次第に西ドイツの天然ガス輸入に占めるソ連産ガスの割合は増えていった。

　シュレーダー第一期政権の間は、このパイプライン問題はまだ水面下で進行しており、それほど表面化はしなかった。ただこの間もシュレーダー夫妻がプーチン夫妻と親密な関係を結んでいることは、たびたびメディアで報道されていた。

第 4 節　　赤＝緑政権第二期（2002 ～ 2005 年）

　場合によってはアメリカとの対決も辞さず、ロシアとの強固な関係を築く、という傾向は、2002 年からの第二次シュレーダー政権において、より鮮明になった。2001 年 9 月 11 日の世界貿易センタービルへのテロ事件は、新しい時代の幕開けとなった。この新たなテロとの戦いにおいても、シュレーダー政権は当初、NATO との共同歩調を崩さなかった。しかし、この年登場していた

ジョージ・W・ブッシュ政権は、世界最強となったアメリカの力を、前政権よりもはるかに独断的に使うようになっていた。これに対して、2002〜03年にアメリカが対イラクの圧力を高めて行き、2003年にイラク戦争が始まるに際して、シュレーダー政権ははっきりとアメリカに批判的な外交を展開するようになった。

　きっかけとなったのは、2002年の連邦議会選挙戦であった。この年、シュレーダーは再び首相候補として社民党を率いたが、選挙戦は劣勢であった。労働市場改革はいまだ効果を表さず、むしろ痛みの面だけが先立ち、全般に不評であった。第一期政権においては、国内外の信頼を得るために中庸を演出し、外交の継続性を重んじたシュレーダーであったが、それではもはや今回の選挙には勝てないとみて、路線を変更した。転換期は8月で、まず南部ドイツで起こった水害の際に「危機管理の首相」を演出し、ある程度の推進力を取り戻すと、そもそもヨーロッパで不人気であったブッシュ政権への批判を展開し始めた。8月以降、シュレーダーとフィッシャーは頻繁にメディアに登場し、米のイラク政策批判を展開した（岩間 2003: 26-28）。

　ドイツの外交は、伝統的にマルチラテラリズムであり、単独行動を避けることが鉄則であった。それは、旧ユーゴ紛争の過程での連邦軍海外派兵に関する憲法裁判所判決でも確認されたことであり、ドイツは常にNATO、EU、国連などのマルチの枠組みの中で行動してきた。しかし、9月に入るとシュレーダーは対米批判の主張をさらに一歩進め、新たな国連決議が出た場合でも、ドイツはイラク攻撃には参加しないと言明した。この頃シュレーダーは、「ドイツの道」という表現を多用するようになった。それまでナショナリズムをストレートに表現することは、戦後ドイツにおいてある種のタブーであったが、シュレーダーはそのタブーに挑戦した。当時ヨーロッパでは、ブッシュ政権の「ユニラテラリズム」に対する反感が渦巻いていたし、ドイツ国内では、アメリカが石油のためにする戦争につき合わされるのはご免だという感情も強かった。そして、当時のヨーロッパには、ドイツが心配しなければならないような安全保障上の脅威は何もなかった。多少アメリカとの関係が悪化しても、短期的にはさほど恐れることは何もなかった。

　2002年9月22日の連邦議会選挙結果は、稀にみる接戦であった。社民党と

CDU/CSU（キリスト教民主同盟・社会同盟）は、比例の得票率では38.5％で並んだものの、小選挙区で社民党の方が多くの議席を得た結果、総議席数では社民党の方が3議席だけ上回った。緑の党と合わせても、与野党の差はたった9議席であったが、それでも勝利は勝利であった。同じ連立による、シュレーダー第二期政権が発足した。政権発足はイラク戦争への緊張が高まるただなかであり、3月には実際に戦争が始まった。イギリスはアメリカと共に戦闘に参加したものの、独仏は不参加であった。これに対して、自国のNATO加盟に関するアメリカの支援を期待する多くの旧共産圏の東欧諸国は、アメリカ支持に回った。ラムズフェルト国防長官は、仏独は「古いヨーロッパ」であり、「新しいヨーロッパ」はアメリカを支持していると言い放ち、米国内では「フレンチ・フライ」を「フリードム・フライ」と呼び変えるなど、あからさまな仏独への嫌がらせが行われた。

　ここから数年間、米独関係は戦後最悪の状況にあった。その原因のすべてを、シュレーダー首相の政策に求めることは適切ではないだろう。アメリカ側にも、LIOからの逸脱はあった。2003年イラク侵攻は、今日振り返っても、疑念の多いものである。ブッシュ政権は、安保理で新たな決議案採択を目指したものの、自らの決議案が多数を得られないことが明白になると、新たな決議案なしにイラク侵攻を開始した。当時、イラクでUNMOVIC（国際連合監視検証査察委員会）委員長として査察活動を続けていたハンス・ブリックスは、査察活動で大量破壊兵器は一度も見つかっておらず、米英政府のやり方に違和感を抱いていたことを証言している（Blix 2005）。当時のブッシュ政権は、ネオコンの方針に引っ張られ、サダム・フセインを倒すことによって中東全体の民主化につなげることを夢見ており、大量破壊兵器の存在は口実に過ぎなかった。

　では、ドイツの方がLIOに忠実であったかというと、残念ながらこちらにも逸脱があった。ここでは、シュレーダーとフィッシャーでは、実は立場が異なる。当時は同じ政権にいたためにそれほど違いが明瞭にならなかったが、2002年夏以降、二人の立場は微妙にずれたままである。上述のようにシュレーダーは、新たな安保理決議が採択されたとしても、イラク戦争には反対であるという態度をとった（岩間 2003: 27-31）。これに対して、元から国連主義者であると同時に欧州連邦主義者でもあるフィッシャーは、慎重にシュレーダー

とは一線を画していた。

実はフィッシャーは、1994 年の著書ですでに、アデナウアー流の「西側結合（Westbindung）」の信奉者となっている。

「旧西ドイツの『西側化』は、統一ドイツでも不可逆であり続けるだろうか。もしノーならば、ドイツと欧州は大きな問題、それもとても大きな問題を抱えるだろう。もしイエスならば、ドイツとヨーロッパの将来は、決して問題がないわけではないだろうが、全体としてはドイツはかなりの民主的安定化要因であり続け、その上最終的な欧州統一の実現のための決定的な統合要素となることもできるだろう」（Fischer 1994: 227-228）。

彼は、1945 年以前のドイツは、内政の民主化と外交において欧州均衡システムの中で平和的に共存するという二つの課題を、「ドイツの特別の道」を通じて実現しようとして破綻した。戦後の西ドイツは、内政と外交どちらにおいても固く西側と結合し、「独自の道、権力国家、覇権、ナショナリズムを放棄し、民主主義、社会的市場経済、同盟と統合を選んだ」からこそ、「ドイツ史上例のない成功」となった、と説く（Fischer 1994: 228）。

フィッシャーはこの著作で、NATO にも肯定的である。西欧と北米が、アメリカの司令の下に NATO で軍事的に統合されたことにより、自国の軍隊に関する無制限の指揮権を部分的にでも譲渡し、制限を受け入れたという点で、古典的軍事同盟と全く異なり、これにより権力政治的、戦略的競争がなくなり、欧州政治における戦争の二大要因が消滅したとして、「驚くべき、歴史的とも言うべき功績」であるとしている（Fischer 1994: 21）。ほとんど CDU の政治家が書いたかと思うような内容だが、これが緑の党を代表する政治家フィッシャーが書いたものである。緑の党の少なくともレアロと呼ばれる現実派は、このような路線の外交政策を受け入れており、その延長線上に今日の緑の党もあるし、ショルツ政権のベアボック外相の外交もある。

これに対して、シュレーダーの基本的価値観、外交観は全く異なる。首相在任中から、シュレーダー夫妻は、プーチン夫妻との家族ぐるみの親密さを演出していた。シュレーダー夫妻がロシアから二人の養子を迎えたことは、さすがにある種の違和感を持って報道された。ドイツでは法的に養子を迎えるには高齢過ぎたシュレーダー夫妻だったが、プーチンの助けを得て、2004 年には 3

歳の女児を、2006年には乳飲み子の男児をロシアから養子に迎えた（Lough 2021: 281）。シュレーダーは、首相を辞めた直後に露国営エネルギー会社ガスプロム系列の子会社の要職に就き、ひんしゅくを買ったが、その後も職を辞することがなかった。2023年、ロシアのウクライナ侵攻にもかかわらず、ガスプロムの取締役に就こうとして、さすがに批判の矢面に立ち、断念する羽目になったが、長年ロシアとの利権で甘い汁を吸い続け、すっかり晩節をけがしてしまった。労働市場改革や移民制度改革に関しては、十分評価されるべき功績を残しているだけに残念であった。

　首相職を終えた直後に書いた回顧録で顕著なのは、アメリカ軽視とロシア重視の姿勢である。統合ヨーロッパが軍事的にも世界的アクターになる必要を説いているのは理解できるとしても、「グローバル・プレーヤー、ロシア」と題する章を終盤に置いていることは、かなり特殊である。彼は、「プーチンはヨーロッパ的に思考する」として、ロシアを再興させようとするプーチンの試みを肯定的に評価している。プーチンがヨーロッパ的価値観を持っている証として、フランス、ドイツと共にロシアがイラク戦争に反対したことを挙げている（Schröder 2006: 457）。

　シュレーダーはロシアがG7に加盟しG8となったことを重視し、さらに中国やインドを入れれば、G8は「世界内政」の興味深い手段になり得る、と主張している。イラン政策でも、ロシアと欧州は共通項が多く、イスラム世界を敵に回したアメリカと異なり、ロシアとヨーロッパが手を結べば、世界の中で重要な役割を果たせると言う。エネルギーの中東依存から脱して、ロシアとのエネルギーのパートナーシップを結ぶことは双方の利益だとして、ロシア依存が危険だとする意見を一蹴する（Schröder 2006: 459-462）。プーチンの方もまた、米欧間に亀裂が入っていることを巧みに利用した。2001年9月25日連邦議会での彼の演説は、独露関係緊密化の重要な転換点とされている（Lough 2021: 125; Schröder 2006: 469）。

　2021年の著書でシュレーダーは、「西側の時代はあった。いい時代だった。政治的に成功だった。しかし、もう終わった」と書いている。NATOとEUは、冷戦への答えであったので、冷戦が終わった今となっては役目を終えている。「東がなければ、西は生まれることもなかったのだ」として、NATOは冷戦が

終わった後、解体されるべきだったとしている。そして、それによって自由になった資源を新しい挑戦のために投資し、「ロシアを包含する安全保障アーキテクチャーを作るべきであった」と述べている（Shöllgen and Schröder 2021: 219-220）。この本の題名は、『最後のチャンス——なぜ我々は今、新しい世界秩序を必要としているか』というものである。ここまでくれば、シュレーダーがLIO からは遠く離れたところまで来ていることが分かるだろう。

　こうして比較すると、赤＝緑政権時にすでに、社民党と緑の党では外交、特に対露政策が、相当異なっていたことが明らかである。この差異は、2022 年のショルツ政権において、より明白に立ち現れることになった。

第5節　メルケル期（2005～2022 年）

　16 年間続いたメルケル政権の評価を下すには、まだ早すぎるだろう。16 年間はあまりに長い期間であるし、彼女自身がおそらくこれから回顧録を記すだろう。ここでは、メルケル政権期のいくつかの基本的な特徴を指摘するに留めたい。筆者は、メルケル政権末期には、彼女の政策に対してかなり批判的な見方をするようになっていた（岩間 2019, 2021, 2022）。メルケルは、トランプ政権期 2017 年に米国の政治学者アイケンベリーによって、日本の安倍晋三首相と並んで、LIO を支える世界に残された二人のリーダーとして挙げられた（Ikenberry 2017）。しかし、実際にメルケル外交を見てみると、シュレーダー外交との連続性が顕著である。

　2005 年選挙の CDU の選挙プログラムは、ロシアとの関係の重要性を認めつつも、「隣人たちの頭上を飛び越えて」であってはならず、「ロシアの内政上の問題ある展開から目をそらしてはいけない」としていた。そして、「NATO が今もこれからも、ドイツの最重要の安全保障上の網である」と、シュレーダーがないがしろにした対米同盟の再強化を誓っていた。しかし、選挙結果は大連立の可能性しか与えないものであり、社会民主党と CDU/CSU の連立政権が成立した。外務大臣は社民党のシュタインマイヤーであり、シュレーダーほどロシアとの個人的関係はなかったものの、彼もまたブラント以来の東方政策の伝統に忠実に、ロシアとの友好関係を心掛けた。ブラント外交の「接近を通じ

た変化」の後継者として彼は自らの政策を、「統合を通じた接近（Annäherung durch Verflechtung）」と名付けた（Stent 2019: 128）。

　シュレーダー政権からメルケル政権の過渡期、2005年の9月から11月にかけて、ノルド・ストリームを支える会社の基本が、ガスプロム、BASFとE.ONにより作られた。12月には、ガスプロムにより工事が着工された。この頃、ロシアとエネルギーをめぐる国際政治はめまぐるしく動いた。2006年、2009年2回にわたり、ウクライナ＝ロシア間にガスをめぐる紛争があった。2004年ウクライナでのオレンジ革命後、ロシアはウクライナに対し厳しい態度をとるようになった。2回のガス紛争も、その背景から生まれたと考えられている（Stern 2006）。さらに2008年8月には、ロシアのジョージア侵攻が起こった。この直前、2008年4月にNATOはブカレスト・サミットで、ジョージアとウクライナのNATO加盟について話し合った。ブッシュ大統領は、この2か国のNATO加盟を後押しするつもりでいたが、メルケルとマクロンの二人が、ブッシュに対してブレーキをかけ、コミュニケは玉虫色の表現となった。しかし、NATOが基本「オープン・ドア政策」を維持したとされたこのサミットは、プーチンに警戒心を抱かせるのに十分であり、今から振り返ると2008年ジョージア侵攻は2022年ウクライナ侵攻の前哨戦のようにさえ見える。

　これらの事件の後、EUではロシアのガスに依存しすぎることに関して、警戒心が高まった（Westphal 2009; Bros et al. 2017）。しかし、そもそもシュレーダー政権期にノルド・ストリームの話がまとまった背景には、ウクライナのオレンジ革命と、その後のガスをめぐるウクライナ＝ロシア間の紛争があった。それまでドイツにガスを供給してきた、ヤマル・パイプラインはウクライナを通るため、ロシア＝ウクライナ関係の影響で供給が途絶える恐れがあった。ロシアとドイツを直で結ぶノルド・ストリームは、ドイツにとってはロシアとの関係さえ良好であれば、常に安いガスが安定的に供給される保障となる手段であった。しかし、独露が手を結ぶということは、その間にいる小国、ウクライナ、ポーランド、バルト三国などの利害がないがしろにされるということでもあった。そのためこれらの諸国は、執拗にノルド・ストリーム計画に反対した。しかし、シュレーダーからこの計画を引き継いだメルケルは、順調に建設を進め、2011年には最初のガスが流れ始めた。この後、ロシアのガスへのドイツの依

存度はどんどん上がった。しかも、メルケルはロシアとの間に2本目のパイプライン、ノルド・ストリーム2を作る計画をも進めていった。

　2014年初頭に、ロシアによるクリミア侵攻が起こった。ウクライナ国内で起きたマイダン革命への、プーチンの直接の反応であった。この事件の後、メルケルのプーチンに対する態度は硬化したと見る分析もある（Lough 2021）。しかし、本当にそうだろうか。この時期アメリカは、オバマ政権であった。メルケル＝オバマ関係は、その前後の米独関係に比べると格段に良かったとされている。メルケルとオバマには、大きな共通点がある。どちらも演説がとてもうまく、そのため民衆に絶大な人気があった。彼らはどちらも言葉を操る術に、とても長けていた。核の究極的廃絶を訴えたプラハ演説でノーベル平和賞をオバマ大統領が受賞してしまったことは、象徴的である。彼らの言葉は、実行に裏打ちされていなかった。プーチンのクリミアとドンバス侵攻を口では批判しつつ、メルケルは実際には、それを外交的に軟着陸させる方法をマクロンと共に探した。オバマ政権は全くウクライナ問題に関心がなく、ノルマンディー・フォーマットと呼ばれた、仏、独、露、ウクライナの交渉形式にまかせっきりであった。

　2015年5月9日モスクワで行われた対独戦勝70周年記念式典に対する態度は、彼女のやり方をよく表していた。10年前の2005年、シュレーダー首相はドイツの首相として初めてこの式典に参加した。しかしクリミア侵攻後の2015年、アメリカを含むほとんどの西側の首脳たちはモスクワへは行かなかった。メルケルは最終的に、モスクワでのパレードには参加しなかったが、翌日、クレムリンの無名戦士の墓にプーチンと並んで花輪を添えた。表面的にはLIOの中央に位置しているような言説を続けながら、実際にやっていることは限りなくロシア、そして中国に近づいていったのがメルケル外交であった。

　トランプ政権を批判し、もはや欧州はアメリカに防衛で頼れない、自立しなければならない、と口では宣言しながら、防衛費を減らし続け、NATOのGDP比2%目標のために努力する気はさらさらなかった。欧州統合の理想を口では褒めたたえつつも、EU改革について何の熱意も抱かず、ユーロ危機に際してもドイツ的緊縮財政から全く逸脱せずに、欧州を危機に晒した。

　メルケルには、振り返ってみるとコールやフィッシャーにあるLIOへの愛

着があったとは思えない。共産主義体制下においてもいつも優等生であった彼女は、言葉を操り、情報を操ることに非常に巧みであった。そのため多くの人は彼女の在任中、彼女の LIO へのコミットメントを疑わなかった。中国やロシアに接近していくことを、単なる「経済問題」であると言い続けた彼女の言葉を、信じようとした。しかし、彼女がロシアや中国との関係を維持するために払ったエネルギーと、対米・対仏関係を向上させるために行った努力を比較すれば、前者の方がはるかに大きかった。彼女は、しばしば自らを西と東の融合者として演出した。したがって、自らを無条件に「西側」と同一視することはなかったし、「西側結合」という語は彼女の語彙の中にはなかった。それは東ドイツ出身の初めての首相として、意識的な政治選択であったのかもしれないが、同時にそれは彼女の外交の方向性をも示していた。

　メルケル政権の 16 年間は、2009 ～ 2013 年の第二期政権を除いて、すべて社民党との大連立政権であった。その外交政策は、シュレーダー政権からの連続性が強く、どちらかといえば社民党的色彩が強い。ウクライナ戦争が始まった後、メルケル政権の外相を長く務めたシュタインマイヤー大統領は、自らのロシア政策への反省の言葉を述べたのに対し、メルケルの方は、数回インタビューに応じているが、今のところ全く反省の色はない。

第6節　ショルツ政権とウクライナ戦争

　2022 年 2 月 24 日のロシアによるウクライナ侵攻は、独露関係にとって大きな転機となった。戦争開始直前、ショルツ首相はキーウとモスクワを訪問し、何とか欧州の平和を守ろうとした。しかし、プーチン大統領はショルツ首相の努力をあざ笑うかのように、2 月 24 日ウクライナの全面侵攻へ踏み切った。フランスのマクロン大統領と共に、ノルマンディー・フォーマットを使ってミンスク合意に戻ることを促していたショルツ首相の顔に泥を塗る行為であった。ミンスク合意の履行プロセスには OSCE が関与しており、それゆえに全欧安保秩序を重んじる社民党にとっては、それを踏みにじられたことは許せない行為であり、ショルツ首相は激怒した。

　それが、2 月 27 日の独連邦議会での演説に表れた。有名になった、

Zeitenwende（時代の転換点）演説であり、ここでショルツ首相は、2月24日が
欧州大陸における時代の転換点であり、プーチンの戦争は、「何も誰も正当化
することはできない」と述べ、「その後の世界は、その前の世界とはもはや同
じではない」と述べた。ウクライナ侵攻によりプーチンは、ヘルシンキ最終文
書以来、半世紀にわたる欧州安保秩序を破壊し、国際社会の外に自らを置いて
いる。そして彼は、ドイツにとっての五つの課題を提示した。第一にウクライ
ナ支援。第二に対露制裁。第三にNATOの義務を遵守してプーチンの戦争が
拡大しないようにすること。第四に防衛にもっと投資すること。このために
1000億ユーロの特別資金を拠出し、核共有を続けるためのF-35をトルネード
戦闘機の後継機として購入すること。そして最後に、ナイーブになることなく、
しかし外交の可能性は残すことを訴えた（Scholz 2022a）。

　その後、Zeitenwendeは、この年のショルツの外交を体現する言葉となった。
自身でも『フォーリン・アフェアーズ』誌に寄稿し、新しいドイツ外交を説明
して見せた（Scholz 2022b）。ロシアに、CSCE以来半世紀の欧州安保秩序を破壊
され、NATOを再確認し、ショルツ外交はしっかりと西側のLIOの中心に戻っ
たように見受けられる。しかし、時間がたつにつれ、連立政権内で立場の差が
明白になってきつつある。特に、緑の党と社民党の間で、政策の違いが明白に
なってきている。

　焦点は二つある。一つはウクライナへの武器支援の在り方である。緑の党は、
できるだけ早く、たくさんの武器を積極的に供給すべきと主張しており、その
際に攻撃的武器を供与することをためらうべきではないという立場である。こ
れに対して社民党の方は、戦争のエスカレーションを恐れており、武器供与に
そもそも消極的であり、特に「攻撃的武器」に関しては、その供与に反対意見
が強い。二党の意見の違いは、特に戦車を供与すべきかどうかに象徴的に表れ
ており、レオパルド2型戦車の供給をめぐる対立は、2023年2月までもつれ
込んだ。

　もう一つが中国への態度である。当面ロシアとの対決が不可避であることは、
社民党ですら異論はない。ここでも、プーチンとの対話の用意に関して若干の
違いは見られるのだが、今のところこれは現実問題化はしていない。これに対
して、政策転換が、対中政策にまで及ぶのかどうかに関しては、社民党と緑の

党で全く異なる立場になっている。緑の党は従来から人権問題等で中国に厳しく、ウクライナ戦争開始後は、積極的に台湾側に立ち、中国に対して厳しい姿勢を強めている。これに対し、社民党内ではまだまだ対中関与政策の支持派が多い。ショルツも『フォーリン・アフェアーズ』誌の論文で、新冷戦を望まず、中国に引き続き関与を続ける重要性を説いている（Scholz 2022b）。ロシアに対しては、2007年ミュンヘン安全保障会議でルールに基づく国際秩序を、「単なるアメリカの覇権のための道具」と批判する演説を行ったプーチン大統領の世界観を「帝国主義」と批判し、明白に一線を画している。

　これに対して中国の扱いは、まだ、「ルールに基づく国際秩序」への参加を説得し続ける、というものにとどまっている。これはさらに、アフリカ、アジア、カリブ海、ラテンアメリカ諸国にも向けられる。「自由、法の支配、すべての人間の尊厳は、伝統的に西側として理解されてきた世界に特有のものではない」として、多極化する世界の中でのマルチラテラリズムの維持を訴えている（Scholz 2022b）。戦術核使用の威嚇を行うプーチン大統領に対して、中国に核使用は許されないという原則を確認させたことは、この外交の成果だと強調している。他方で、新型コロナウイルス感染症克服に時間を要している中国に対して、自国のビオンテック社のワクチンを受け入れるようにという説得は、成果を生まなかった。

　ドイツは2023年初頭に国家安全保障戦略を、その後、対中戦略をまとめる予定である。どちらも外務省主導で、2022年後半から作業が進められてきた。しかし、現在のところこれらの作業に関して、社民党寄りの首相府と緑の党寄りの外務省の間に対立が生じており、調整作業が難航していると伝えられている。大きな対立点の一つは、どうやら中国に対する態度らしい。現在、ショルツ首相とベアボック外相の間の立場の違いは、シュレーダーとフィッシャーの最終的立場の差ほどには大きくない。ショルツ首相は、NATOを再確認し、ドイツの防衛力を、NATO内で責任を果たせるようなものに強化すると言明している。その意味では、ドイツはしっかりLIOの中にいる。ただ、今後米中関係がどう発展し、アメリカがLIOをどう形成していくかによっては、かつてのように社民党の政策とアメリカの政策の間に食い違いが出てきてしまうかもしれない。統一ドイツは、西ドイツとはやはり違う。統一ドイツの「東方政

策」がどのようなものになるのか。シュレーダー、メルケル、ショルツ政権を見ている限り、それは LIO から逸脱するわけではないが、微妙なずれをもって展開していく予感がある。

■参考文献

アッシュ、ティモシー・ガートン（2009）『ヨーロッパに架ける橋——東西冷戦とドイツ外交（上・下）』杉浦茂樹訳、みすず書房。

板橋拓己（2022）『分断の克服 1989-1990 ——統一をめぐる西ドイツ外交の挑戦』中央公論新社。

岩間陽子（2003）「第二期シュレーダー政権の外交と米欧関係」日本国際問題研究所、平成14 年度 外務省委託研究『9.11 以降の欧米関係』第 3 章。 https://www.jiia.or.jp/research/column_40.html.

岩間陽子（2019）「アンゲラ・メルケル ドイツ首相——忍耐と調整と妥協でドイツ政党の枠組みをねじ曲げかたくなな財政均衡で欧州統合も破壊する?」『ニューズウィーク』第 34巻 49 号（2019 年 12 月 24 日号）、24-25 頁。

岩間陽子（2021）「メルケル時代とは何だったのか——九月の独連邦議会選挙を控えて」『学士会会報』2021 (4)、26-34 頁。

岩間陽子（2022）「メルケル後のドイツ政治のゆくえ——ショルツ政権の課題を問う」『中央公論』第 136 巻 2 号（2022 年 2 月号）、74-81 頁。

高橋進（1999）『歴史としてのドイツ統一——指導者たちはどう動いたか』岩波書店。

テルチク、ホルスト（1992）『歴史を変えた 329 日——ドイツ統一の舞台裏』三輪晴啓・宗宮好和監訳、日本放送出版協会。

フィルマー、ヴェルナー／シュヴァン、ヘリベルト（1993）『ヘルムート・コール——伝記と証言（上・下）』鈴木主税訳、ダイヤモンド社。

堀田主（2022）「『欧州共通の家』構想の成立——ミハイル・ゴルバチョフとソ連の対ヨーロッパ政策、一九八四——一九八七年」『法學政治學論究』第 134 巻、307-345 頁。

ルップ、H. K.（2002）『現代ドイツ政治史——ドイツ連邦共和国の成立と発展（増補改訂版）』深谷満雄・山本淳訳、彩流社。

Baring, Arnulf (1971) *Im Anfang war Adenauer: Die Entstehung der Kanzlerdemokratie.* Dtv.

Blix, Hans (2005) *Disarming Iraq: The Search for Weapons of Mass Destruction.* Bloombury.

Bros, Aurélie/ Mitrova, Tatiana/ Westphal, Kirsten (2017) *German-Russian gas relations: A special relationship in troubled waters.* SWP Research Paper No. RP 13/2017.

Bündnis 90/Die Grünen (1998) *Grün ist der Wechsel: Programm zur Bundestagswahl 1998.*

Fischer, Joschka (1994, 2018) *Risiko Deutchland: Krise und Zukunft der deutschen Politik.*

Kiepenheuer & Witsch.

Goldman, Marshall I. (2008) *Petrostate: Putin, Power, and the New Russia*. Oxford University Press.

Hockenos, Paul (2007) *Joschka Fischer and the Making of the Berlin Republic: An Alternative History of Postwar Germany*. Oxford University Press.

Ikenberry, G. John (2017) 'The Plot Against American Foreign Policy: Can the Liberal Order Survive?' *Foreign Affairs*, May/June 2017.

Köhler, Henning (2014) *Helmut Kohl: Ein Leben für die Politik. Die Biografie*. Bastei Entertainment.

Lough, John (2021) *Germany's Russia Problem: The struggle for balance in Europe*. Manchester University Press.

Sarotte, M. E. (2021) *Not One Inch: America, Russia, and the Making of Post-Cold War Stalemate*. Yale University Press.

Schöllgen, Gregor/ Schröder, Gerhard (2021) *Letzte Chance: Warum wir jetzt eine neue Weltordnung brauchen*. DVA.

Scholz, Olaf (2022a) Regierungserklärung von Bundeskanzler Olaf Scholz am 27. Februar 2022, https://www.bundesregierung.de/breg-de/suche/regierungserklaerung-von-bundeskanzler-olaf-scholz-am-27-februar-2022-2008356.

Scholz, Olaf (2022b) 'The Global Zeitenwende: How to avoid a New Cold War in a Multipolar Era', *Foreign Affairs*, January/February 2023, Vol. 102. No.1.

Schröder, Gerhard (2006) *Entscheidungen: Mein Leben in der Politik*. Hoffmann und Campe.

Schwarz, Hans-Peter (2012) *Helmut Kohl: Eine politische Biographie*. Deutsche Verlags-Anstalt.

SPD (1998) *Arbeit, Innovation und Gerechtigkeit: SPD-Programm für die Bundestagswahl 1998*.

Stent, Angela (1982) *From Embargo to Ostpolitik: the Political Economy of West German-Soviet Relations*. Princeton University Press.

Stent, Angela E. (1999) *Russia and Germany Reborn: Unification, the Soviet Collapse, and the New Europe*. Princeton University Press.

Stent, Angela (2019) *Putin's World: Russia Against the West and with the Rest*. Twelve.

Stern, Jonathan (2006) 'Russian-Ukrainian gas crisis of January 2006', Oxford Institute for Energy Studies, http://171.67.100.116/courses/2016/ph240/lee-m1/docs/stern-jan06.pdf.

Trachtenberg, Marc (1999) *A Constructed Peace: The Making of the European Settlement, 1945-1963*. Princeton University Press.

Westphal, Kirsten (2009) *Russian gas, Ukrainian pipelines, and European supply security: Lessons of the 2009 controversies*. SWP Research Paper No. RP 11/2009.

第3章
「ヨーロッパ・パワー」の限界
——マクロン時代のフランス

吉田　徹

　イギリスのEU（欧州連合）離脱を問う国民投票を経て、2017年にフランスで大統領に選出されたエマニュエル・マクロンを、英『エコノミスト』誌は「ヨーロッパの救世主？」とその見出しに掲げた（*The Economist*, June 17th 2017）。米トランプ大統領による「アメリカ・ファースト」路線によるアメリカ覇権主義の後退と米中対立の先鋭化、さらに難民・移民問題、気候変動、パンデミックというそれぞれが絡み合うグローバル・ガヴァナンスの課題が山積する中で、EU強化と国際協調主義を明確に掲げるマクロン大統領の誕生は、後退するかにみえる「リベラル国際秩序（LIO）」にとっての朗報であったことは間違いない。かかる状況下でマクロン大統領は、フランスの主権とヨーロッパの主権を等価に捉える「ヨーロッパ・パワー」の戦略を採用している。

　もっとも、こうしたフランスの存在様式の転換は、マクロン大統領という政治指導者のパーソナリティだけに帰すことができるものではなく、過去30年にわたるフランス政治が抱えていた構造的矛盾とそれゆえに生じた地殻変動によるものであることを踏まえなければならない。その過程で国内政治のヘゲモニーを握ったマクロンは、そのまま先鋭的なEU改革に取り組むに至った。しかし、それはまさに「ヨーロッパ・パワー」であるがゆえに、新たな矛盾に直面することになる。さらに、LIOの中で無視し得ない存在であるとはいえ、「ミドル・パワー」としてのフランスは、そのEUでその主導権を発揮しようとすればするほど、とりわけドイツや他同盟国との協調関係を発展させなければならないというジレンマに陥ることになる。この「パワー」と「協調」との間にフランス政治外交のパラメーターは存在しているといえよう。

第1節　オランドからマクロン大統領への転換

　フランスで2017年にマクロン大統領が誕生してから、EUにおけるフラン

スの外交イニシアティヴが活発化している。前任者フランソワ・オランド大統領時代のフランス外交は、アフガニスタン撤退やマリ派兵、シリア紛争、ロシアのクリミア併合などに対応しながらも、「必要にして不十分」なものとして評価されていた（Gaffney 2015: 173）。2015年末のCOP21（国連気候変動枠組条約第21回締約国会議）でパリ協定発効に漕ぎつけたことは大きな成果として数えることができるだろうし、また2014年からのウクライナ侵攻を受けてのミンスク1・2合意や続くノルマンディー・フォーマット整備への貢献も特筆されるものの、これらはフランス単独のイニシアティヴだったわけではない。むしろ同大統領の任期は、ユーロ危機の後遺症からの労働市場改革の行き詰まり、イスラム原理主義によるパリを含むテロ事件、ないしは個人のスキャンダルなどに彩られたものであった。とりわけEU外交に絞ってみれば、オランド大統領は「傍観者」もしくは「ヨーロッパの次元での指針」を欠いていたと評される（Chopin 2018: 1）。

　こうしたオランド期の消極性に比して、マクロン大統領の外交姿勢は、2017年の大統領選での公約で確認される通り、EU次元を含め、少なくともより能動的かつ積極的なものとなっている。大統領としての初参加となった2017年6月の欧州理事会では、「市民を守るEU」を訴え、その後の9月7日のアテネと26日のソルボンヌ大学での演説ではEU改革の青写真が早くも提出され、そして翌18年の世界経済フォーラム（ダボス会議）では「フランスは戻ってきた（France is back）、なぜならヨーロッパの成功なくしてフランスの成功はないからだ」と宣言するに至る。

　本章は、こうしたマクロン大統領のEU政策の指針をまず検討した上で、それがドイツ統一と冷戦終結以降のフランス政治外交と異質なものであることを指摘する。フランスによる欧州統合ならびにEU改革についてのグランドデザイン──その目標と帰結の是非はともかく──は、1992年のマーストリヒト条約に帰結する80年代半ばからのミッテラン大統領によるものを除けば、ドイツの影響力向上や東方拡大の影響もあって、停滞気味だった。そうした観点からは、マクロンのいう「戻ってきたフランス」は、ポスト＝ポスト冷戦期におけるフランスの新たな欧州統合再起動の契機を作ったといえる。東欧でポピュリスト政権が次々と誕生し、西欧ではブレグジットが現実のものとなり、

トランプ大統領とプーチン大統領による二大超大国が生まれるという状況にあって、マクロンのEU重視と国際協調主義は一層希少なものとなっている。

　次に、こうした新たなイニシアティヴは、マクロン政治が国内で確立することのできたヘゲモニーの結果、すなわち内政状況の変数でもあることを指摘する。後述するように、マクロン大統領の親EUの姿勢は個人的信念および政策的合理性から派生しているものだが、他方で、すでにEU政治は——イギリスのブレグジット騒動で確認できた通り——、外政と内政をシームレスに統合しており、両次元における捻じれを解消することができない限り、かかるイニシアティヴは十分に発揮することができないためである。

　最後には、こうした一連の変化が、いわゆる「リベラルな国際秩序（LIO）」の動向とどのように関っているのかを論じることにする。ここでは、国際秩序＝EU＝加盟国（フランス）という三層の入れ子構造の限界と、それゆえの可能性が指摘されることになろう。

第2節　マクロンのEUイニシアティヴ

　マクロン大統領による強いEUを目指すとする指向性は、2017年の大統領選から、すでに明瞭なものだった。その公約『新しいフランスを作るために我々の開拓の精神を再発見する』では、全13の政策集のうち8番目に「我々の期待に適う保護するヨーロッパ」が位置づけられ、雇用と経済に資するヨーロッパ、多国籍企業に対抗可能なヨーロッパ、単一デジタル市場・エネルギー市場の創設、市民の声を聴くヨーロッパなど、10の具体的な提案が掲げられていた（En Marche! 2017）[1]。なお、これらには、オランド大統領が提唱していたものも含まれる。

　ただ、注目すべきはマクロンが、オランド大統領の社会党と袂を分かち、新規の個人政党「前進！」候補として、既存の保革政党に対しては過去にEU条約を批准しておきながらEUを批判していること、さらにともに決選投票に進出したマリーヌ・ルペンの国民戦線（FN、現・国民連合）に対しては、彼女の主張しているEU離脱は解決策にならないと記していたことにある。実際、前回の2012年大統領選は、2010年のユーロ危機に端を発するEUの財政通貨ガ

ヴァナンスおよび 2008 年からの移民・難民流入危機から、EU が焦点となった初の選挙となった。ここから、現職サルコジ大統領とオランド候補ともに世論で広がる欧州懐疑主義の支持を得ようと、ともに EU 批判を繰り広げる異例の状況となった（Vassallo 2012）。こうした状況の中、90 年代から欧州統合、とりわけ主権制約と市場統合批判で争点オーナーシップを発揮していたのが国民戦線だった（吉田 2017）。すなわち、マクロンには、保守・ゴーリスト党、左派・社会党の二大政党との差別化、さらに台頭著しい極右に対するポジショニングとして、親 EU を選択するという戦い方があった。2017 年の大統領選では、マクロンを含む計 11 名の候補のうち、EU 政策に批判的な候補者の合計得票率（第一回投票）は過半数を超えた（Reynié 2017）。フランスの主権とヨーロッパの主権を重ね合わせ、欧州懐疑主義勢力による EU にまつわる争点オーナーシップを奪回し、EU の強化こそがむしろフランスの国益に資するとの言説が採用されたことになる[2]。言い換えれば、マクロン大統領の新規性は、その政策内容以上に、親 EU の姿勢と、EU とフランス政治を一次元的に捉えたことにあった。

　もっとも、マクロンの EU 重視は、こうした選挙戦略のみならず、政策的合理性から選択されたものでもある。彼は大統領選に臨む候補者の通例として選挙前に公刊した自著で、2000 年代からの EU を振り返り、それが「失われた 10 年」だったと評し、その間に事なかれ主義と順応主義に堕落してしまった結果、十分な「保護」を提供できなかったことがブレグジットに帰結したと診断している（マクロン 2018）。そもそも、移民・難民流入、テロ、気候変動、デジタル経済化、米中対立などの課題を考えれば、一国での行動はフランスをむしろ脆弱なものとすることにしかならない。したがって、必要なのは「主権」「未来志向」「民主主義」をコンセプトとして EU を改革することであり、ここから欧州国境沿岸警備機関（FRONTEX）強化、ユーロ圏共通予算の導入とユーロ圏財務相の設置、無償資金協力の拡充、市民が参画する「ヨーロッパ討論会」実施などが訴えられた。

　マクロンが「主権主義」と「ナショナリズム」は異なるものであり、前者の立場をとるならば必然的に親ヨーロッパ派とならなければならないとしているように、フランス一国の主権と、ヨーロッパの主権を等価にみなし、強化され

たEUがフランスの地位を強化するとの立場は、フランス政治の文脈で「ヨーロッパ・パワー（Europe puissance）」論と一般的に呼称される（Nivet 2019）[3]。そもそも、欧州石炭鉄鋼共同体（ECSC）、議会が批准できなかったEDC（欧州防衛共同体）、単一欧州議定書（SEA）、マーストリヒト条約、国民投票で否決された欧州憲法条約などは、「ヨーロッパ・パワー」たることを目指すフランスならではの欧州統合のビジョンや指針であった（Drake & Reynolds 2019）。

第3節　アテネ演説とソルボンヌ演説

　マクロン大統領が就任して、最初に対外的にそのEU改革の方針を表明したのは「アテネ演説」（9月8日）と呼ばれるギリシャ——ユーロ危機の源泉でありEUの南北対立を象徴する国——訪問の際であり、ここで彼は同国における民主主義実践の歴史に繰り返し触れつつ、通貨危機時のギリシャ国民による負担に謝意を述べるとともに、2005年の欧州憲法条約案がオランダとフランスの国民投票で否決されたことを想起させた上で、2018年前期のEU市民による「民主的討論会」の実施、19年の欧州議会選挙での各国横断候補者リストの作成、ユーロ圏議会の設置、「ヨーロッパ遺産」制度の検討などを呼び掛けた（Macron 2017a）。——「私は希望、すなわち主権、民主主義、信頼という三つの希望について語るために今夜ここに来たのだ」。

　マクロン大統領の次なるEU改革の青写真は、ソルボンヌ大学の入学式にあわせて行われた「ヨーロッパ・イニシアティブ」、通称「ソルボンヌ演説」（9月26日）の場においてである。1時間半に及んだこの演説で、マクロンは欧州防衛基金と共通介入軍、欧州庇護局、技術イノヴェーション局の設置、アフリカ・地中海諸国との新たなパートナーシップ、汎欧州カーボンタックスの導入、共通予算の創設、加盟国大学間ネットワークの強化などさらに踏み込んだ案を表明し、アテネ演説でも掲げられた「民主的討論会」と欧州議会選での議席半数分の共通リスト作成を再度提案した。さらに注目すべきは、2024年までに改革に実効性を持たせるために欧州委員会の人数を15名に削減すること、単一市場を核とした新たな枠組みにバルカン諸国およびイギリスを迎え入れること、フランスとドイツの法人規制を統一化すること、さらに「ヨーロッパ再生

のためのグループ」と呼ぶところの、改革実現のための実質的な先行統合を唱えたことにあった（Macron 2017b）。——「私たちが知っているヨーロッパは弱すぎ、遅すぎ、非効率に過ぎるかもしれないが、現代の大きな課題に対しては、ヨーロッパだけが我々に世界で行動する能力を授けてくれる」。自身はこうした包括的な EU 改革案は約 50 項目にも上ったと表明している（ヴァン・ランテルゲム 2021: 274）。

　欧州統合史とフランスの関係を精査するならば、同国は定期的に統合のイニシアティヴを取りつつ、それゆえに自らの行動の余地を狭めていくというパターンが観察される（Craig 1999）。1950 年代の ECSC はローマ条約へと帰結し、関税同盟は 70 年代の通貨制度へと発展していき、これを土台とした欧州経済通貨同盟（EMU）は、経済面での制約条件となった。これらの局面は、常にフランス内政の変動——保守分裂や保革間の政権交代、欧州懐疑主義勢力の台頭など——の源泉ともなってきた。そのパターンの打破を狙ったのがマクロン政治でもあった。

第 4 節　EU をめぐる「ねじれ」の解消

　ところで、EU 改革指針についての以上の 2 つの「大演説（grand discours）」でもみられた「ヨーロッパ・パワー」の観点を全面化できたのは、既述のように親欧州派であるマクロンが大統領選で勝利し、続く国民議会（下院）選で与党「前進！」（後に「共和国前進！」、現・「再生」）が欧州懐疑主義勢力に対して地滑り的勝利を収めることができたためでもある。

　フランスと EU の関係を考察した時、その特徴は国内の政治経済に対する EU のインパクトの大きさを国内政治の言説において無視することにあった（Schmidt 2007）。これには、規範・戦略・制度的理由が存在している。

　まず、「ヨーロッパ・パワー」という規範は、上述のように欧州統合ならびに EU をフランスの影響力拡大や経済発展に資するものとして捉え続けてきた[4]。このため、特に 1980 年代半ばからミッテラン大統領の手によって欧州統合の「再起動」が試みられ、統合が深化して同国の経済財政政策が制約されるようになるとともに、1990 年にドイツ統一が実現して域内パワーバランス

が変化すると、「ヨーロッパ・パワー」の言説は空洞化していくようになった（Parsons 2003）。

　次に、その結果として90年代を通じて、政権を担うゴーリスト政党ならびに社会党は政策を執行する責任を負うことから、EUにまつわる争点を脱政治化して「ヨーロッパ・パワー」の言説から遠ざかって、欧州統合への期待と実態とのギャップを広げたために、EUに対する異議申し立ての政治空間を広げることになった（Grunberg 2008）。さらに、社会党政権（ミッテラン大統領、ベレゴヴォワ内閣）のもとでの1992年のマーストリヒト条約およびゴーリスト政権（シラク大統領、ラファラン内閣）のもとでの2005年の欧州憲法条約案の際の国民投票（前者は批准、後者は否決）は、両党内の親EU派と欧州懐疑派とを分裂させた。有権者市場も保革支持者に加えて、脱編成化された反EU政党支持者からなる三分割化が進むことになった（吉田 2021）[5]。さらに、保革双方の政治家がEUによる規制緩和や超国家主義を非難する「非難回避戦略」をとることで、有権者の脱編成に追い打ちをかけた。これは、欧州統合が「政治化」のプロセスを辿るポスト機能主義的状況がフランスでも進んだ局面でもあった（Grande & Hutter 2016）。

　最後に、このような構図を作り上げた制度的要因もある。すなわち、フランスは中央集権的な利益媒介制度を持っていることから、EUの分権的かつ合意形成型の統合プロセスと非調和的である。さらに政治制度としては多数派メカニズムを有しているため、政治勢力間での合意形成が進まず、EUレベルで実現される政策が自国にそぐわないものである場合、反発を招きやすい（Balme & Woll 2005）[6]。

　以上の理由から、EUレベルにおいては「政治なき政策」が進む一方、フランスにおいては「政策なき政治」が進展し（Schmidt 2006）、90年代からの両者間の「ねじれ」が欧州懐疑主義の伸張、すなわち「受動によるコンセンサス」から「制約による非コンセンサス」（Reynolds 2017）の土壌が育まれることになった。

　1980年代まで、経済政策おいてはレーガン＝サッチャー流の新自由主義を掲げていたために親欧州統合だったFNが、欧州懐疑主義ないし反EUの立場へと転回していったのは、こうしたフランス政治における対立軸の変遷を受け

てのものだった（Reungoat 2015）。これは同党の「極右政党」から「右派ポピュリスト政党」への変容として跡づけることもできるが、二度の国民投票を経て脱編成化した有権者市場のうち、保革二大政党に対する反 EU を代表する第三の極としての定着でもあった。この間、2002 年大統領選で党首ジャン゠マリ・ルペンが決選投票に進み、2007 年大統領選を挟んで、2012 年大統領選で三女のマリーヌ・ルペンが第一回投票で保革両候補に対して第三位につけることになる。この 2012 年大統領選では、ユーロ危機を受けて、それまで「偏在しながらも不可視」だった EU 争点が、もはや政策次元を超えて政治へと「スピルオーバー」したことで、政治の次元でも「ヨーロッパ化」がもたらされた（Dehousse & Tacea 2012）。ここで、現職のサルコジ大統領はシェンゲン協定離脱の可能性や、彼を破るオランド候補は財政規律緩和のための条約再交渉を訴えるなど、ともに EU 擁護ではなく、その機能と様式の批判に終始し、さらに 2014 年欧州議会選で第一党となった FN はより急進主義的な形で、ユーロや EU からの離脱を訴えることになった。

　したがって、マクロン大統領がルペンに勝利した 2017 年の大統領選は、90 年代以降の政党政治での展開ならびに前 2012 年選挙の文脈の上に位置づけられる必要がある。つまり、ここでマクロンは、EU 次元における「政治なき政策」と国内政治における「政治なき政策」との間の「ねじれ」を解消し、EU 争点を欧州懐疑勢力から奪取することになったのである（Chopin 2017）。これは、1992 年のマーストリヒト条約と 2005 年の欧州憲法条約案の国民投票によって分裂した保革にまたがる親 EU 派を自身の政党のもとにまとめ、中道で統治しつつ、極左と極右にまたがる欧州懐疑主義勢力が一致団結できないことの上手を取るだけでなく、それまでフランスの主権と欧州統合を等価とみなしてきた「ヨーロッパ・パワー」の実際上の不均等を是正し、その再定義を試みることを意味した。

　まとめるならば、90 年代からの EU の「政治化」によって既存の対立軸は再編を余儀なくされ、それに不適合な二大政党は、EU 争点へと比重を移したFN の台頭に対応できなかった。その大きな理由のひとつは、EU 次元において、特にフランスにあって政策と政治との間の「ねじれ」が大きくなっていたためでもあった。そして、その「ねじれ」を解消しようとするのが、マクロンによ

る「ヨーロッパ・パワー」への再定義へとつながっていったのだった。具体的には「ヨーロッパ・パワー」の方針を維持しつつ、EUから距離をとるのではなく、その内部からこれを変革し、国内で亀裂が広がっていた「政治」と「政策」をつなぎあわせるということになる。仮にルペンが「政治」に「政策」を引き合わせようとしているのであれば、対するマクロンは「政策」に「政治」を適合化させようとしているといえるだろう。

第5節　連続する危機

　もっとも、このEU－フランス関係再定義の試みは、それ自体が地続きとなっている、内外政治での新たな摩擦を引き起こすことになる。

　まず、国内においては、マクロン大統領による改革志向は、大きな抵抗を呼び起こすことになった。資産税（ISF）廃止や年金制度の統一、失業保険の一律化、解雇要件の一部緩和などが国民の大きな反発を呼び、大統領の不支持率は2017年7月から支持率を上回り、その後も支持率は30〜40%代の低水準で推移していった（IPSOS社調査）[7]。これに加えて、2019年末のエネルギー製品消費国内課税（TICPE）引き上げ決定をきっかけとして、全国で数百万人を動員した「ジレ・ジョーヌ（黄色いベスト）」運動によって改革の遂行は急停止を余儀なくされ、さらに翌年からの新型コロナウイルスによるパンデミックは、政府の1400億ユーロもの支出増となってのしかかり、財政赤字GDP比7%（2021年）を記録し、財政規律が大きく失われる結果をもたらした。

　こうした国内の社会経済改革は、先にみたマクロンのEUイニシアティヴと対になっているものでもあった（Drake and Meunier 2021）。すでにEMUの第二段階（1994年〜）が準備されていた時代から、財政規律と金融政策の自律性を選好する西ドイツ（「エコノミスト」）に対して、フランスはEUを通じた財政支出と金融の政治的コントロール（「マネタリスト」）を志向していた（Dyson & Featherstone 1999）。こうした志向性は、ユーロ圏議長やユーロ圏理事会設置を唱えたマクロン大統領にも受け継がれている。域内での財政規律と分権的ガヴァナンスを志向するドイツと、財政支出と中央集権的ガヴァナンスを志向するフランスの溝は今日でも埋まっていない（Brunnermeier 2019）。そもそも、戦

勝国であり、中央集権的な統治機構と大統領制を採用するフランスと、敗戦国で連邦制をとる高度に権限分散的な議院内閣制を採用するドイツとの間では、EU政治における政策実行力やその調整方式において、統治様式の大きな差異が残存している（Middelaar 2015）。先の欧州政策における「政治」と「政策」のギャップの構図でいえば、フランスは「政治」ないし「ガヴァメント」を優先するのに対し、ドイツは「政策」ないし「ガヴァナンス」に執着する傾向を持つ。

　ユーロ危機の経験もあって、ドイツはこうした域内での財政移転と中央銀行よる財政ファイナンスに警戒心を隠さず、債券発行メカニズムである欧州安定メカニズム（ESM）導入に対しても、財政支出を規制する財政条約を求めた（田中 2016）。しかし、マクロンが主張するように、特に経済領域において市民を「保護」するEUが必要なのだとすれば、単一通貨制度メカニズムに欠落している財政支援のスキームは欠かせないことになる。ゆえに、ユーロ危機時に経済相だったマクロン大統領は、EU共通予算制度の導入を訴えることになったのである。

　しかし、ドイツのエリート層のみならず、同国の世論が嫌う財政移転のスキームをEU規模で導入するためには、まずフランスが自国の競争力を強化し、財政規律を順守できることを証明しなければならない。そうでない限り、フランスはEU改革の前提条件となるドイツの合意を得られず、マクロンの目指すEU改革のためのコアリションも望めなくなってしまう[8]。2017年末にメルケル首相は、譲歩して欧州安定メカニズムを発展改組させた欧州通貨基金（EMF）創設に原則同意を示したものの、その中で盛り込まれていた実質的なユーロ圏共通予算である「収斂と競争力のための財政枠組み（BICC）」は7年間で170億ユーロ規模と、フランスが当初求めていた額よりも小さいものとなった。この他にも、財政赤字縮小のタイミングや気候変動対策における原子力発電、EV車の位置づけなど、仏独間のスタンスの食い違いは解消していない。

　ブレグジットとジレ・ジョーヌ運動に続き、パンデミックは、マクロンが目指すフランス国内とEUでの改革にブレーキをかけることになった。確かに、ドイツの合意のもと、パンデミックを経たEUが2021年に、共同債権を原資

とする 7500 億ユーロにも上る「次世代 EU（NGEU）」導入で一致したことは、大きな進展であったことは確かである。もっとも、ドイツ社民党（SPD）議員団の外交スポークスマンが指摘するように、それは「フランスが主張する『経済政府』とは程遠い」（Schmid 2022）ものだったことも事実だ。

　強い改革志向にもかかわらず、連続する危機による改革の停滞は、マクロン大統領の再選にとっての向かい風となった。ロシアによるウクライナ侵攻後の2022 年 4 月に行われた大統領選では、マクロンとルペンがともに決選投票に臨み 2017 年の再現となったが、いずれもが得票率を上乗せして、親 EU と反EU の対立軸の構図がより鮮明なものとなった[9]。さらに、先述のようにマクロンは決して支持率の高い大統領ではないことから、続く 6 月の下院選ではマクロン派が第一党となったものの過半数に届かず（577 議席中 245 議席）、急進左派連合 NUPES（同 131 議席）と国民連合（同 89 議席）の伸張により、フランス版ハングパーラメントが生まれることになった。フランス大統領は「専管事項」の慣習上、外交・安全保障政策について自律性を有するものの、予算案可決を除けば行政府が一方的に改革を進めることは困難な状況となった[10]。

第 6 節　道半ばの「ヨーロッパ・パワー」

　フランス大統領府ならびにヨーロッパ・外務省によるコミュニケに基づけば、マクロン大統領一期目における EU 改革の結果（EU 議長国としての成果含む）は以下のように総括できる（Elysée 2022 ; Ministère des Affaires Etrangères 2022）。①初の共通軍事予算（80 億ユーロ）、②ヨーロッパ介入イニシアティブ（EII）の創設（13 ヵ国参加、常設構造化協力〔PESCO〕の補完）、③戦闘機ならびに戦車の共同開発案（フランス、ドイツ、スペイン参加）、④サヘル地域での共通戦略（「タクバ・タスクフォース」）、⑤ヴェルサイユ宣言（2022 年 3 月）における防衛産業協力関係の構築、⑥安全保障戦略指針の策定（「戦略的羅針盤（Strategic Compass）」）、⑦ウクライナ軍への 25 億ユーロの支援、⑧ネット上のテロ教唆の削除指令、⑨欧州市民保護部隊（対災害）の導入、⑩ロジスティクス物質購入支援（RescEU）、⑪デジタル著作権の保護、⑫デジタルプラットフォーマー規制、⑬FRONTEX増員、⑭欧州庇護局改革、⑮シェンゲン EU 理事会の創設、⑯移民・難民受け

入れ国支援策の策定、⑰2050年のゼロカーボン目標設定、⑱欧州投資銀行の欧州環境銀行への改組、⑲21〜27年EU予算における気候変動対策割り当て（3割）、⑳域内カーボンタックスの導入合意、㉑欧州食料安全庁改革、㉒欧州イノヴェーション評議会設置（100億ユーロ）、㉓フランスを議長国としたヨーロッパ—アフリカ会議開催、㉔欧州宇宙アクセス権計画（150億ユーロ）、㉕欧州次世代基金（8000億ユーロ）、㉖OECD（経済協力開発機構）による法人税下限設定、㉗貿易協定内容を審査する欧州検査官の使命、㉘欧州労働監督庁と域内派遣労働の見直し、㉙欧州最低賃金の設定、㉚大企業取締役会における男女クォータ目標設定、㉛「欧州大学」の認定（44校）、㉜エラスムス（大学生交換）予算の倍増、㉝「欧州未来会議」の実施、㉞公衆衛生対策機関（HERA）創設である。

　また、以上には含まれていないが2019年1月に、「第二のエリゼ条約」とも称された、共同防衛や武器の共同開発、経済の収れんを謳った全7章28条からなる「アーヘン条約」がドイツとの間に締約されたほか、2021年11月にはイタリアとの間で、防衛協力、文化交流、技術革新、公衆衛生などの分野の協力推進を謳う「キリナル条約」も締結されている。

　ただし、こうした包括的な改革をみても、マクロン大統領の就任当初の意欲的かつ構造的なEU改革からは、依然として程遠いことがわかる。パンデミック危機を駆って合意されたNGEUを除けば、既存の条約の枠内での各政策の拡充や充実に留まっており、例えば再三表明されていた欧州議会の国を横断した党派リストも実現することはなかった。また、「欧州未来会議」のように、EUと加盟国市民との間の対話によって前者の民主的正当性を高める試みは実現したものの、これはマクロン自身がジレ・ジョーヌの抗議運動を受けて自国で実施した「国民的大討議（Grand débat national）」と同じように、諮問的役割を果たしただけに過ぎない。これらはいずれも既存の制度的枠組の内部での改革に留まるものだ。

　当然ながら、マクロン大統領がアテネ演説ならびにソルボンヌ演説で示唆したように、先行統合を含む機構改革を目指し、フランスとEUの主権の新たな連立方程式となる「ヨーロッパ・パワー」の再定義を目指すのであれば、EU条約改正をも視野に入れながらドイツを含む加盟国の賛同を得て、新しいグラ

ンドデザインを提出しなければならない。大統領は、第二期目におけるEUについての「大演説」の場として、先の「欧州市民会議」の閉会演説（2022年5月9日の「ヨーロッパ・デー」）を選び、欧州議会の場でユーロ圏理事会の導入、ウクライナを念頭に置いた非加盟国との「欧州政治共同体」の設置、さらに条約改正のためのコンヴェンションの招集ならびに「多速度的欧州（先行統合）」の実現を提唱した（Macron 2022a）[11]。もっとも、ロシアのウクライナ侵攻と欧州域内でのスタグフレーション、さらにエネルギー危機をめぐって足並みが乱れる中、こうしたイニシアティヴ提唱の行方はまだ見通せない。

　2022年のEU議長国としてのフランス政府に提出された有識者報告書は以下のように指摘している。「すべては、ヨーロッパを『大きなフランス』として認識する誘惑を避けつつ計画を進めることにかかっている」（Comité de réflexion et de propositions pour la Présidence française du Conseil de l'Union Européenne 2022 :22）——もっとも、マクロンのフランスであっても——あるいはそれがゆえに——この誘惑から自由になったとは判断しがたい。

第7節　LIOの中のフランス

　マクロン大統領の唱える「市民を守るEU」の中には、安全保障・軍事協力が含まれていることは先にみたが、国連安保理常任理事国かつブレグジット後のEUで唯一の核保有国であり、国防予算はEU最大かつ世界第6位、NATO拠出分担金第3位の地位にある軍事大国であるフランスにとって、ドイツを前に比較優位に立てるのは依然として安全保障領域であることは間違いない。マクロン大統領就任から、フランスの国防予算と兵員数は一貫して増加されてきた。少なくとも、LIOの動揺と再編が、フランスにとっての「機会の窓」を提供していることは間違いないものの、そこには根本的な矛盾が内在している。

　マクロン大統領は「北大西洋条約機構（NATO）は脳死状態にある」と発言して大きな物議をかもした（Macron 2019）。既述のようにマクロン政権期になってフランスの軍事予算は一貫して増大しており、2019年にはGDP比1.9%とNATO基準にほぼ到達するまでになり、拠出額も世界第三の地位にある（Ministère des Armées 2019）。先の発言に続けて、マクロン大統領は欧州政治の混

迷、アメリカのアジア太平洋シフトと自国ファースト、中国台頭という地政学的要因という変化が生じているにもかかわらず、NATO が中長期的な戦略と調整メカニズムを欠如させていることを問題視している。この発言は、トランプ政権任期中であることに留意する必要があるが、その後のバイデン政権の下でも、一方的なアフガニスタン撤退や、とりわけフランスによるオーストラリアへの原子力潜水艦輸出が AUKUS 結成によって反故にされたように、かつてのような欧米間関係が復活するに至っていないことも確かである。また、サブサハラ・アフリカや中東といったフランスの影響圏やテロリスト組織対策といったフランスが重視する課題にとって NATO は適合的な組織ではないことも指摘される（Faure 2020a）。ここから NATO に加えて、「ヨーロッパの軍事的、技術的主権を再構築する」（マクロン大統領）という目標は整合的なものだといえよう。

　例えば、欧州対外行動庁（EEAS）は、2016 年に「共有されたビジョン、共通の行動：より強い欧州——EU の外交・安全保障政策のためのグローバル戦略」と題された安全保障戦略文書を 13 年ぶりに公表し、「ヨーロッパの決定と行動のより高い自律性」を目指すべきとした。もっとも、フランス主導で作成されたこうした方針は、どの程度まで加盟国のコンセンサスがあったものなのか、どのような制度的枠組みに沿って実現され得るのかといった点については未知数な部分が多く残っている（Faure 2020b）。マクロン大統領もここから、こうした共通外交安全保障政策の深化は「アクターによる連合」によって実現されるとしており、これは先にみたような多速度的欧州への選好につながることになる。

　いうなれば、NATO を中心とした LIO、EU 対外政策とその核となる仏独タンデム、そしてその支えとなるフランスの軍事力は入れ子構造になっているものの、この 3 つの次元をつなぐリンクはフランス単独では実現し得ないところに「ヨーロッパ・パワー」としての限界が存在する。NATO の機能上の制約を補完するためには EU の外交安全保障上の自律性が確保されなければならないが、そのためには仏独で一致しなければならない。しかし、ドイツの安全保障と核の傘はフランス一国が提供できるものではない。マクロン大統領は、フランスの核の傘は（実態はともかく）他国に提供されるものではないと公言して

おり、さらに自身の提唱である仏独の軍事協力においても、両国の国防指針の違いから、選好に食い違いがみられる（*Le Monde*, 20 octobre 2022）。具体的には、例えばフランスは先のアーヘン条約での合意事項である新世代戦闘機 SCAF や同戦車 MGCS の共同開発を優先しようとしているのに対し、ドイツはウクライナ侵略を受けてアメリカの戦闘機 F35 購入に踏み切り、さらには防空システム「欧州スカイシールド・イニシアティヴ」構築を主導したものの、フランスは同計画には加わっていない。とりわけ軍事的安全保障において、「ヨーロッパ・パワー」を目指すことは、NATO との距離感ならびにミドル・パワーとしての制約から、むしろ協力を阻害する要因になっている。マクロンのフランスであっても、「ヨーロッパ・パワー」をめぐるねじれを対外的次元において解消するのは、不可能であり、せいぜいフランス一国、EU 規模、NATO という３つの政策的次元を整合的に整える以上のことはできない。国内構造と政治的経緯からフランスは対外的な自律性を希求する中央集権的かつ他国と非対称性を誇示する国であるものの、「ヨーロッパ・パワー」としての力を発揮しようとすると、主権の一層の移譲とこれに伴う多国間主義、超国家主義的ガヴァナンスへと接近しないといけなくなるジレンマを抱える。これは「主権的戦略」と「国際協調主義戦略」の差異として下の**表**のように表すことができる。

　主要国との関係をみても、マクロン外交は大きな変化をもたらしたわけではない。アメリカのトランプ政権誕生による同国のパリ協定離脱やイラン核合意離脱などについては間接的な批判をしつつも、表面上は良好な関係を取り続け、

表　LIO の中のフランスの安全保障政策の選択肢

戦略		主権	国際協調
政治的目標		現状維持（主権国家体系）	変化（ヨーロッパ主権）
国家の役割		強	弱
権力行使様式		中央集権	権力移譲
EU協力	様式	二国間・ミニラテラリズム	多国間主義
	秩序	非対照的	対照的
	空間	EU域外	EU域内
	ガヴァナンス	政府間主義	超国家主義

出所：Faure（2020a: 164）を一部修正

表立ってトランプ政権を批判するメルケル首相などとはスタンスを異にしてきた。ロシアとの関係においても、プーチン大統領を自身の任期初の国賓として迎えて接近を図ったものの、ウクライナ侵攻直前に試みられた仲介は反故にされ、EU加盟国間の足並みを揃えることに傾注せざるを得なくなっている。また、2018年1月に初のアジア訪問先として選んだ中国との関係では、市場への公平なアクセス、さらに戦略的分野における同国を含む第三国の投資規制を唱えるなど、接近とけん制を繰り返している。

　大統領は2017年7月に上下両院合同議会（ヴェルサイユ会議）で「強い多国間協調主義の再興のためのイニシアティヴを発揮するため」、「仲介者としてのフランスの役割」を取り戻さなければならないと訴えたものの（Macron 2017b）、少なくとも掲げられた目標に比してその役割はここでも十分に果たせていない。フランス大統領は各国駐在大使を招集する大統領府（エリゼ宮）での「大使会議（conférence des Ambassadeurs）」で外交指針を訓示することが1993年から恒例となっているが、2017年と2022年の間のマクロン大統領のそれらを比較すると、国際協調主義を掲げる点では同じであるものの、年を追うごとに既存の国際協力制度の維持が強調され、マクロン外交の理想主義的側面が後退していることがわかる。2022年では、一期目にとられたイニシアティヴの羅列や地域間外交の緊密化の要請に終始し、新たなプロジェクトとしては先述の欧州政治共同体の実現が紹介されたに過ぎない（Macron 2022b）。フランス国際関係研究所（IFRI）所長ゴマールは、マクロン外交の特徴は、まずEUを優先した上で、実際の同盟関係よりも価値観や現実の利益を優先し、シンボルの重視や個人的な信念を前面に押し出すことにあると総括している（Gomart 2018）[12]。確かに、「ヨーロッパ・パワー」を理念的な核として、国際協調主義が繰り返し強調されるものの、それがフランス固有の方程式である限り、実態のみならず、理論上でも限界を抱えることになる。

　EUとの協調とその改革を前面に掲げるマクロンのフランスは、それをドイツや他主要国との同調なくして目標を達成することはできない。言い換えれば、フランスのEUにおけるプレゼンス上昇の試みとその機能不全は表裏一体のものであり、これがマクロン外交のパラメーターとなる。フランスは「戻ってきた」かもしれないが、それはEUそのものにではなく、「ヨーロッパ・パ

ワー」としての EU にであり、それはフランスのものでしかありえない。当然
ながら、フランスは単独で LIO のルール・メイカーになるほどの国力を――
イギリスやドイツと同じく――持っていない。確かに国連安保理の常任理事国
であり、核保有国としての地位を持つが、その経済力や軍事力は世界政治の中
ではミドル・パワーに過ぎない。それゆえ、戦前の帝国主義の名残である植民
地問題を解決した後、ドゴール以降のフランス外交は、世界ではなくヨーロッ
パを中心に自国の外交を組み立てていく。これは、米ロに遥か及ばないミド
ル・パワーの盟主となり、仏独が機軸となる欧州統合をリードすることで、世
界政治での存在感を発揮する戦略でもあった。それは欧州が「世界で二番目の
超大国 (the Second Superpower)」であろうとすることを選択したからだった
(Moravcsik 2017)。しかし、ミドル・パワーゆえの限界は、いかに大統領中心の
政治体制であっても、大統領が代わったからといって変えることのできない構
造的条件であり、マクロン政治は、その限界を内政ならびに外交において自覚
的に引き受け、展開しようとしている点に特徴がある。

　フランス政治外交史の碩学ホフマンは、ドゴール政治を評してそれは「まず
客体ではなく主体として、問題ではなくアクターとしての意思を持つこと、次
に世界政治ならびに国内の大統領権力による野心的で、普遍的で、創造的なア
クターであること、最後に国際情勢と現状維持の原則が国内政治に優先するこ
と」を条件にしていると記した (Hoffman 1974: 191)。その限りにおいて、新規
にみえるマクロン政治もまた、フランス史の例外ではなく、そしてその条件か
ら逃れることはできていないのである。

■注
1) なおフランス政治においては「ヨーロッパ」という場合、ほぼ等価に「EU」ならびにそ
　の関連機関を指すのが通例である。
2) マクロンは他所で「『主権主義』とヨーロッパを対立的に捉えるのはフランスのトラウマ
　である」と指摘する (Macron 2017c)。
3)「ヨーロッパ・パワー」をより直截的に「フランソーロッパ (FrancEurope)」と呼ぶ論者
　もいる (Bertoncini & Chopin 2020)。現実政治においては、ドゴールは 1962 年 8 月に以下の

ように述べたことがあった。「ヨーロッパは何の役に立つのか。それはアメリカにも、ソ連にも支配されないためだ。6か国がまとまれば、二超大国と同等のことができるだろう。そしてその6か国の先頭にフランスが立つことができれば、そして実際にできるように、これはアルキメデスの点として、他国を連ねることができる。ヨーロッパとは、フランスがワーテルローの戦い以降、失ってしまった地位を回復するためのものだ。それは世界の頂点となることだ」(Cited in Peyrefitte 1994: 158-159)。

4) これに加え安全保障問題としての「ドイツ問題」解決のための手段としても利用されてきたと付け加えることもできる (Bozo and Wenkel 2019)。

5) 92年には社会党支持者の2割が、ゴーリスト政党支持者の6割が「ノン」に投票した一方、2005年には社会党支持者の6割、ゴーリスト政党支持者の2割が「ノン」に投票している (Rozenberg 2011)。

6) なお欧州理事会においては大統領が代表を務めるのは、西欧ではフランスが唯一であることを想起すべきだろう。

7) それでも任期4年目 (2021年) の時点で、サルコジならびにオランド大統領の支持率低下の幅よりは高いことに留意すべきである (Kantar Sofres 社調査に基づく)。

8) マクロン大統領は以下のように記している。「私たちがパートナーであるドイツにさらに前に踏み出すよう説得したければ、まずは自分自身を改革すべきだ」(マクロン 2018: 315)。

9) もっとも、ルペンは前回のようなEU離脱の姿勢は鮮明にせず、困窮保護世帯の救済や移民規制などに主張をとどめた。

10) 共和国憲法第49条第3項は、24時間以内に議員の10分の1が提出する不信任案が可決されない限り、予算もしくは社会保障財源に関する法案を可決したとみなすことができると定めているためである。ボルヌ政権は、この条項に従って2022年10月に予算案、2023年3月に年金改革案を可決させた。

11) うち「政治共同体」は、2022年10月にプラハでトルコやセルビア、イギリスなどを含む44ヵ国を集めての最初の会合が持たれた。

12) これはメルケル首相が「アンダープロミス、オーバーデリバリー (小さな約束、大きな成果)」である一方、マクロン大統領は「オーバープロミス、アンダーデリバリー (大きな約束、小さな成果)」という傾向にあるとの評価につながるだろう (ヴァン・ランテルゲム 2021: 277)。

■参考文献

ヴァン・ランテルゲム、マリオン (2021)『アンゲラ・メルケル——東ドイツの物理学者がヨーロッパの母になるまで』清水珠代訳、東京書籍。

田中素香 (2016)『ユーロ危機とギリシャ反乱』岩波書店。

マクロン、エマニュエル (2018)『革命——仏大統領マクロンの思想と政策』山本知子・松永りえ訳、ポプラ社。

吉田徹 (2017)「フランス国民戦線の変容」『国際問題』第660号、25-35頁。

吉田徹（2021）「ポスト・グローバル化時代のフランス」岩崎正洋編『ポスト・グローバル化と国家の変容』ナカニシヤ出版。

Balme, R. and C. Woll (2005) 'France: Between Integration and National Sovereignty,' in S. Bulmer, and C. Lequesne (eds.) *The Member States of the European Union* (2nd ed.). Oxford University Press.

Bertoncini, Y. & Chopin, T. (2020) 'La «FrancEurope» 70 ans après la déclaration Schuman: projet commun ou projection nationale?' *Le Grand Continent*, 8 mai. [https://legrandcontinent. eu/fr/2020/05/08/franceurope-declaration-schuman-chopin-bertoncini/]（2022 年 10 月 21 日アクセス）

Bozo, F. and C. Wenkel (eds.) (2019) *France and the German Question*. Berghahn.

Brunnermeier, M. (2019) 'Les Allemands n'ont pas forcément envie de l'Europe défendue par Macron'. *Le Monde*, 20 juin.

Chopin, T. (2017) 'Emmanuel Macron, La France et l'Europe. Le «retour de la France en Europe?» : à quelle condition?' in R. Brizzi and M. Lazar (eds.) *La France d'Emmanuel Macron*. Presse Universitaire de Rennes.

Chopin, T. (2018) 'Emmanuel Macron, France and Europe "France is back in Europe": on which terms', Fondation Robert Shuman Policy Paper, *European Issues*, no. 473. pp. 1-9.

Comité de réflexion et de propositions pour la Présidence française du Conseil de l'Union Européenne (2022) *Une Europe pour Aujourd'hui et pour Demain*. La Documentation Française.

Craig, P. (1999) *A Certain Idea of Europe*. Cornell University Press.

Dehousse, R. and A. Tacea (2012) 'The French 2012 Presidential election. A Europeanised Contest', *Les Cahiers européens de Sciences Po*, n 02, Centre d'études européennes de Sciences Po.

Drake, H. and C. Reynolds (2019) 'Sixty years on: France and Europe from the Treaty of Rome to the 2017 elections. Do. (eds.) *60 years of France and Europe*. London: Routledge.

Drake, H. and S. Meunier (2021) "Is France Back (again?) European Governance for a Global World', in H. Drake et al. (eds.) *Developments in French Politics 6*. Red Globe Press.

Dyson, K. and K. Featherstone (1999) *The Road to Maastricht*. Oxford University Press.

Elysée (2022) 'Cinq ans de travail pour l'Europe'. [https://www.elysee.fr/emmanuel-macron/europe]（2022 年 10 月 21 日アクセス）

En Marche! (2017) 'Programme Retrouver notre esprit de conquête pour bâtir une France nouvelle'.

Faure, S. B. H. (2020a) 'Une Idée incertaine de l'Europe. Comprendre les Ambiguïtés Stratégiques d'Emmanuel Macron', *Les Champs de Mars*, no. 34. pp. 149-168.

Faure, S. B. H. (2020b) *Avec ou sans Europe. Le dilemme de la politique française d'armement*. Bruxelles: Edition de l'Universite de Bruxelles.

Gaffney, J. (2015) *France in the Hollande Presidency*. Palgrave.

Gomart, T. (2018) 'Introduction', Macron, an I. Quelle politique étrangère ? *Études de l'Ifri.*

Grande, E. and S. Hutter (2016) 'Introduction: European integration and the challenge of Politicization', in Do. (eds.) *Politicizing Europe Integration and Mass Politics.* Cambridge University Press.

Grunberg, G. (2008) 'Euroscepticism in France, 1992-2002', in A. Szczerbiak and P. Taggart, *Opposing Europe? The Comparative Party Politics of of Eurosceptism*, vol. 1, Oxford University Press.

Hoffman, S. (1974) *Decline or Renewal? France since the 1930's.* New York: The Viking Press.

Macron, E. (2017a) 'Discours du Président de la République, Emmanuel Macron, à la Pnyx, Athènes le jeudi 7 septembre'. [https://www.elysee.fr/emmanuel-macron/2017/09/11/discours-du-president-de-la-republique-emmanuel-macron-a-la-pnyx-athenes-le-jeudi-7-septembre-201]（2022 年 10 月 21 日アクセス）

Macron, E. (2017b) 'Discours du Président de la République devant le Parlement réuni en congrès'. [https://www.elysee.fr/emmanuel-macron/2017/07/03/discours-du-president-de-la-republique-devant-le-parlement-reuni-en-congres]（2022 年 11 月 4 日アクセス）

Macron, E. (2017c) 'Initiative pour l'Europe - Discours d'Emmanuel Macron pour une Europe souveraine, unie, démocratique'. [https://www.elysee.fr/emmanuel-macron/2017/09/26/initiative-pour-l-europe-discours-d-emmanuel-macron-pour-une-europe-souveraine-unie-democratique]（2022 年 10 月 21 日アクセス）

Macron, E. (2017d) *Macron par Macron.* Ed. de l'Aube.

Macron, E. (2019) 'Emmanuel Macron in his own words', *The Economist.* [https://www.economist.com/europe/2019/11/07/emmanuel-macron-in-his-own-words-french]（2022 年 11 月 4 日アクセス）

Macron. E. (2022a) 'Discours du Président de la République à l'occasion de la Conférence sur l'Avenir de l'Europe'. [https://www.elysee.fr/emmanuel-macron/2022/05/09/cloture-de-la-conference-sur-avenir-de-europe]（2022 年 10 月 24 日アクセス）

Macron, E. (2022b) 'Discours du Président de la République a l'Occasion de la Conférence des Ambassadrices et des Ambassadeurs'. [https://www.elysee.fr/emmanuel-macron/2022/09/01/discours-du-president-emmanuel-macron-a-loccasion-de-la-conference-des-ambassadrices-et-des-ambassadeurs]（2022 年 11 月 12 日アクセス）

Middelaar, Luuk van (2015) 'France-Allemagne: Une incompréhension permanente'. *Le Débat*, no. 187.

Ministère des Armées (2019) *Les Chiffres Clés de la Décence et de la Sécurité Nationale.* Paris.

Ministère de l'Europe et des Affaires Etrangère (2022) 'Bilan de la présidence française du Conseil de l'Union européenne'. [https://www.diplomatie.gouv.fr/fr/politique-etrangere-de-la-france/europe/la-presidence-francaise-du-conseil-de-l-union-europeenne/bilan-de-la-presidence-francaise-du-conseil-de-l-union-europeenne/]（2022 年 10 月 22 日アクセス）

Moravcsik, A. (2017) 'Europe is still a Superpower', *Foreign Policy*, 13 April.

Nivet, B. (2019) *Europe Puissance. Mythe et Réalité*. Presses Universitaires Bordeaux.

Parsons, C. (2003) *A Certain Idea of Europe*. Cornell University Press.

Peyrefitte, A. (1994) *C'était De Gaulle*. Tome 1, Plon.

Reungoat, E. (2015) 'Le Front National et l'Union Européenne. La Radicalisation comme continuite', in S. Crepon et al. (eds.) *Les Faux-semblanst du Front National. Sociologie d'un Parti Politique*. Presses de Sciences Po.

Reynié D. (2017) 'Macron est seul'. *Le Monde*, 24 avril 2017.

Reynolds, C. (2017) 'Presidential elections and Europe: the 2012 game-changer', *Modern & Contemporary France*, vol. 2, no. 2.

Rozenberg, O. (2011) 'Monnet for Nothing? France's Mixed Europeanisation', in S. Bulmer and C. Lequesne (eds.) *The Member States of the European Union*. 2nd ed. Oxford University Press.

Schmid, N. (2022) 'Pour une Europe forte et souveraine, un nouvel accord entre France et Allemagne s'impose', *Le Monde*, 27 janvier.

Schmidt, V. A. (2006) *Democracy in Europe*. Oxford University Press.

Schmidt, V. A. (2007) 'Trapped by their Ideas: French elites' Discourses of European Integration and Globalization', *Journal of European Public Policy*, vol. 14, no. 7.

Vassalo, F. (2012) 'The Eu Discourse in the 2012 French Presidential Election', *French Politics, Culture & Society*, Vol. 30, No. 3.

第 II 部

EU の「リベラル国際秩序」

第4章
EUがリベラルな存在であるための条件

武田　健

　国際政治の世界において、ある行為主体がリベラルな存在であると言われるためには、個人の自由や権利、民主主義、法の支配といった価値を守ることが求められる。EUは実際にそれらの価値の擁護や普及のための活動を域内外で行っており、リベラル国際秩序（LIO）の担い手であると称されることがある。だが、そのEUであっても、あらゆる場面でリベラルと言えるほどの行動をとることができているわけではない。他の重要な目標や利益を追求するため、あるいは何らかの政治的、物質的なリスクや負担に阻まれて、リベラルな価値から目を逸らし、少なからぬ人々を苦しい状況にとどめ置いたこともある。それは例えば、2010年代のユーロ危機と難民危機に対するEUの言動の中に見受けられた。しかしながら、その後の2020年代に入ってから起きた新型コロナウイルスの危機とウクライナ避難民への対応においては、EUはリベラルらしさをある程度、発揮したと捉えられる。これらのことは、EUがリベラルな価値に即した行動をとることができる時と、そうでない時があることを示唆している。それでは、どのような条件のもとてあれば、EUは加盟国とともにリベラルな存在として持ちこたえ、苦しむ人たちに手を差し伸べることができるだろうか。本章の目的は、その条件の候補を複数の事例から探り出し、仮説として提示することである。

　その考察の結果、その場面ごとに様々な要因がEUをリベラルな価値に沿って行動することを後押ししたり、抑制したりするものの、時に重要となりうる一つの要因として、欧州の人々が持つ「私たち」という意識を挙げることができる。その時々の文脈によって変わる「私たち」という意識によって、助ける者たちと助けない者たちの間の境界線が引かれ、それがEUと加盟各国の判断を左右する可能性を指摘する。

第1節　リベラルな時とそうではない時

　EUはLIOの担い手であると言われることがある。確かにEUは人権、民主

主義、法の支配などのリベラルな価値を守るための制度や組織を徐々に備えてきており（武田 2019）、様々な制約を受けつつも、域内外でそのための活動を展開している（臼井 2015）。だが一方で、EU自身がその加盟国とともに、他の重大な目標や利益を追求する中で、リベラルな価値から目を逸らしたと捉えられかねない言動を見せる場面もある。それが顕著にあらわれたのが、2010 年代に発生したユーロ危機と難民危機である。ユーロ危機においては、危機に陥った南欧諸国が財政支援を受け取る代わりに、厳しい緊縮と国内改革を長期に課され、多くの人々が経済的に苦しむ状況に陥ったが、その者たちの声は EU の意思決定にほとんど届かず、いっそう苦しめられる状況に追い込まれていった。しかも緊縮など、EU が下す決定や判断に強い影響を持った国々の指導者たちは、そのような状況を生み出した責任が選挙によって問われないという、民主主義の観点からも憂慮される事態となった。また、2010 年代半ばの難民危機では、紛争を逃れようと多くの人々が中東、アフリカからヨーロッパに海を越えてやってきたが、EU や加盟諸国は当初、その大半を受け入れようとしたものの、あまりの人数の多さに、十分な支援を得ることができずに、劣悪な環境に放置される者が出てきた。しかも、EU と加盟各国は途中から、庇護希望者も含め、人々の流入に制限をかける方向へと大きく傾き、自分たちの国々に入って来ることを難しくする措置をとり、その結果、生命や自由が脅かされる者たちが出てきた。

　しかしこれらの危機のその後の展開をみると、またそれとは異なった対応を EU は見せている。2020 年に始まった新型コロナウイルスの危機では、EU 諸国は異なる立場をすり合わせ、苦しむ人たちを経済的にはやめに助けるための政策を打ち出した。また、2022 年には、ロシアからの侵攻を受け、国家存亡の危機に直面したウクライナから膨大な人数の避難民が入ってきたが、EU と加盟諸国は一時的保護を与えて一斉に受け入れ、外に締め出す措置はとっていない。

　そもそも、国際政治の舞台で、ある主体がリベラルな存在と言えるためには、自由や民主主義、法の支配といった価値を、国境を越えてでも守ろうとする意思と行動を見せることが求められよう[1]。一人一人の人間に対しては生命や身体、自由、権利を守る姿勢、なかでも不公正と言えるほどの苦難の只中にいて、

それらを享受できない者たちを積極的に救おうとする意思と行動が求められよう。だが、2010年代以降、似通った争点でありながら、あくまでも相対的にということになるが、苦しむ者たちを助けようとする側面が前面に出てきたEUと、そういった者たちに背を向けたEUという、対照的な姿が出てきた。なぜ、EUのその時々の対応にそのような違いが出てくるのだろうか。想定されるのは、その時々の条件や状況によって、EUはリベラルな存在として対応できる時と、そうでない時に分岐する可能性である。それでは、いかなる条件や状況があれば、たとえ大きな負担やリスクがあったとしても、EUは苦しんでいる者たちを助けようとするのだろうか。本章の目的は複数の事例を観察し、その中からその条件や状況を構成すると推測される要因を探り出し、仮説的に提示することである。

　本章では、EUがリベラルな存在として行動するための条件の候補を挙げることになるが、その中でとくに注目したのは、EUの意思決定に参加する者たちの「私たち」という意識のありようである。EU側の者たちから見た時、そこで苦しんでいる者たちは「私たち」という意識の中に含まれている者たちなのかどうか。一方において、状況的にその者たちが「私たち」の中に入ると認識される者たちに対しては、EUや加盟各国は、世論の支持も受け、様々な支援を行いやすくなる。他方で、特定の状況で「私たち」の中に入らない者たちに対しては、もしも自分たちに大きな政治的、物質的なリスクやコストがかかってくる場合であれば、それらがネガティブに強く認識され、EUと加盟国の支援は限定的、消極的なものになると考えられる。そのように「私たち」の中に誰が入り、入らないのか、その場面ごとの認識によってEUの行動が変わってくると考えられるのである。

　本章は次の順序で考察を進めていく。次の第2節では、ユーロ危機とコロナ危機に着目し、その二つの危機の間で、経済的に苦しむ人たちを対象とするEUの対応に違いが生じた理由を考察する。第3節では、2010年代半ばの難民危機と2022年のウクライナ避難民の問題を対比させ、流入してきた者たちへのEUの対応に違いが生じた理由を考察する。最後の第4節では、本章の考察結果を踏まえて、「私たち」という意識に着目し、その時々で変わる意識のありようが、EUと加盟諸国が苦しい人たちをどこまで助けるのか、その意思決

定に影響を及ぼす可能性を指摘し、その可能性が示唆する含意について考えを
めぐらすこととする。

第2節　経済的に苦しむ者たちを助けようとするか

　ユーロ危機とコロナ危機という二つの危機それぞれへのEUの対応からは、
重要な点で異なる特徴が見出される。ユーロ危機では、ギリシャなどの南欧諸
国に、財政支援と引き換えに緊縮と構造改革が課され、苦しい状況に追い込ま
れる人が続出したのだが、それらの者たちの声にEUはなかなか反応せず、そ
の者たちの苦しみは一定期間続くこととなった。他方で、コロナ危機のもとで
は、同じように財政支援が争点となったにもかかわらず、EUは早めに、しか
も大規模な経済対策を打ち出すことができ、ユーロ危機の時と同じような問題
を引き起こさないよう努めた。なぜ、このような違いが生まれたのだろうか。

危機に陥った国々の救出

　2007年から2008年にかけて、サブプライムローンの問題に端を発するグ
ローバルな金融危機が起き、その危機は欧州にも広がった[2]。それまでに南欧
諸国に大量に流れ込んでいた資金の流れが止まり、資金繰りに窮した国々は大
量の国債を発行して、この事態を乗り越えようとした。ギリシャはこの時に大
量に国債を発行した国の一つであったが、当時のギリシャ政府は悪化する状況
を実際よりも少なめに発表していた。2009年10月に誕生したパパンドレウ新
政権が、その虚偽を明らかにした。安定成長協定のもと、ユーロ諸国には財政
赤字をGDP比で3%以下、政府債務残高を60%以下に抑えることが求められ
ているのだが、ギリシャの実際の数値はそれらを大幅に超えていた。金融市場
の信頼を失ったギリシャの国債は続々と売られ、同国はデフォルトの危機に直
面し、2010年4月、EUに支援を求めた。

　だが、ギリシャ支援に対し反対する国々がいた。ドイツを筆頭とする欧州北
部の諸国である。それらの国々は、この問題の責任は、放漫財政を続け、粉飾
決済を行っていたギリシャにあり、そのギリシャを支援することはモラルハ
ザードに繋がるとしてできないと抵抗したのである。だが、そのように支援を

めぐって議論が紛糾する間にも、金融市場の混乱が一段と進んだことから、その危機の広がりを抑えるべく、ドイツなどの北の諸国もようやく折れて、同年5月、ギリシャに財政支援（ベイルアウト）をすることで合意がなされた。支援を行う主体として、欧州委員会、欧州中央銀行、IMF（国際通貨基金）の三者からなる「トロイカ」が編成され、総額1100億ユーロのギリシャ支援が決定された。全て返済が必要なローンとなり、懲罰的な意味も込めて5％の利子がつけられた（後に厳しすぎたとして引き下げられる）。支援の条件として、ギリシャには緊縮政策と構造改革が課されることとなった。2014年までに財政赤字を3％以内に戻すことが求められ、そのためには、公務員の賃金や賞与の削減、年金削減、付加価値税率の引き上げ、アルコール飲料、たばこ、燃料などにかける税金の引き上げ、公共投資の削減などが行われることとなり、税不正が蔓延るその体制にも大幅な改善のための取り組みが要求されることとなった (European Commission 2010: 15, 21, 43, 59)。欧州委員会は、ギリシャは当面の間、かなり苦しい状況になるが、それでも同国は「その流れに逆らって泳がなければならない」と厳しいスタンスを示した（同上 : 12）。

　その後のギリシャ経済はやはり苦しくなったのだが、問題だったのはその苦しみは予想以上に長く、しかも大きなものになったことである (European Commission 2012: 1)。そこでギリシャに対しては2012年2月、トロイカによる総額1300億ユーロほどの第2次支援が決定された。この支援でギリシャには緊縮の努力を続けることが求められ、GDP比で160％ほどに膨らんだ債務残高を2020年までに120.5％まで減らすことを目指すこととなった (European Commission & Greece 2012)。なお、ギリシャの他、危機が波及したスペイン、ポルトガル、キプロスといった南欧諸国とアイルランドにも緊縮と構造改革を条件に財政支援がなされた。

　これらのベイルアウト・プログラムとは別個に、ECB（欧州中央銀行）も様々な対応を繰り出し、まず2010年5月からECBは危機国の国債を流通市場で購入し始めた。2011年と2012年には、銀行に対して低金利で1兆円を超える資金を長期的に供給する施策（LTRO）を打ち出した。そして、より目に見える効果をもたらしたのが、2012年7月のECBのマリオ・ドラギ総裁による「ユーロを救うために何でもやる覚悟がある」との発言である (European Central

Bank 2012)。その発言は、OMT という危機国の短期国債を無制限に購入するプログラムの発表によって裏付けを得て、市場は徐々に落ち着きを取り戻し始めた。2013 年にユーロ圏全体の経済成長率は上向きに転じ、失業率も改善に向かった。アイルランドを皮切りに、スペイン、ポルトガルが支援プログラムから脱却していった。ECB はその後も手を緩めず、2014 年に銀行による民間への貸し出しを促すことを狙って、マイナス金利の導入と TLTRO という銀行向けの低金利融資を開始し、2015 年になると資産購入プログラムという量的緩和策も繰り出した。

　このように他の国々が危機から抜け出していくなか、ギリシャは立ち直れずにいた。厳しい緊縮政策のもと、国は税収不足に陥り、企業の倒産が相次ぎ、失業者が続出していた。その苦境にあえぐギリシャで、反緊縮を掲げて国民からの支持を集めて 2015 年 1 月に政権に就いたのが、アレクシス・チプラスが率いるシリザ（急進左派連合）である。チプラス新首相はトロイカに対し、緊縮緩和を強く訴えたが、ドイツなどの北の諸国は緊縮緩和を許容しなかった。同年 7 月にチプラスが実施した国民投票では、緊縮反対（61％）という民意が示された。この結果にも北の国々は動じなかった。その結果、ギリシャとしては財政破綻を防ぐため、860 億ユーロ規模の第 3 次支援を受け取り、緊縮を続けていくこととなった。

　ギリシャの苦しい経済状況はその後も続いたものの、徐々に立ち直り、2018 年になると経済成長率がプラスに転じ、支援プログラムの下の統制から抜け出すことができた。財政破綻のリスクにさらされたギリシャなどの国々は、トロイカと ECB の支援を受けて危機から救い出されたのである。

聞き入れられない声

　国の財政自体は破綻せずに済んだとはいえ、その一連の過程では、苦境に陥ったギリシャの人々の声が、EU の意思決定に反映されない状態が続くこととなった。この危機には、クライエンタリズムの慣習が根強く残り、税不正が蔓延し、財政に規律を働かせられないギリシャ自身の問題という側面がある(Featherstone 2011: 195-198)。安定成長協定を守らず、財務統計に不正を施してユーロ危機の引き金を引いたことも問題視される。だが、この危機の背景には、

欧州の南北の経済状況の乖離、ユーロの制度上の不備、ハイリスクの投資や融資の横行、サブプライムローンの問題なども関わっており、しかも、EUの政治的対応の鈍さはこの危機を悪化させる一因となった[3]。

　このようにギリシャのみならず、様々な要因が交錯するにもかかわらず、マティアスやマクナマラが指摘したように、北の諸国の指導者たちは、この危機の「責任」や「罪」の大部分はギリシャなどにあるとの認識を根強く持っていた（Matthijs & McNamara 2015）。例えばドイツのショイブレ財相は「これらの危機は、ギリシャのように個々の国々の誤った経済財政政策や、アイルランドのように銀行のシステムが常軌を逸したことで引き起こされた」と述べていた（Schäuble 2011）。そういった認識を前提とし、北の諸国や欧州委員会はいかにして危機脱却を図っていくか、その筋道を描いていた。南の国々に緊縮や構造改革を課せば、財政規律が働くようになり、労働市場も柔軟となり、市場の信頼も戻ってきて、危機脱却に結実するとのシナリオである。だが、そのシナリオ通りに物事は進まなかった。実際のところ、ギリシャには緊縮の痛みが大きすぎた。トロイカの一角を担うIMFでさえ、その痛みを過小評価していたと認めていた（Stevis & Talley 2013）。

　それでもギリシャはひたすら緊縮を強いられた。2011年の初夏、ギリシャ政府の緊縮の努力には緩みが出ていた。それに対し、トロイカは予定されていた支援金の支払いを一時停止して、緊縮を続けるようにギリシャに要求した。秋になると、首都アテネなどで大規模な反緊縮デモが連日続いている状況で、パパンドレウ首相は第2次支援を受けるかどうかを民意に問うべく、国民投票を実施すると発表した。その発表に市場は否定的に反応し、ドイツのメルケル首相とフランスのサルコジ大統領はパパンドレウ首相に対して、国民投票を取りやめて、緊縮を続けるようにと強く迫った（Spiegel 2014）。緊縮を続けないのであれば、ギリシャのユーロ圏からの離脱もありうるとまで示唆した。結局、パパンドレウ首相は国民投票の実施を取りやめ、同国は緊縮を続けざるをえなかった。

　ギリシャの苦しむ声を背景に、国民から支持を集め、2015年に政権に就いたチプラス首相はEUに緊縮緩和を求めた。フランスや他の南欧諸国はギリシャの負担を軽減する方向に傾いていたが、北の諸国はその求めに応じなかっ

た。メルケル首相は、財政支援を与えているのだから、ギリシャも他の南欧諸国と同様、責任をもって痛みを伴う改革を断行し続けなければならないと、従来からの立場を繰り返すのみであった（Goebel 2015）。この局面で、ショイブレ財相は再び、ギリシャのユーロ圏からの一時的離脱の可能性をちらつかせて、ギリシャへの圧力を強めた（BBC 2015）。

　ドイツなどの北の諸国は、なぜそれほどまでにギリシャなどに対し緊縮や改革の手を緩めることを許さなかったのだろうか。その手がかりの一つが世論の中にある。ユーロバロメーターの2012年の調査では、ユーロ危機の結果、他の欧州の国々の人々をより近く感じるようになったかどうかを尋ねている。図1からわかるように、経済的な打撃が多かったギリシャやイタリア、キプロス、アイルランドなどの国々では、そう感じるようになったと答える者たちが相対的に多いが、北の諸国では、そう感じたと答えた者は少ない傾向が出た。「近い」と答えなかった人の割合は、ドイツは43％で、スウェーデンは31％、オランダは28％、デンマークは22％である（European Commission 2012）。しかも、これらの北の国々の人々は、南の国々を「ハードワーキングをしない」「堕落した（corrupt）」という一種のステレオタイプで捉える傾向も持っていた（Pew Research Center 2012: 2）。北の諸国が南の諸国に対し、以前よりも自分たちと近いとは感じなくなり、しかも堕落したといったイメージを持っているのであれば、援助したい、しなければならないといった意識にはなりにくかったのだろう。ドイツでは、ギリシャ支援に反対する者たちの割合は6割を超え、賛成は2割にすぎず（Atkins & Peel 2010）、ギリシャのユーロ離脱を支持するドイツ人の割合は一時的に50％近くまで達したことを示す調査結果もあった（Marsh & Jones 2012）。

　かくしてギリシャの緊縮緩和を求める人々の声は、北の諸国を前に跳ね返されることとなった。苦しむ者たちの声は国内総選挙を通じて、ギリシャの政権交代までは行き着いた。首相となったチプラスはその国民の声を代表して、EUに緊縮緩和を訴えた。国民投票も実施してその民意も明示した。しかし北の諸国はギリシャに支援を与えるかどうか、文字通りの生殺与奪の権を振るって、ギリシャに緊縮を課し続けることとした。北の諸国は確かに最終的には南の諸国の財政は救った。とはいえ、ギリシャの民主的な声が抑え込まれ、苦し

図1　危機（ユーロ危機）の結果、他の欧州の人々を近くに感じるようになったか

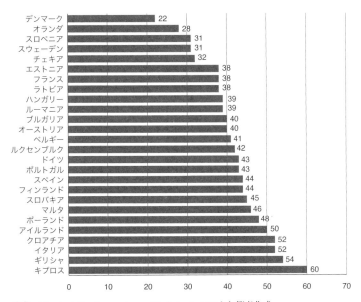

出典：Standard Eurobarometer no.80, Autumn 2012より筆者作成。

む者たちがより苦しむようになったのも事実であり、その苦しみは EU の正統
性が疑問視される状況をも生み出した[4]。危機の只中、ギリシャの大多数の人
たちは欧州統合がもたらす経済的な効果に疑問を投げかけた（Pew Research
Center 2012: 1）。同時に、ギリシャの人たちの間では、EU への信頼も大きく低
下していた。ユーロバロメーターの調査では、同国で EU を信頼しないと答え
る者の割合はユーロ危機が始まる前の38％から、危機のさなかの2013年には
77％へと2倍に増えた（European Commission 2009, 2013, 質問番号は QA10）。

　民主国であれば一般的に、経済などのパフォーマンスが悪化すると、政権与
党は選挙によって交代させられ、新政権が政策を変更する可能性がある。だが、
この時のギリシャにはそのような民主的な回路を通じた政策変更の可能性は閉
ざされていた。この危機の最中に強い影響力を持っていたドイツを中心とする
北の諸国の政権を変更させられるような仕組みは、EU にはないからである。
北の国々は、自分たちが南の国々に課した緊縮とそれがもたらした帰結に、民

主的な形で責任を負うことはないのである[5]。

南欧諸国の弱い立場

EU はユーロ危機の発生後、様々な制度改革に取り組み、6 パック、財政協定、2 パックなどの一連の改革を実行した。その一連の交渉においても、EU 諸国の立場は北と南に分かれる傾向が出た。しかし、この場面での両陣営の力関係には差があった。南の諸国は財政支援を受けるという弱い立場ゆえ、北の諸国が提示してきた提案の多くを受け入れざるをえなかったのである。

その一例が財政協定である。この協定の参加国には、憲法など各国の国内法規に財政均衡のルールの記載が義務づけられることとなった。それと併せて、参加国には構造的財政赤字（景気変動の影響を受けない赤字部分）を GDP 比で 0.5 ％以内に抑えることが求められ、それを超えたにもかかわらず是正しなかった国には、GDP の 0.2 ％ほどの制裁金が科される仕組みが整えられた。しかもこの協定の前文には、欧州安定メカニズムからの支援を受けるためには、この協定に加わることが必要との文言も盛り込まれた。南の国々はこれらの内容を受け入れたくはなかったが、欧州安定メカニズムからの支援を受け取るためには、のまざるをえなかった。2013 年に導入された 2 パックも北の諸国の要求を取り入れたものである。この法令のもと、ユーロ諸国は毎年 10 月までに、翌年の自国の予算案を欧州委員会と他のユーロ諸国に提出し、チェックを受けることとなった。各国が予算案を自国の国会で承認する前に、EU で事前にチェックを受け、問題がある場合には修正が求められる。また、ユーロ諸国は、国債の発行計画についても、欧州委員会と他のユーロ諸国に事前に通知することとなった。

なお、この改革の過程では、南欧諸国を中心にユーロ共通債の導入を求める声が上がっていたが、北の諸国は、ユーロ債発行は南欧にモラルハザードを引き起こし、緊縮の努力に緩みが生じる懸念があるなどとして反対し、導入を阻止した。ドイツのメルケル首相は当時、自国の連立政権内の議員の話し合いの中でだが、「私が生きている限り」はユーロ債を受け入れないとの発言をしていた（Der Spiegel 2012）（ただしこの発言は後段で述べるように、コロナ危機発生後に事実上、覆されることになる）。

このようにユーロの改革には、北の諸国の意見が色濃く反映され、南欧からすれば仕方なく受け入れたものが多い。これらの改革の経緯と内容を強く問題視したのがベラミーやウィールなどのEU研究者である（Bellamy & Weale 2015）。両研究者は、それらの改革はオルドリベラリズムの考えに基礎をおく北の諸国をモデルにした制度を、南欧にも浸透させようとする試みであったと捉える。南の国々からすると、自分たちの議会や人々が支持、承認したわけではなく、むしろ抵抗があった改革を、財政支援と引き換えに受け入れざるをえない形に追い込まれたことになる。憲法などの国内法規に変更が求められ、財政政策などの公的支出の裁量にも大きな制約をかけられ、違反した場合には制裁が与えられる。そういった国家主権の根幹に触れる改革に、南欧の声はほとんど反映されることはなかったのである。

コロナ危機へのEUの経済的対応

　これまでに見てきたように、ユーロ危機下でのEUの対応には、北の諸国の立場に引きずられる形で、経済的に苦しむ者たちの声に目を背けたという側面が色濃くあらわれた。だが、2020年に始まる新型コロナウイルスの危機[6]に対するEUの経済的な対応からは、それとは対照的な側面が観察された。EUは南の国々の声にも耳を傾け、大規模な経済対策を早めに繰り出し、「第2のユーロ危機」が起きるのを防ごうとしたのである。

　コロナ感染者がEU内で初めて確認されたのは2月で、欧州のいたるところで経済活動は停止し、2020年第2四半期のEU全体のGDPは前四半期比で11.7％ダウンと急激に落ち込んだ（Eurostat 2020）。そこでEUは早めの経済対策に打って出た。まず3月に、欧州委員会は国家補助への競争法上の制限を一時的に解除した。次に欧州委員会の提案を受け、EU理事会は安定成長協定の免除条項を発動し、各国の公的借入に対する制限も緩和する措置をとった。ECBもユーロ圏での緊急での債券購入プログラムを発動させた。4月から5月にかけては、ユーログループの合意のもと、「欧州安定メカニズムのパンデミック危機支援」が用意された。これは新型コロナウイルス関連の医療や予防に費やす費用として、総額2400億ユーロ規模の支援を確保し、希望する対象国にローンで支援するものである。ユーロ危機下で活用された従来版のESMとは

異なり、コンディショナリティを付けない支援である（ただし 2022 年末までの時点で、まだこの支援に申請した国は出てきていない）。さらに EU は SURE（The temporary Support to mitigate Unemployment Risks in Emergency）という、雇用を守るための支援策も導入し、6 月から運用を開始した。この政策は、人々が現在の職にとどまり続けることを助けるもので、各国がその趣旨で実施する政策の資金を EU が追加的に補完する。その資金は EU が市場から債券を発行して調達する。この SURE の枠組みのもと、2022 年 12 月末に終了するまでに、19 の EU 加盟国が総額 984 億ユーロを受けとった（European Commission 2023a）。受給した多くが南欧、中・東欧の国々である。欧州委員会は、およそ 4000 万人と 300 万の企業にその支援が届いたとの推計を出している。

　そして EU が革新的な支援策として導入したのが、「次世代 EU」という復興基金である。総額 7500 億ユーロの資金を用意し、2021 年から 2027 年の間に、EU 加盟国に配分して、復興に充てるものである。その内訳は返済の必要のない 3900 億ユーロの助成金と、返済の必要のある 3600 億ユーロのローンに分かれる。その資金は、EU 名義で欧州委員会が発行する共通債によって調達する。ユーロ危機下ではドイツなど北の諸国によって却下されていた共通債が、ここでは実現されたことになる。運用開始後、全ての加盟国がこの基金からの助成金を受け取り、加えてローンの貸与も受けたのは南欧と中・東欧の国々に多い（European Commission 2023b）。

　これらの支援には、ユーロ危機の時とは異なる側面がいくつか出ている。まず、今回の各種支援には、緊縮や構造改革などの厳しい条件は課されていない。次世代 EU の資金を、ユーロ危機の時に北の国々から拒否された共通債の発行によって集めることも大きな違いである。次世代 EU にはしかも、返済の必要のない助成金が半分近く含まれている。全体的に早めで、条件は寛容で、大規模な支援となっており、ユーロ危機の時のように、苦しむ者たちの声が EU にほとんど反映されずに、緊縮によって追い込まれる人たちが続出するという事態にはならなかった。

次世代 EU の設立に至る過程
　実はコロナ危機の発生当初の 2020 年 2 月から 4 月にかけて、EU 内では経

済対策をめぐり、ユーロ危機の時と同様に、EU諸国の立場は北と南に分かれていた。とくに対立が鮮明に出ていたのは、新基金（次世代EU）の設立と共通債の発行をめぐってである。議論の口火を切ったのは、スペインとイタリアである。この両国がイニシチアチブをとって、南欧諸国を中心とした9カ国が共同で、共通債を原資とする基金創設の提案を3月下旬に行った（The Members of the European Council 2020）。その提案に対し、ドイツ、オランダ、オーストリア、スウェーデン、フィンランドといった北の諸国の最初の反応は否定的であり、これらの国々は財政支援を打ち出すにしても、従来型の欧州安定メカニズムで対応する方向性を模索していた（Herszenhorn et al. 2020）。北の国々は、財政上の節約に適切に取り組んでこなかった南欧の国々と、負債を共有するわけにはいかないとの意識になっていたのである。オランダのフックストラ財相からは、スペインなどに対し、なぜ自分たちだけで対応する財政力がないのかと、批判めいた言葉まで出ていた（Michalopoulos et al. 2020）。

　このように当初は、北と南に立場が分かれ、ユーロ危機と似たような展開をたどりそうな気配を漂わせていた。だが、その後の展開は違っていた。北の諸国が立場をシフトさせ、比較的早めに大規模の経済支援に合意したからである。以下、次世代EU基金の創設に焦点をあて、どのような過程を経て合意が形成されたのか、その過程を追ってみよう。

　まず、北の諸国の筆頭格、ドイツが明確に共通債の発行に賛成するようになった。元来、共通債の発行に消極姿勢を見せ、コロナ危機の発生当初もやはり消極的な態度を見せたドイツが、大規模な経済支援の必要性を訴える方向へと立場をシフトさせたのである。実はコロナ危機が発生する前の段階で、ドイツがEUレベルでの財政移転の強化に前向きになっていたことは、2018年にフランスとドイツの両政府が発表していた「メセベルク宣言」の中に既に読み取れる（France & Germany 2018a, 2018b）。その路線をコロナ危機下でも示し、2020年5月、両国は多額の資金を共通債発行によって調達し、全て返済の必要のない補助金として各国を支援する共同提案を行った。ただし、ドイツは今次限りの財政支援とすることにこだわり、その支援を永続化させることはしないこととした。この仏独提案は新基金と共通債導入への道筋を切り開き、「次世代EU」基金の政治合意に繋がっていった。

ドイツ政府が新基金の設立に積極的になった背景には、様々な要因が考えられる。まず指摘できるのは、危機の責任の所在に関する認識の違いである。ユーロ危機の時、上で述べたように、ドイツは問題の責任の大部分はギリシャなど南欧諸国にあり、それらの国々を支援することはできないとの認識になっていた。それに対しコロナ危機は、感染症の広がりによるもので、特定の国に責任の大部分があるとの認識にはならなかった。その認識の違いは、ドイツ政府が新基金設立に積極的になることができた一つの要因と考えられる。

　また、コロナ危機のなかでドイツは自分たちの経済的な利益が掛かっていたために、新基金による大規模支援に積極的なったとも考えられる（Schramm 2023: 91-93）。コロナ危機により、EU 域内の貿易が滞り、人の移動も制限を余儀なくされ、金融市場も落ち込みを見せた。単一市場、シェンゲン体制、ユーロという、いずれもドイツが経済面などで恩恵を受けている EU の政策である。ドイツとしては、より経済的なダメージが激しい南欧に立ち直らせることが、自らの経済利益の回復にもつながるとの判断から、基金による支援に前向きになった可能性が指摘されるのである。

　この点に関連して、ドイツは確かに、南欧ほどではないにせよ、経済的ダメージを負っていた。次世代 EU の支援は、北から南に一方的に渡るのではなく、ドイツ自身も支援を受ける側となるため、これもまたドイツが支援に前向きになれた理由の一つとして考えられるのである。実際、ドイツは EU の 27 カ国のうち、7 番目に多い支援額（ドイツの場合は全て助成金）を受け取っている。

　さらに、メルケル首相が連邦議会で発していたある言葉も注目に値する。彼女はそこで新基金の必要性を説明する際に、この危機で各国が受ける経済的なダメージが大きくなっていくと、それに乗じて「反民主主義、急進的な権威主義」の勢力がさらに伸長し、欧州の「亀裂」はさらに深まるだろうと警鐘を鳴らした（Merkel 2020）。この発言から、ポピュリストの勢力を抑え込むために、彼女は次世代 EU の支援に前向きになったという側面もあったものと推測される。なお、次世代 EU は、欧州懐疑的なポピュリスト勢力が根強い国々へ、多くの資金が割り振られており、この基金にはそういったポピュリズムを抑え込もうとする狙いもあったことが示唆される（Armingeon et al. 2022）。

　最後に、ドイツの世論や政党政治の状況も、ドイツ政府が新基金創設に積極

的になることを後押しした要因だと考えられる。危機が起きた当初、メルケル政権の支持率は上昇傾向にあった。当時は、他の複数のEU諸国においても政権支持率が上がっており、「旗に結集する効果（the rallying the flag effect）」が短い期間だがあらわれたのではないかと言われている（Mazza & Scipioni 2022）。国内では「ドイツのための選択肢」以外の主要政党は、与野党関係なく、EU全体の復興の必要性について認識が一致していた（Schramm 2023: 96-7）。この世論と各政党の賛否の状況のもと、メルケル政権には、新基金の創設を推し進める余裕が生まれたとも考えられる（Genschel & Jachtenfucs 2021: 363-364; Howartch & Schild 2021: 219-220）。

　ドイツ以外の北の諸国もまた、新基金の設立と共通債の発行について当初は反発を示したが、徐々に態度を軟化させ、最終的には合意した。それらの国々とは「倹約4カ国（frugal four）」というオーストリア、デンマーク、オランダ、スウェーデンと、そのグループに入らなかったが、フィンランドである。このグループの国々が次世代EUに合意した背景にも複数の要因があったと考えられる。一つは、北の諸国の筆頭格であったドイツが賛成の立場になったこと、そして以前は自分たちと同じようにEUの予算規模の拡大に反対の立場であったイギリスがEUから脱退する予定（当時）で、交渉に入っていなかった点である。従来であれば、自分たちと立場を同じくし、頼ることができていた二つの大国が離れた結果、態度を軟化せざるをえなかったという一面があったと推測される。

　また、それらの国々は当初は強く反対したことで、強い非難を受けたことも態度軟化の要因の一つかもしれない。3月下旬、オランダのルッテ首相やフックストラ財相は、メディアを前に、臆面もなく共通債の発行に反対する発言をしていた。だがその発言を受け、南欧の国々、欧州議会、ひいては国内からも、苦しんでいるEU諸国への「共感（empathy）」に欠けていると非難が集中した。その後、フックストラ財相は「先週、私たちは、私も含め、もっと明確に示しておくべきでした。私たちは助けたいとは思っているのです」と釈明し（Schaart 2020）、それ以降は南欧を責めたてるトーンは控えめになっていった。注目されるのは、オランダを含むこのグループはその後、交渉上の戦略を切り替えた点である。新基金の創設は受け入れることとし（Netherlands 2020）、その

上で自分たちにとって良い譲歩を引き出す方向へと戦略を切り替えたのである。

　交渉では時に強硬な態度に出て、南欧諸国やドイツから非難を受けたりもしたが、「倹約」の国々は主として次の三点からなる譲歩を勝ち取った。一つは、次世代 EU の資金調達を今次限りとし、かつ、内訳として補助金分を減らして、ローン分を増やしたことである。二つめは、この次世代 EU とセットで交渉されていた多年次財政枠組みから、リベートと呼ばれる還付金を受け取る譲歩を勝ち取ったことである。三つめは、これらの国々が求めていた、法の支配の価値を守ることを、次世代 EU および他の EU 各種基金からの支援の条件とすることである。

条件の考察

　ユーロ危機とコロナ危機では、ともに、経済的な支援をするかどうかが争点となり、北と南の国々に意見が分かれる傾向が出ていた。だが、ユーロ危機の時とは異なり、コロナ危機下での EU においては、北と南の溝は狭まり、大胆な対策に先制的に打って出て、経済危機が悪化、拡大することを抑え、経済的に苦しむ者たちが長期にわたり置き去りにされるような事態にならないように努めた。なぜこのような違いが生じたのだろうか。EU は、どのような条件のもとであれば、経済的に苦しむ人々の声に早めに応じる支援をすることができるのだろうか。この二つの危機から、その諸条件を推測し、仮説として提示しよう。

　第 1 に、危機の責任は誰にあるのか、その認識のあり方がその条件の一つになると考えらえる。ユーロ危機の時、北の諸国には、ギリシャなどの南欧に責任があるとの根強い認識があり、その認識が南欧に対する厳しい態度を形成していた。他方で、コロナ危機では、特定の国に責任があるとの認識にはならず、それゆえにドイツは支援に前向きになることができた。当初、支援に露骨に反対したオランダには国内外から非難の声が集まり、態度を軟化させる一因となった。自ら危機を引き起こしたわけではない国々を助けようとしないことが、非難の高まりの一つの理由だろう。EU が経済的に苦しい国々、人々の声に応答する政策を打ち出すためには、そのように支援を受ける側に大きな責任がないという認識が必要と考えらえる。

第2に、その支援は誰が受け取るのか、それも重要となる可能性がある。ユーロ危機下での北の諸国は基本的には支援をする側であったが、コロナ危機では同時に支援を受ける側でもあった。しかも、経済的なダメージを負っている南欧の国々を支援することが単一市場の機能回復にもつながり、それは南北の違いを超えて、広くEU諸国にとって重要なことであった。このように自分たちもまた、支援の恩恵を受ける側にあるという認識があるかどうかも、支援に前向きになることのできる条件の一つと推測される。

　第3に、支援をすることが、ポピュリスト勢力の台頭を抑えることに繋がるのか、その判断も関係する可能性がある。ユーロ危機時、ドイツ国内には、南欧への支援に反対している勢力がおり、世論も消極的である以上、南欧の支援に動きにくくなっていた。コロナ危機のもとでは対照的に、ドイツ政府には何もせずに、経済危機の広がりを放っておくと、ポピュリスト勢力のさらなる伸長を招きかねないとの意識があり、それらの勢力を抑え込むために、支援を繰り出すべきとの考えになっていた。それゆえ、EU諸国の指導層が、支援をすることが自分たちの政党にとって政治的に有利になるとの判断を持っていることも一条件になると考えられる。

　第4の条件は、支援に反対する国々から、外交上の取引によって同意を引き出せるかどうかである。コロナ危機への対応をめぐる交渉では、オランダなどの北の中・小国のグループは取引を通じて、自分たちが納得できる譲歩を勝ち取ることができ、次世代EUに最終的に合意した。その時々の文脈において、何らかの取引材料を見つけられるかどうかも一つの条件となりうる。

　これらの条件が揃うほど、EUとして経済的に苦しむ人々の声に反応して、支援に同意できる可能性が高まると推測される。

第3節　難民を受け入れるかどうか

　本節は、難民の問題に視点を転じる。EUと各加盟国は人々の自由や身体を守るリベラルな存在として、外から逃れてきた者たちを受け入れて、支援することができるのだろうか。一方において、2010年代半ば、中東やアフリカの地域から膨大な数の人たちがヨーロッパに押し寄せてきた時、EUと多くの加

盟国は当初、その者たちを難民として認定して受け入れようと試みようとしたが、あまりの人数の多さに途中から受け入れに制限をかけるようになった。その結果、欧州にたどり着いたにもかかわらず、劣悪な環境にとどめ置かれる者たちや、そもそも欧州に渡ってくることができなくなるか、あるいは渡ろうとしたものの送り返される者たちが出てきた。他方で、2022年以降、ロシアからの侵攻を受けたウクライナから避難民が大挙して欧州に押し寄せてきているが、EUと加盟国は一時的保護の形ではあるものの一斉に迎え入れることとした。本節は、このようにEUと加盟各国が異なる対応を見せた事象を観察し、EUと加盟諸国はどのような条件や状況があれば、域外から入ろうとする膨大な数の人たちを受け入れようとするのかを考察する。

中東、アフリカからの大規模な流入

　欧州における庇護希望者の人数が急激に増え始めたのは2014年であり、その年から2021年までの8年間で570万人ほどがEU諸国（イギリスを除く）で庇護申請を行った（Eurostat 2022）[7]。人数が最も多かったのはシリアからの者たちで、他にもアフガニスタン、イラク、エリトリアといった不安定な国々から逃れてきた者たちが多かった。欧州への流入がピークを迎えたのは2015年と2016年である。いずれの年もEU全体で100万人以上が庇護申請を行った。欧州がそれまでに経験したことのない大規模な流入であった。

　その大半が、地中海を渡ってきた者たちとなる。密航業者にお金を払い、ボートに窮屈なほど詰め込まれて欧州を目指したが、全員が無事にたどり着いたわけではない。ボートの燃料がなくなったり、故障したりして途中で動かなくなる時がある。熱中症にかかる者もいれば、低体温症にかかる者もいる。ボートが沈没、転覆などして命を落とす者たちも少なからずいる。UNHCR（国連難民高等弁務官事務所）の推計では、2014年からの2022年までの8年間で少なくとも2万6500人以上が地中海で死亡もしくは行方不明となっている（UNHCR 2022）。

　流入者が急増し始めた2015年当初、欧州には庇護希望者を迎え入れようとするムードが出ていた。それを象徴的にあらわしたのが、ドイツのメルケル首相の「私たちはできる（Wir schaffen das）」との発言であった。彼女はドイツの

人々がたくさんの者たちを迎え入れていることに触れて、「フレンドリーな顔を見せなかったとしたら、それは私たちの国ではない」とも発言していた（Harding 2015）。EU のダブリン規則のもとでは、最初に到達した EU の国で庇護申請を行い、もしも他国に移った場合には最初の国に戻されるのが原則である。だが、ドイツ、オーストリアなどはそのように他の国々を経由してきた者たちであっても受け入れようした。この両国のみならず、他の国々も多くの庇護希望者を難民として認定して保護した。自分たちで欧州にたどり着いた者たちだけではなく、紛争地帯から避難民を直接受け入れることも進めていた。

さらに EU は、イタリアとギリシャに滞留する計 12 万人（自発的に求められている 4 万人の分担を加えると合計 16 万人）の庇護希望者を他の国々で分担して保護する試みにも打って出た。両国とも、大規模の流入によって庇護システムに限界をきたしており、他の EU 諸国に移して保護しようとしたのである。EU にとって、また世界的に見ても、これほどの人数の分担を法的拘束力のある形で決めたのは初めてのことであった。実はこの決定には、チェキア（チェコ）、ハンガリー、ルーマニア、スロバキアは反対票を投じていた。自国で難民を引き受けることに強い抵抗を示したのである。だが、大多数の国々は賛成したため、特定多数決制の下で採択されることとなった。ただし、後述のように、この分担は予定通りに進むことはなかった。

地中海での捜索と救出のための活動も行われていた。イタリア政府は、2013 年のランペドゥーザ島の近くでボードが沈んで 360 人以上の命が失われた後、「我らの海（Mare Nostrum）」作戦という、イタリア沿岸からリビア沿岸まで、広範な海域で人間の命を守ることを目的とした活動を展開した。2014 年 10 月にその活動が終了するまでに、推定 15 万人が救出された（UNHCR 2014）。

閉ざされた国境

このように EU と多くの加盟国がとった当初の対応には、人道的な側面が強く出ていた。

だが、それは長くはもたなかった。各国とも難民の受け入れをある程度は続けはしたのだが、流入者数はとめどなく増え続け、むしろ受け入れに制限をかける措置を次々と繰り出すようになったのである（Kriesi et al. 2021; Lavenex 2018）。

まず、EUに入る際の玄関口となったギリシャとイタリアには、流入者の身元確認、指紋登録、庇護申請の受理と審査、他国への分担、帰還といった一連の手続きを進める役割が求められていたが、あまりの人数の多さに対応しきれず、登録せずに他国に向かう者たちが続出した。だが向かった先の国々は、その人の波を前に、国境管理を復活させ、入国者数の抑制を図った。シェンゲン圏のもと、本来であれば、人々は域内国境を自由に行き来できるのだが、その自由移動の原則をここでは脇に追いやった格好となる。近くの国が国境を閉ざすと、今度は自国に人々が向かってくる。その懸念は連鎖反応を引き起こし、デンマーク、ドイツ、オーストリア、スロベニア、スウェーデンといった国々は次々と国境検査を復活させ、自国への流入の抑制に向かった。ハンガリーは、国境に棘のある鉄条網や警報装置を張り巡らし、物理的に入ってこないようにもした。国境警備隊が、流入してきた者たちを力ずくで追い出そうとする行為も目撃されている。

　この他にも、各国は庇護希望者が自国に入ってこないように、各種の措置をとって入国のインセンティブを削ごうとした（Kriesi et al. 2021: 341-342）。オーストリアは難民の在留期間を短縮させる措置をとり、スウェーデンは難民の受け入れ数に上限を設け、高水準であった難民の待遇を切り下げた。デンマークは、難民が持ってきた高価な所有物を没収し、それを受け入れにかかる資金に回す法律を制定した。ドイツは補完的保護の対象者に対し、家族の再結合を認める条件を厳しくしたりした。これらの国々はもともと多くの難民、移民を受け入れてきた国々である。そういった国々は、この時も多くの庇護希望者が目指す目的地となり、当初は迎え入れようとしたが、その人数があまりにも多すぎるゆえに、受け入れに制限をかけるようになったのであった。

　地中海の活動にも、流入を抑制しようとする欧州側の意図が前面に出てくるようになった。イタリアが行っていた「我らの海」作戦は2014年10月末をもって終了し、その後、EUのフロンテックスが各国と協力して行うトリトン、ソフィア、テミスといった海上活動が展開されることになった。だが、その活動範囲はイタリア、ギリシャの近海に狭められ、リビア近海などでは行われなくなった。しかもその活動は、非正規移住や密航業者の取り締まりに重点が置かれ、捜索や救助は主たる任務としては位置づけられなかった（European

Commission 2014; Kingsley & Traynor 2015)。後にある程度の資源強化はなされるのだが、人員、船、予算は少なく、国際法上の責任として人々を海上で救おうにも十分にはできない状況であった。

　地中海での捜索と救出に関しては、EU および加盟諸国はむしろ、域外の近隣諸国に委ねることとした。その代表例がリビアとの協力である。2017 年にイタリアはリビアと「覚書」を取り交わし、リビア側に海上での捜索と救出を行うように促した (Libya & Italy 2017)。EU は資金を提供し、訓練にも協力して、リビア当局の沿岸警備や海上での捜索、救出を後押しした。ここでイタリア政府と EU が注意を払ったのが、関連する国際法に抵触せずして、庇護希望者や他の移民の流入を防ぐことである (Müller & Slominski 2021)。リビアに海上活動を展開してもらえれば、救出した者を欧州側で引き受けずに済み、リビアにその者たちを戻したところで、欧州側に法的責任は発生しない。しかもイタリア政府は海上での救出活動を行う NGO の船の取り締まりも行うようになった。民間の救出船が、イタリア領海に無許可で入ることや港に停泊することを禁じたのである。

　欧州への流入を押しとどめる決定打となったのは、2016 年 3 月に結ばれたEU・トルコ声明である (European Council 2016)。この声明は目的の一つとして、トルコから EU に入ってくる非正規移動の流れを断つことにあると明示した。その声明により、トルコからギリシャに渡った非正規移民は送り返されることとなり、送還された人数分、EU はトルコにいるシリアからの庇護希望者を受け入れることが約束された。その代わり、トルコには 60 億ユーロの支援が与えられることとなり、関税同盟の強化、トルコから EU へのビザ無し渡航と同国の EU 加盟の協議を進めることも併せて合意された。この声明に合わせて、EU はノン・ルフールマン原則に抵触しないように、トルコを「安全な第三国」と認定している。実は、この声明に向けた話し合いが進められている段階で、UNHCR からは「深い懸念」が伝えられていた (UNHCR 2016)。EU とトルコを直接的に批判する言葉は避けてはいるが、人々が庇護を受ける権利が損なわれるのではないか、既に膨大な人数のシリア人を受け入れているトルコが、さらに多くを引き受けることになるが、その者たちの基本的なニーズが満たされる状況にあるのかなど、疑義が呈されたのである。この声明発表後、トル

コ・ギリシャ間の非正規移動の取り締まりには、NATO まで出動した。その後、トルコからギリシャに入る者たちの数は一気に減少した。EU と各国政府の思惑通りということとなる。EU は他にも、チュニジア、アフガニスタン、マリなどにも協力を求め、欧州への流入抑制や難民を受け入れる責任の外部化を図っていった。その外部化の流れは 1990 年代の後半から始まっていたが、今回の危機により、その流れはさらに進展したことになる。

進まない難民の分担保護

先にも触れたが、EU は 2015 年から 2017 年にかけての 2 年間で、イタリアとギリシャに留まる 12 万人を他の EU 諸国に分散させて保護する試みに打って出たのだが、その実施は当初の予定通りには進まなかった。まず、その分担の決定自体に異議を唱えたのがハンガリーとスロバキアで、両国はその決定の取り消しを求めて欧州司法裁判所に訴えた。その訴えは退けられたものの、その両国とポーランドはこの分担決定に公然と逆らい、自国でほとんど受け入れようとしなかった。それゆえ、今度は欧州委員会から EU 法上の義務違反にあたるとして欧州司法裁判所に訴えられ、違反と判示されている。ハンガリーのオルバーン首相はさらに、EU が決めた通りに庇護希望者を受け入れるかどうかを国民投票にかけた。同国には、国民投票の実施自体に異議を唱える者たちがいて、棄権の動きがあったこともあり、投票率が規定の 50％ に満たずに結果は無効となったが、有効投票数の 98％ が分担受け入れへの反対票であった。

だが、他の国々も、予定されていた人数を最大限まで受け入れることはなかった。予定数に近い人数を受け入れたのは、マルタ、ルクセンブルク、フィンランド、スウェーデンにとどまり、予定されていた 12 万人のうち他国に移されたのは 2018 年 5 月の時点で 3 万 6000 人ほどにとどまった。予定ほど分担が進まなかった理由として、イタリアとギリシャでの手続きが人数が多く間に合わなかったこと、庇護希望者側にも家族と合流したいなど、自分たちが行きたいと考えている国があること、難民の地位を与えるには不十分と考えられる者たちも含まれていたことなどが挙げられるが、加盟国側も受け入れに消極的であった。国内で、この分担への政治的な支持が十分に得られず、受け入れるための体制も十分に整っていなかったなどの問題が指摘されている (Guild et al.

2017: 24-34)。

　この時の分担受け入れは、一回限りの措置として採択されたが、EU 内では、恒常的な分担メカニズムを構築し、将来の大量流入に備えようとする声も出ていた（Zaun 2018, 2022）。その都度、政府間で交渉していては時間がかかるし、抵抗する国々も出てくるため、政治交渉を挟まずに、特定の指標に基づいて自動的に分担を割り振る仕組みの構築が模索されたのである。まず、2015 年に欧州委員会がそのための提案を行ったが、加盟国間の協議は一向に進まなかったことから、2016 年に入って同委員会はダブリン規則の改定という、より広い枠組みでの改革提案の中で、仕切りなおす形で恒常的なメカニズムの提案を行った（European Commission 2016）。賛成したのは、ドイツ、オーストリア、スウェーデン、オランダなどである。もともと多くの難民を受け入れてきたこれらの国々は、他の諸国にも多くの難民を引き受けて欲しいため、賛成の立場を示した。しかし他の多くの国々にとって、分担とは、自国で引き受ける難民の人数が増えることを意味するため、消極的な立場をとった。とくにポーランド、ハンガリー、チェキア、スロバキアは明確に反対した。これらの国々は受け入れるにしても、それは各国の自発的な意思に基づいて行われるべきであり、受け入れない国々も財政支援など別の方面から貢献するやり方があるなどと主張していた（Visegrad Group 2016: 3）。他の国々も分担に慎重な立場を崩さず、結局は合意されることなく終わった。

　なお、流入者の人数は一時期ほどではなくなったものの、2010 年代後半以降も庇護希望者の欧州への流入者の流れは止まっておらず、ギリシャは 2022 年、またもや大規模な流入を経験した。その半分以上が、タリバーン政権へと変わったアフガニスタンからの者たちで、シリアから来た者も依然として多い。EU は IOM（国際移住機関）や UNHCR などと協力し、自発的な形式で他の欧州諸国（やはり西欧が多い）へ、5000 人強の分担を進めようと試みている（European Commission 2022）。だが、その自発的な分担の試みも、順調には進んでいないようである。

　最後に、この 2010 年代の危機の時に使われなかった手段についても触れる必要がある。それは、EU が 20 年ほど前の 2001 年に制定していた一時的保護の制度である。この制度が適用されていれば、個々人が面倒で時間のかかる庇

護手続きを経ることなく、簡単な登録によって、認められた国の者たちが一斉に、まずは1年間、最大で3年間、EU諸国で滞在することが可能となる。その滞在期間内には、働くことができ、学校教育や医療などを受けることもできる。この制度が想定していたのは、まさに大量の避難民が流入してきた時なのだが、EUの中で、この制度を適用しようとする意思はほとんど出てこなかった。後述するが、2022年のウクライナ避難民に対しては、この一時的保護が適用され、2010年代の時とは異なる対応となった。

見放された者たち

　この危機で、EU諸国は大規模な人数の庇護希望者を互いに協力して受け入れることはできなかった。EUの玄関口となったイタリアとギリシャには大量の人数が押し寄せて、過大な負担がかかることとなり、にもかかわらず、EUと他の加盟国からの支援は十分とは言えず、これらの国々にはEUに対する大きな不満が鬱積することとなった[8]。ドイツ、スウェーデン、オーストリア、オランダなどは、自分たちのように多くの難民を受け入れようとしない他の諸国にいらだちを覚えていた。ポーランド、チェキア、スロバキア、ハンガリーといったヴィシェグラード諸国は、中東やアフリカから難民、移民を受け入れてきた経験がほとんどなく、宗教や文化的背景が違う者たちを受け入れるようにEUから指図されることに反発を示した。このようにEU諸国は、それぞれ異なる立場から、自分たちで引き受けることに限界、抵抗を感じ、結局は外部の近隣諸国に難民、移民の受け入れをまかせる方向へと傾いていったのである。

　問題はしかし、EUと加盟各国がとったそのような対応および非対応によって、極めて劣悪な環境に置かれる者たちが出てきたことである。ギリシャのレスボス、コス、サモスといった島々、フランスのカレーやポルト・ド・ラ・シャペルなどに滞留する人々の生活は悲惨な状況である。地中海を渡って欧州を目指す者たちは、EU・トルコ声明の発表後、結局は密航業者に金銭を渡して、見つからないようにより危険な経路をとるようになったと言われている（UNHCR 2017）。海上で見つかった者たちは、欧州に上陸させてもらえず、船内やボート上で長時間、それがたとえ厳しい気候条件であっても放置されることがあった。リビアなどに押し戻される者たち、あるいはそもそもリビアから欧

州へ向かうことができなくなった者たちの人権問題も深刻な様相を呈している（大道寺 2022）。2020 年 2 月には、トルコと EU の間で軋轢が露呈した。トルコ政府がギリシャとの陸上国境を一時的に開き、大量の者たちがギリシャに入ろうと殺到して、それをギリシャ側が押しとどめようとしたのである。トルコのその行動の背景には、EU・トルコ声明の約束に十分にコミットしようとしない EU への不満があったとされ、結局、その後、声明は更新されて、追加的な支援がトルコに与えられることとなった。

　新型コロナウイルスの感染の広がりとともに、庇護希望者や移民の置かれた状況はさらに深刻なものとなった（Freedman 2021）。まず、感染が広がった当初、各国は庇護申請の受理を一時停止し、既に申請していた者たちの待機時間も長期化することとなった。欧州内のキャンプに滞留している者たちの状況も厳しくなった。欧州各地でロックダウンや隔離措置が取られる中、難民キャンプにいる者たちは外部に出ることが許可されず、NGO や国際機関からの支援にも制約がかかって十分に行き届かない状況となった。水や食料が不足し、衛生上、極めて劣悪な状況に閉じ込められることとなった。NGO などが展開する地中海での救出活動もコロナ禍で以前ほど行われなくなったのだが、それでも出帆した NGO の船が人々を救出した際には、その者たちが感染症を運んできたり、広げたりするリスクを抑えるなどの名目で、欧州側は上陸を許さず、船内やボート上に長時間とどめ置き、リビアなどに押し戻される案件が増えた。レスボスのモリア・キャンプでの火災や、モロッコからスペインのセウタやメリジャへ越境しようとして死亡者が出るなどの事故も起きている。他にも滞留する庇護希望者や移民は、暴力や性犯罪、人身売買などのリスクにもさらされており、深刻な状況は続いている。

EU 各国はいかにして受け入れに制限的になったのか

　このような状況が生まれた一因は、EU と加盟各国が難民、移民の受け入れに制限的な措置をとったことに求められる。なぜ、加盟国政府は受け入れに制限をかける方向へと傾いていったのだろうか。この点を理解する上で一つの重要な鍵を握ると考えられるのは、当時の欧州各国の国内状況である。

　まずは難民、移民の受け入れに強く反対していたポーランド、ハンガリーな

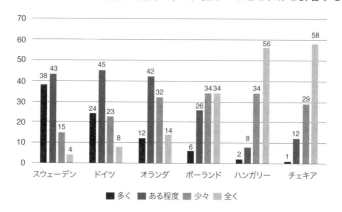

図２ 他の国のイスラム教徒が自国に来て、住むことをどれほど許容するか

■ 多く　■ ある程度　■ 少々　■ 全く

出典：European Social Survey 7（2014-5年の調査）より筆者作成。

どの中・東欧の国々から見てみよう。2014 〜 15 年に実施された欧州社会調査
（European Social Survey）のデータに基づくと、**図２**から明らかになるように、
これらの国々では、自分たちとは異なる民族集団の者たちを移民として受け入
れること、なかでも、イスラム教徒を移民として受け入れることに抵抗を覚え
る人たちが多い。その抵抗の度合いは、西欧諸国と比べると際立っている。こ
れらの国々にはイスラム教徒を移民として受け入れた経験がほとんどない。各
国の人口の中でイスラム教徒の占める割合は、ポーランドとスロバキア、チェ
キアでは 0.1 ％、ハンガリーは 0.3 ％にすぎない（Pew Research Center 2011）。そ
のような社会背景のもと、ハンガリーのフィデスは 2010 年に、ポーランドの
法と正義は 2015 年に政権を奪取したが、ともに宗教的に保守的な姿勢を打ち
出し、イスラム教徒を移民として受け入れることに強い抵抗を見せている。他
方、スロバキアでは当時、フィツオが首相として率いる社会民主党が政権を
握っており、左派政党であれば通常は難民の受け入れに強い抵抗はないと考え
られるのだが、イスラム教徒の受け入れに消極的な社会のもと、2016 年の選
挙キャンペーンでは反移民政策を掲げ、EU レベルでの難民の分担などにも反
対の立場を示した。ハンガリー、ポーランド、スロバキアといった国々では、
政権政党が右派であれ、左派であれ、社会全体がイスラム教徒を難民として受

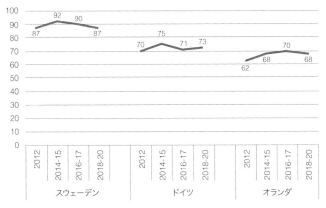

図3　他国からの移民が自国に来て住むことを許容するか

出典：ESS6（2012年実施）、7（2014-5年実施）、8（2016-7年実施）、9（2018-20実施）
より筆者作成。
（"many", "some", "few", "none"の選択肢の中で"many"と"some"と答えた者の割合）

け入れる社会的な素地が十分になかったと捉えられる。

　西欧、北欧の人々の意識はそれらの国々とは異なり、イスラム教徒の移民を
受け入れることに前向きな世論が安定的に存在している（図3）。これまで多く
の難民、移民を受け入れてきた経験を持つスウェーデン、ドイツ、オランダな
どでは、人々は自分たちと異なる民族集団であれ、貧しい国々から来た者たち
であれ、イスラム教徒であれ、移民としてある程度の人数までは自国で受け入
れようと考えている人たちが多数を占めている（European Social Survey 6, 7, 8, 9）。
その意識は、図3に示されるように、2010年代半ばの大量の庇護希望者の流
入の後も大きな変化はない。

　しかし、これらの国々も途中から、難民の受け入れに制限をかける方向へと
傾いていった。その背景にあったと考えられるのは、移民排斥を訴える急進右
派の政党の支持の上昇であり [9]、それによって反移民路線が政権与党に「伝染
（contagion）」したのだと捉えられる（Akkerman 2015; Norris 2005: 264-272; Van Spanje
2010）。ドイツではメルケル首相が難民に国境を開いた後、政権の支持率が大
幅に減少した。逆に支持を伸ばしたのが反移民を掲げた「ドイツのための選択
肢」であった。ドイツの国民は難民、移民の受け入れにもともと前向きである

（図3）。だが、流入者数があまりにも多すぎたこと、国内外でテロが起きて脅威認識が高まったこと（Pew Research Center 2011）、そしてそれらの脅威をドイツのための選択肢は煽ったことで自分たちの支持を多少伸ばした。当時のドイツはキリスト教民主同盟（CDU）とキリスト教社会同盟（CSU）の連立政権であったが、CSU の方からメルケル首相の難民を受け入れる政策への強い異議が出て（BBC 2018）、メルケル首相も結局は同調して難民の受け入れに制約をかける方向へと転じていった（Zaun 2018: 51-52）。

　オランダに関しては、この危機が起きる前から、反イスラムを公然と掲げるウィルダースの自由党が野党として支持を伸ばしていた。2010 年代になると、各種の世論調査で同党が支持率で首位に立つこともあった。その自由党の台頭を受け、政権を握る中道右派の自由民主国民党は、ルッテ首相のもと、移民の受け入れに制約をかける路線を打ち出すようになっていた。ドイツとオランダに関しては、反移民を掲げる急進右翼が世論の支持を受けるようになり、立場として近い中道右派の政党も選挙や支持率を意識して、移民、難民の受け入れに制約をかける方向に傾いていったのだと見られる。

　スウェーデンに関してはやや様相が異なる。イデオロギーとしては、もともと難民の受け入れに前向きであるはずの二つの左派政党、すなわち社会民主党と緑の党が連立政権を構成していたが、その左派政権であっても、難民の受け入れに制限をかけるようになったのである（Zaun 2018: 52-53）。流入が急増した2015 年、移民排斥を訴える民主党が支持率を大きく伸ばしており、与党第一党の社会民主と野党第一党の穏健党の中に割って入り、支持率で拮抗するほどになっていた。移民排斥を訴える民主党の支持が伸び、左派連立政権も引きずられるように入国管理を強化し、難民の待遇も引き下げる措置をとるようになったのである。連立を組む緑の党は「庇護に関する極めて難しい決断」をする他なかったと、その時の断腸の思いを声明として発表している（European Greens 2015）。

　このように、国内で展開した世論と政党政治の相互作用によって、各国政府は難民、移民の受け入れに消極的になっていった。ポーランドやハンガリー、スロバキア、チェキアは、移民、難民を問わず、人々はイスラム系の難民の受け入れにきわめて消極的で、政府も難民の受け入れに抵抗を示した。スウェー

デン、ドイツ、オランダは難民、移民の受け入れに積極的な人々が多数を占めているのだが、それでも急進右派の支持率が伸びる中、中道系の政権もそれに引きずられるかのように難民、移民の受け入れに制限をかけることになった。

ウクライナ避難民の受け入れ

　2022 年にロシアからの軍事侵攻を受けたウクライナから、幾多の人々が住んでいた土地を離れざるをえなくなった。侵攻が始まった 2022 年 2 月から、2023 年 1 月初旬までに、ウクライナの避難民は欧州全体で 790 万人を数えている（UNHCR 2023）。ただし、その者たちの動きは流動的で、戦闘や爆撃などが鎮まったとみて、ウクライナに戻る者たちもいる。侵攻が始まってから 2 週間足らずで、230 万人ほどがウクライナから国外に避難したと見られており、その半数以上がポーランドへ、他にもハンガリー、ルーマニア、スロバキアといったウクライナと国境を接する国々に入っていった。

　ごく短期間での大規模な流入を受け、欧州委員会は 2022 年の 3 月 2 日に、一時的保護を適用する提案を行い、その 2 日後に理事会の全加盟国が同意して採択し、すぐに適用開始となった。これにより、ウクライナから逃れてきた者たちは、自分が望む EU の国で 1 年間、最大で 3 年間滞在することができるようになった。その適用者は、各国で働くことができ、教育、医療などを受けることもできる。家族の再結合や他の EU 諸国への移動の自由も制限はあるものの保証され、庇護申請を行うこともできる。

　時間の経過とともにウクライナから欧州へ避難する者たちは増え、侵攻が始まってから 10 カ月ほどの間で、EU27 カ国でこの適用を受けたのは約 360 万人にのぼる。2010 年半ばの危機の時、EU27 カ国での 2014 年から 2016 年にかけての 3 年間で庇護申請数は合計で約 300 万人であったことから、この 2022 年のウクライナ危機では、1 年に満たない短い期間に、その時よりも多い人数を EU 諸国は引き受けたことになる。一時的保護の登録者数は、ポーランド（約 146 万人）、ドイツ（約 102 万人）、チェキア（約 47 万人）の順に多いが、ブルガリア、ルーマニア、スロバキアなども自国の人口規模に比して、多くの者たちを受け入れている。2010 年代半ばの危機と大きく異なっているのは、ポーランド、チェキア、スロバキアなどの中・東欧諸国の対応である。2010 年代

半ばの時、これらの国々は難民の受け入れに抵抗的な態度を示していたが、今回は率先して多くの避難民を受け入れている。玄関口に立ったこれらの国々が積極的に多く受け入れたことは、他の国々も含め、EU全体に受け入れを広げていく流れを生み出した。

　ウクライナの人たちの多くは、自国に戻ることができる状況になれば、自国に戻っていくものと予想され、一時的保護を適用しやすい状況にはあった。とはいえ、それでも今回は一時的保護を適用し、侵攻から1年近くたった後も、EUと各国はウクライナからの流入に抑制をかけようとはせず、数百万人単位で受け入れ続けている。なぜ、EUと加盟諸国はこれまでのところ、ウクライナからの避難民を受け入れることができているのだろうか。

　まず指摘できるのは、EU側の政治指導者や一般の人々の「私たち」という意識である。自分たちのヨーロッパ・アイデンティティ[10]の捉え方の中に、ウクライナをも含んでいるとの意識が、この侵攻を契機に強く出るようになったと考えられる。それはまず、EU首脳の言葉からうかがえる。侵攻開始から6日後の3月1日、ウクライナのゼレンスキー大統領は欧州議会において、EU加盟への希望を表明したが、その後、EUの政治指導者からは、ウクライナを欧州の一員とみなす言葉が出てくるようになった。3月12日に行われたEU首脳会談が発表した「ベルサイユ宣言」では、ウクライナを「欧州の家族」と表現している（European Council 2022）。各国の首脳がウクライナを訪問し、ゼレンスキー大統領と面会をした際には、ウクライナを「欧州に帰属する」「欧州の家族」であるとの発言をするようになっている（Gera & Casert 2022; Sauer 2022）。そういった表現はフォン・デア・ライエン欧州委員長、ミシェル欧州理事会議長、ボレル外交安保上級代表もしばしば使っている。

　政治指導層のみならず、一般の人々の間でも同様の意識が見られる。2022年4月に実施されたユーロバロメーターの調査では、EU市民に「ウクライナは欧州の家族か」という質問がなされており、その質問に肯定的に答えた割合は7割を超える（European Commission 2022: 12）。とくにその意識が強いのは、北欧・バルト諸国とポーランドである。

　このように欧州の者たちが、ウクライナを自分たちと同じだと捉える意識の根底には、民族的、宗教的な近さがあると考えられる（岡部2022; 宮井2022: 3）。

ウクライナが（ロシアもだが）広くヨーロッパに属するという認識は当の欧州のみならず、世界的に広く浸透している。宗教面では、ウクライナの者たちは、どこまで強い信仰心を持つのかは個人差があれども、多くがキリスト教徒である。2010年代の難民危機の時にハンガリーのオルバーン首相など一部の指導者が、キリスト教徒であったら難民として受け入れるのに、といった類の言葉を発する時があったが、今回、期せずしてそれが現実に示されたことになる。

　人間は一般的に、集団的、社会的アイデンティティを共有する者たち（内集団のメンバー）が攻撃された時、悲しみや怒り、助けたいなどの心情に駆られる。まさにその心情の高まりがここでも起きた。侵攻後、ウクライナの人々の命や生活が突然奪われる事態が報道やSNSを通じて日常的に伝わってくるようになった。ブチャなどでのあまりにも残酷な状況も含めてである。EUの人々の間で、ウクライナを同じ欧州に属するとの意識が顕在化し、それとともに、悲しみ、怒り、助けたいなどの各種の感情が喚起されるようになったと見られるのである。現にEU市民の89％ほどがウクライナの人たちにシンパシーを抱いているとの調査結果が出ている（European Commission 2022: 11）。

　そして、ウクライナから避難してきた者たちを受け入れることに関しても、EU全体で88％という高い支持が示されている（European Commission 2022: 27）。このように人々の意識がウクライナ側に大きく寄り添っている状況であれば、各国政府はウクライナの避難民を多く受け入れやすくなる。移民排斥を訴える右翼の政治家、政党からも、ウクライナからやって来た人たちを拒絶しようとする訴えは、少なくとも侵攻初期の段階ではあまり聞こえてこず、この勢力の動向をさほど気にかけることなく、各国政府とEUはウクライナ避難民を受け入れる決定を行うことができた。なお、ウクライナ避難民を受け入れることに対する欧州の人々の態度は、2022年10〜11月に実施されたユーロバロメーターの調査でも依然として88％と高い支持が保たれている（European Commission 2023c: 20）。

条件の考察

　これまでは2010年代半ばの難民・移民危機と、2022年以降のウクライナからの避難民の問題に対して、EUと加盟国がどのような対応をとってきたのか

を観察し、なぜそのような対応になったのか、考えられる主だった理由を考察して述べた。それらを踏まえ、いったいどのような状況であれば、EUはリベラルな存在として、外部から流入してきた者を保護し、受け入れることができるのかを仮説的に考察してみたい。

　二つの危機の観察から重要と考えられるのは、流入してくる者たちの民族的、宗教的な背景とアイデンティティ意識だろう。2010年代半ば、ポーランドやハンガリーなどでは、社会全体としてイスラム教徒の移民を多く受け入れることができる状況にはなかった。西欧、北欧の諸国では、イスラム教徒をある程度の人数までは移民として受け入れようと考える人たちが多数を占めているが、流入者数が多すぎて、しかもテロも起きた。急進右翼の支持が伸び、各国政府は難民、移民の受け入れに制限をかけるための政策を打ち出すようになった。そのように自国ではこれ以上、イスラム教徒を受け入れることはできないという国々ばかりとなり、結局は流入に制限をかける方向へ転じていった。その結果、劣悪な環境に置かれたり、海上などで捕捉されてなす術なく、EUの外に押し戻されるなどして、その者たちの生命や自由、権利が危ぶまれる状況が生まれた。

　その一方で、ウクライナは欧州に帰属するとの意識が欧州の多くの人々の間に出ており、これは今回の危機によって起きたアイデンティティの接近と考えられるが、それとともに、欧州の大多数の人々はウクライナ避難民を受け入れることに前向きになり、各国の政府も実際に避難民を受け入れることとした。

　ただし、そのような民族的、宗教的な背景や、それと関連したアイデンティティ意識は、欧州が外から避難してきた者たちを受け入れるのかどうかを絶対的に決定づけるものではないとも考えられる。それは、欧州の人々の意識からうかがえる。確かに中・東欧の人々には、これまでにイスラム教徒の難民、移民を受け入れた経験がほとんどなく、その者たちを受け入れることに抵抗感があるようだが、すでに多くのイスラム教徒がいる西欧では、今後も受け入れようとする態度が安定的かつ多数派として存在する（図3）。西欧の人々のこの意識はきわめて重要で、それは流入者が急激かつ極端に増えているという例外的状況でなければ、イスラム教徒も受け入れることが可能であることを示唆しており、実際に受け入れている。オランダのように難民、移民の受け入れにやや

消極的になってきた国はあるが、そのオランダも含め、これまで難民、移民を数多く受け入れてきた国々ほど高い水準で移民、難民の受け入れに前向きな傾向がある。友人、仕事の同僚、何らかのクラブのメンバーなど、交流や接触が深まっていけば、そのアイデンティティ意識は接近し（Allport 1954）、異なる宗教、民族間でも共有される可能性がある。もちろん摩擦が起きることもあり、安易に楽観的になることはできない。だが、中・東欧の人々の間にも、相手が異なる宗教や民族のバックグラウンドの者であっても、受け入れて接触を重ねていくと、その者たちと自分たちは一緒だとの感覚が生まれると期待される。もしそのように物事が進めば、中・東欧の国々の政府も難民の受け入れに次第に前向きになっていく可能性がある。

第4節　その場面で「私たち」という意識を持っているのか

EUにとって、リベラルな価値に即した行動をとることが難しくなる時がある。政治的、物理的な負担やリスクが大きく、他にも重要な目的や課題に取り組まなければならない時に、EUはリベラルな存在として持ちこたえることができるのか、試されることになる。

本章では、経済的に苦境に陥った人たち、陥りそうな人たちをEUは支援するのか、そして、EU外から逃れてきた者たちを受け入れることができるのか、という大きく二つの観点から考察を行った。

ユーロ危機とコロナ危機については、経済的に苦しむ者たちをEUは助けることができるのかに着目し、その考察から、危機を生み出した責任の所在が誰にあるのか、その認識の違いによって、EUの対応は異なってくるとの推測にたどり着いた。支援をする側に自分たちも入るのか、支援をすれば、自分たちにとっても何らかの政治的、経済的な利益になると認識されているのかも重要になる可能性を指摘した。

本章は次に、2010年代の難民危機と2022年のウクライナ避難民の流入を取り上げ、EUはどのような状況であれば、紛争から逃れてきた何百万もの人たちを受け入れようとするのかを考察した。考察の結果、重要と考えたのはアイデンティティの要因である。2010年代の時、EU側の者たちにとっては、中東、

アフリカから来る人々は、おそらくは民族的、宗教的な違いを背景に、自分たちとは異なるという認識が、テロの発生などともあいまって強くなり、それゆえに受け入れに制限をかけるようになったと考えられる。他方で、2022年以降、ウクライナから避難してきた者たちに対しては、同じヨーロッパに属する者たちであるとの意識がEU側の者たちに広がり、助けたいという気持ちが強くなって、受け入れたのだと考えられる。

　このように本章は複数の事例を題材として、EUはリベラルな存在として多くの苦しむ者たちを助けることができるのか、それを可能にする諸条件や状況となりうる候補を仮説的に導き出した。それらの考察を踏まえ、やや大胆ながらも、大きな構図で捉えてみると、苦しむ者たちを支援をする際に、EU側の政治指導者と人々が、どれほど我が身の問題として、言い換えると、「私たち」が関わっている問題として捉えることができるのかが、きわめて重要だと考えることができる。その危機を引き起こした原因の中に、自分は含まれるのか。EUがその支援を行うことで、自分たちにも何らかの良いことがあるのか。そして、苦境に陥っている者たちは、アイデンティティや帰属意識を共有する者たちなのか。そのように責任、利益、アイデンティティなどの面で、自分も関わっていると強く認識している場合には、EUの行動もリベラルな方向に傾き、その対象者への支援に前向きになりやすくなると推測されるのである。

　そのアイデンティティの認識は文脈によって異なってくる。同じような問題であっても、その時々の文脈によって、「私たち」に関わることだと強く認識される時と、そうでない時がある。EUはリベラルな秩序の担い手と呼ばれつつ、しかしそのEUであってもリベラルとは言えない行動をとる時がある。本章の考察から、そういった「私たち」という認識の移り変わりが、その時々の場面でのEUの行動に影響している可能性を指摘することができる。本章が焦点を当てたのは、大規模な経済支援が必要とされたり、膨大な人数の難民の受け入れを求められたりと、EUとしてリベラルな価値に即して行動することが難しくなりそうな事例ばかりである。そういった性質の事例であっても、コロナ危機やウクライナの問題では、EUの行動にはリベラルらしさがある程度、強く出ていたし、危機ではない通常の場面になれば、ヨーロッパには人を助けようという意識が高い点は念頭から外してはならないだろう。人々を助けるか

どうか、EUはその場面によって異なる顔を見せるものの、リベラルなEUが完全に崩壊して消え去るとは決して思われない。その根拠が人を助けたいという思いを持つ人たちが多い欧州の中に見てとれる。

■注

1) 本章では、経済的なリベラリズムについては考察の対象外とした。国際政治の世界における「リベラル」という思想、その言葉が内包する意味や変遷、実践を整理した文献として、アイケンベリー（2012: 第3章）、納家・安野（2021）、Lake et al. (2021: 229-230)。
2) 本節のユーロ危機の展開の記述には、とくに次の文献と資料を参考とした。田中（2016）、田中ら（2018: 143-156）、Copelovitch et al. (2016: 814-817)、Hodson & Puetter (2022: 375-380)。
3) ユーロ危機の原因についての諸説については、神江（2020: 125-135）。
4) ユーロ危機の最中、EUの正統性が損なわれたとの主張については、Schmidt (2020)。
5) なお、小川（2022）は、ユーロ危機などの経済危機のもとでは、混乱する市場の動向に政治が振り回され、どのように対応をすべきなのか、選択の余地は狭まり、その結果、誰に責任を問えるのかも不鮮明となると指摘する。
6) 新型コロナウイルスの危機とEUおよび加盟国の対応については、植田（2021）、遠藤（2020）、Genschel & Jachtenfucs (2021) が参考となる。
7) 2010年代の欧州の難民危機の展開とEUの政治については、以下の著作が参考となった。遠藤（2016）第2章、佐藤（2019）、Geddes (2022)、Niemann & Zaun (2018)。
8) イタリアには2010年代前半から、庇護希望者や移民が多く流入してきており、支援や政策的な対応を十分にしてくれないEUへの不満がたまっていた。この点については、八十田（2017: 79-82）。
9) 欧州において右翼政党が伸長した理由として、人々の反移民感情・排外的なナショナリズム意識の高まりがあげられ、その社会背景を考察した著作として、中井遼（2021）がある。
10) 本章では、アイデンティティという概念を「社会的アイデンティティ」のことを指して使っている。過去の研究も踏まえつつ、社会的アイデンティティのアプローチを整理した比較的最近の著作として、Haslam et al. (2020: Chapter 3)。

■参考文献

アイケンベリー、G・ジョン（2012）『リベラルな秩序か帝国か──アメリカと世界政治の行方（上）』細谷雄一監訳、勁草書房（原著は、Ikenberry, G. D. (2006) *Liberal Order and Ambition: Essays on American Power and International Order,* Polity.）。
臼井陽一郎編（2015）『EUの規範政治──グローバルヨーロッパの理想と現実』ナカニシヤ

出版。

植田隆子編著（2021）『新型コロナ危機と欧州――EU・加盟 10 カ国と英国の対応』文眞堂。

遠藤乾（2016）『欧州複合危機――苦悶する EU、揺れる世界』中公新書。

遠藤乾（2020）「ヨーロッパの対応――コロナ復興基金の誕生」『国際問題』2020 年 10 月号、15-28 頁。

岡部みどり（2022）「EU のウクライナ避難民支援にみる国際協力の将来――日本への示唆」日本国際フォーラム。

小川有美（2022）「ポスト・ナショナルな経済危機と民主主義――ヨーロッパ政治の縮減・再生・拡散」山崎望編『民主主義に未来はあるのか？』法政大学出版局、85-110 頁。

神江沙蘭（2020）『金融統合の政治学――欧州金融・通貨システムの不均衡な発展』岩波書店。

佐藤俊輔（2019）「難民危機後の EU――危機後の政治的インパクト」日本国際問題研究所編『混迷する欧州と国際秩序』9-18 頁。

大道寺隆也（2022）「EU による『押し返し（pushbacks）』政策の動態――EU 立憲主義の可能性と限界」『日本 EU 学会年報』第 42 号、142-161 頁。

武田健（2020）「規範的な政体としての EU の歩み」臼井陽一郎編著『変わりゆく EU――永遠平和のプロジェクトの行方』明石書店、29-51 頁。

田中素香（2016）『ユーロ危機とギリシャ反乱』岩波新書。

田中素香・長部重康・久保広正・岩田健治（2018）『現代ヨーロッパ経済（第 5 版）』有斐閣。

中井遼（2021）『欧州の排外主義とナショナリズム――調査からみる世論の本質』新泉社。

納家政嗣・安野正士（2021）「『ガラス細工』のリベラルな国際秩序」納家政嗣・上智大学国際関係研究所編『自由主義的国際秩序は崩壊するのか――危機の原因と再生の条件』勁草書房、3-24 頁。

宮井健志（2022）「『難民』をどう捉えるべきか（2）―― ウクライナ侵攻と EU の一時的保護」日本国際問題研究所、研究レポート（欧州研究会）。

八十田博人（2017）「地中海移民・難民対策をめぐるイタリア・EU 間の論争」『日本 EU 学会年報』第 37 号、69-91 頁。

Akkerman, T. (2015) 'Immigration policy and electoral competition in Western Europe: a fine-grained analysis of party positions over the past two decades', *Party Politics,* vol. 21, no.1. pp. 54-67.

Armingeon, K., de la Porte, C., Heins, E. & Sacchi, S. (2022) 'Voices from the past: economic and political vulnerabilities in the making of next generation EU', *Comparative European Studies,* vol. 20, pp. 144-165.

Atkins, R. & Peel, Q. (2010) 'Germans oppose Greek aid, poll shows', *Financial Times*, 22 March 2010.

BBC (2015) 'Wolfgang Schaeuble: Germany's man with a Grexit plan', 14 July 2015.

BBC (2018) 'Germany migrant row threatens Merkel coalition', 18 June 2018.

Bellamy, R. & Weale, A. (2015) 'Political legitimacy and European Monetary Union: contracts, constitutionalism and the normative logic of two-level games', *Journal of European Public Policy*, vol. 22, no. 2. pp. 257-274.

Copelovich, M., Frieden, J. & Walter, S. (2016) 'The political economy of the Euro crisis', *Comparative Political Studies*, vol. 49, no. 7, pp. 811-840.

Der Spiegel (2012) 'Merkel vows 'no Euro bonds as long as I live'', 27 June 2012.

EU Council (2023) 'The EU's response to the COVID-19 pandemic'. [https://www.consilium. europa.eu/en/policies/coronavirus/]

European Central Bank (2012) Speech by Mario Draghi, President of the European Central Bank at the Global Investment Conference in London, 26 July 2012.

European Commission (2009) Standard Eurobarometer, no. 72, Autumn 2009.

European Commission (2010) The Economic Adjustment Programme for Greece, 10 May 2010.

European Commission (2012) The Second Economic Adjustment Programme for Greece, March 2012.

European Commission (2013) Standard Eurobarometer, no. 80, Autumn 2013.

European Commission (2014) 'Frontex joint operation 'Triton' – concerted efforts for managing migrator flows in the Central Mediterranean', MEMO, 31 October 2014.

European Commission (2016) Proposal for a Regulation of the European Parliament and of the Council establishing the criteria and mechanisms for determining the Member State responsible for examining an application for international protection lodged in one of the Member States by a third-country national or a stateless person (recast), 4 May 2016, COM/2016/0270 final/2.

European Commission (2022) EU's response to the war in Ukraine, Flash Eurobarometer 506.

European Commission (2023a) SURE, The European instrument for temporary Support to mitigate Unemployment Risks in an Emergency. [https://economy-finance.ec.europa.eu/eu-financial-assistance/sure_en]

European Commission (2023b) Recovery and Resilience Scoreboard. [https://ec.europa.eu/economy_finance/recovery-and-resilience-scoreboard/index.html]

European Commission (2023c) Standard Eurobarometer, no. 98, Winter 2022-2023.

European Commission & Greece (2012) Memorandum of understanding between the European Commission acting on behalf of the Euro Area Member States, and the Hellenic Republic, February 2012.

European Council (2016) EU-Turkey Statement, 18 March 2016.

European Council (2022) The Versailles Declaration, 10 and 11 March 2022.

European Greens (2015) A letter of the Swedish Greens concerning the government decision on asylum.

Eurostat (2020) 'GDP and employment flash estimates for the second quarter of 2020', press release, 14 August 2020.

Eurostat (2022) Annual asylum statistics: first-time asylum applications (non-EU) in the EU

Member States, 2008-2021.

Featherstone, K. (2011) 'The Greek sovereign debt crisis and EMU: a failing state in a skewed regime', *Journal of Common Market Studies*, vol. 49, no. 2, pp. 193-217.

France & Germany (2018a) Meseberg Declaration: renewing Europe's promises of security and prosperity, 19 June 2018.

France & Germany (2018b) 'French German roadmap for the Euro Area', 19 June 2018.

Freedman, J. (2021) 'Immigration, refugees and responses', *Journal of Common Market Studies*, vol. 59, Annual Review, pp. 92-102.

Geddes, A. (2022) 'The migration and refugee crisis', in Cini, M. & Pérez-Solórzano Borragán, N. (eds.) *European Union Politics*, 7th edition, Oxford University Press, pp. 389-402.

Genschel, P. & Jachtenfucs, M. (2021) 'Postfunctionalism reversed: solidarity and rebordering during the Covid-19 pandemic', *Journal of European Public Policy*, vol. 28. no. 3, pp. 350-369.

Gera, V. & Casert, R. (2022) '3 EU prime ministers visit Kyiv as Russian attacks intensify', *AP*, 16 March 2022.

Goebel, N. (2015) 'Merkel talks tough on Greece', *Deutsche Welle*, 18 June 2015.

Guild, E., Costello, C. & Moreno-Lax, N. (2017) 'Implementation of the 2015 Council Decisions establishing provisional measures in the area of international protection for the benefit of Italy and Greece', European Parliament Study Paper (LIBE Committee).

Harding, L. (2015) 'Angela Merkel defends Germany's handling of refugee influx', *The Guardian*, 15 September 2015.

Haslam, S. A., Reicher, S. D. & Platow, M. J. (2020) *The New Psychology of Leadership: Identity, Influence and Power.* 2nd edition, Routledge.

Herszenhorn, D. M., Barigazzi, J. & Montaz, R. (2020) 'Virtual summit, real acrimony: EU leaders clash over 'corona bonds'', *POLITICO*, 27 March 2020.

Hodson, D. & Puetter, U. (2022) 'The Euro Crisis and European integration', in Cini, M. & Pérez-solórzano Borragán, N. (eds.) *European Union Politics.* 7th edition, Oxford University Press, pp.375-388.

Howarth, D. & Schild, J. (2021) 'Nein to 'Transfer Union': the German brake on the construction of a European Union fiscal policy', *Journal of European Public Policy*, vol. 43, no. 2, pp. 209-226.

Kingsley, P. & Traynor, I. (2015) 'EU borders chief says saving migrants' lives 'shouldn't be priority' for patrols', *The Guardian*, 22 April 2015.

Kriesi, H., Altiparmakis, A., Bojar, A. & Oana, IE. (2021) 'Debordering and re-bordering in the refugee crisis: a case of 'defensive integration'', *Journal of European Public Policy*, vol. 21, no. 3, pp. 331-349.

Lake, D, A., Martin L, L. & Risse, T. (2021) 'Challenges to the Liberal Order: reflections on International Organization', *International Organization*, vol. 75, Special Issue 2, Spring, pp. 225-257.

Lavenex, S. (2018) ''Failing forward' towards which Europe?: organized hypocrisy in the Common

European Asylum System', *Journal of Common Market Studies*, vol. 56, no. 5. pp. 1195-1212.

Libya & Italy (2017) Memorandum of understanding on cooperation in the fields of development, the fight against illegal immigration, human trafficking and fuel smuggling and on reinforcing the security of borders between the State of Libya and the Italian Republic, 2 February 2017.

Marsh, S. & Jones, G. (2012) 'Nearly half of Germans want Greece to leave euro: poll', *Reuters*, 5 June 2012.

Matthijs, M. & McNamara, K. (2015) 'The Euro Crisis' theory effect: northern saints, southern sinners, and the demise of the eurobond', *Journal of European Integration*, vol. 37, no. 2, pp. 229-245.

Mazza, J. & Scipioni, M. (2022) 'The brief rally around the flag effect of COVID-19 in Europe', JRC Technical Report of the Joint Research Centre of the European Commission.

Merkel, A. (2020) Regierungserklärung von Bundeskanzlerin Merkel in Berlin vor dem Deutschen Bundestag, 18 Juni 2020, Berlin.

Michalopoulos, S., Eck, D. & Radosavljevic, Z. (2020) 'Portugal slams Dutch finance minister for 'repugnant' comments', *Euractiv*, 30 March 2020.

Müller, P. & Slominski, P. (2021) 'Breaking the legal link but not the law?: the externalization of EU migration control through orchestration in the Central Mediterranean', *Journal of European Public Policy*, vol. 28, no. 6, pp. 801-820

Netherlands (2022) Non-paper support for efficient and sustainable Covid-19 recovery, 26 May 2022.

Niemann, A. & Zaun, N. (2018) 'EU refugee policies and politics in times of crisis: theoretical and empirical perspectives', *Journal of Common Market Studies*, vol.56, no.1, pp.3-22.

Norris, P. (2005) *Radical rights: Voters and parties in the electoral market.* Cambridge University Press.

Pew Research Center (2011) Muslim population by country, 27 January 2011.

Pew Research Center (2012) European unity on the rocks, Global Attitudes Project, 29 May 2012.

Sauer, P. (2022) 'Scholz, Macron and Draghi vow support for Ukraine's EU bid on Kyiv visit', *The Guardian*, 16 June 2022.

Schaart. E. (2020) 'Dutch finance minister acknowledges lack of empathy on corona bonds', *Politico*, 31 March 2020.

Schäuble, W. (2011) A Comprehensive strategy for the stabilization of the Economic and Monetary Union, Speech by the German Federal Minister of Finance Dr Wolfgang Schäuble Brussels Economic Forum, 18 May 2011.

Schmidt, V, A. (2020) *Europe's crisis of legitimacy: governing by rules and ruling by numbers in the Eurozone.* Oxford University Press.

Schramm, L. (2023) 'Economic ideas, party politics, or material interests?: explaining Germany's support for the EU corona recovery plan', *Journal of European Public Policy*, vol. 30, no. 1, pp. 84-103.

Spiegel, P. (2014) 'How the euro was saved', *Financial Times*, 12 May 2014.

Stevis, M. & Talley, I. (2013) 'IMF concedes it made mistake on Greece', *The Wall Street Journal*, 5 June 2013.

The Members of the European Council (2020) Joint statement of the members of the European Council, 26 March 2020.

UNHCR (2014) 'UNHCR concerned over ending of rescue operation in the Mediterranean', UNHCR Briefing Note, 17 October 2022.

UNHCR (2016) 'UNHCR expresses concern over EU-Turkey plan', UNHCR News, 11 March 2016.

UNHCR (2017) 'Desperate journeys: refugees and migrants entering and crossing Europe via the Mediterranean and Western Balkans routes', UNHCR Europe Bureau Report, February 2017.

UNCHR (2022) Mediterranean situation, Operational Data Portal, Refugee Situation.

UNHCR(2023) Ukraine refugee situation, Operational Data Portal.

Van Spanje, J. (2010) 'Contagious parties: anti-immigration and their impact on other parties' immigration stances in contemporary Western Europe', *Party Politics*, vol. 16, no. 5, pp. 563-586.

Visegrad Group (2016) Joint statement of the heads of governments of the V4 countries, Bratislava, 16 September 2016.

Zaun, N. (2018) 'States as gatekeepers in EU asylum politics: explaining the non-adoption of a refugee quota system', *Journal of Common Market Studies*, vol. 56, no. 1, pp. 44-62.

Zaun, N. (2022) 'Fence-sitters no more: Southern and Central Eastern European member States' role in the deadlock of the CEAS reform', *Journal of European Public Policy,* vol. 29, no. 2, pp. 196-217.

第5章
ブレグジット後の欧州安全保障
——大国間競争時代への適合か

小林　正英

　EU安全保障政策へのブレグジットによる影響は、比較的軽微である。それは、そもそも2010年頃からEU安全保障が停滞していたためであり、さらにいえば欧州での各国間的な安全保障協力が同時に構築されつつあったためであった。大規模軍事侵攻などに対処するような集団防衛は依然としてアメリカの関与を必要とすると考えるなら、そのような欧州独自の安全保障政策が成立しうると考えられるのは遠征任務においてであり、英仏を主軸とする、逆に言えばEUという枠にとらわれない各国間的な安全保障協力とは親和性が高い。

　ブレグジットは単なる個別事象ではなく、いわゆるポピュリズムの現れとして、「リベラル国際秩序（LIO）」への揺さぶりでもあった。そのように捉えるとき、次元は異なるが、ロシアによるウクライナ軍事侵攻もまた、LIOへの衝撃であった。LIOという大枠の中で規範パワーとして、少なくとも生来の国民国家とは異なる、リベラルな規範を掲げて成立しているEUは、存立の基盤を危うくされつつあった。

　特に、安全保障政策面では、グローバルなLIO-3の可能性が当面遠ざけられたことは打撃となった。具体的には介入規範としての「保護する責任」の休眠である。同時に、国連安保理決議のもとでの活動を原則としていたEU安全保障は停滞に追い込まれた。実は、そのことは、欧州でEU安全保障に代わって各国間協力が構築されつつあった背景でもあった。

　ただし、そのような中で、それでも模索されたのが欧州の主体性であり、その表れが、「戦略的自律」に代わる（というより「加えて」の）「欧州主権」言説であった。EUという枠組みを尊重しつつ、必ずしもそれに縛られず、欧州独自の遠征任務の可能性が模索されつつある。このことは、ブレグジットへの回答であると同時に、LIO-3への展望が後退した大国間競争という環境に、欧州として適合しようとしている姿でもある。

第1節　ブレグジットの影響は軽微

　EU の安全保障政策分野、いわゆる共通外交・安全保障政策（CFSP）は、幾多の葛藤を経ながらも現状として政府間主義を基調としている。さらに、伝統的にイギリスが EU としての独自の安全保障政策の展開に消極的であった。したがって、イギリスの EU 離脱によって被る影響は、EU の他の政策分野に比してそもそも軽微である。

　2020 年をもってブレグジットの移行期間が完全に終了したことで、イギリスが EU の CFSP に参加する法的根拠を完全に喪失したことは事実である。しかしながら、共通安全保障・防衛政策（CSDP：CFSP の軍事行動部門）オペレーションは初期にひととおりの展開を見て以降、特に 2010 年頃以降低調であり、イギリスの参加が完全になくなったとしても、さほどの影響はないといっても過言ではない。

　CFSP は、EU 設立にともなって創造されたものである。それ以前は、あくまでもそれまでのヨーロッパ統合の中心機構であった EC とは別枠としつつ、欧州政治協力（EPC）や欧州理事会といった外交・安全保障政策に関する協力枠組みが 1970 年代から構築されていた。EU では、それらを前身に、「たえずいっそう緊密化する連合」、そして「最終像（finalité）」の確かならぬ統合体として、外交・安全保障分野を経済統合の流れに合流させたものであった。

　1990 年代終盤から 2000 年代初頭にかけては、CFSP、特に CSDP の展開・発展は活発化した。特に 1990 年代の一連の旧ユーゴ紛争に欧州主体で取り組めなかったこと、そしてそれを契機のひとつとしてブレア政権のイギリスが EU としての安全保障政策構築推進に（一時）舵をきったことで、主に 2000 年代には実体化し、旧ユーゴのみならずアフリカや中東でも部隊展開を実現していった。

　しかし、初代の CFSP 上級代表を務めたソラナ元 NATO 事務総長退任後は、2007 年のブレア政権退陣や同年 12 月のリスボン条約署名とほぼ時を同じくして停滞に陥った。この停滞の問題については本章内で改めて考察するが、ともかく、2010 年頃以降は EU としての軍事展開は後景に退いていた。代わって

展開されているのが、EU の名を冠しながらも実態としては各国の協調行動に近い海洋安全保障協力であったり、EU の枠組みにとどまらない各国間協力であったりという状況であった。このうち、前者については現状でイギリスの参加は見られないものの理論上は協調行動が可能であり、後者についてはすでにイギリスを含む様々な各国間協力や協議が実施されている。以上から、意外に感じられるかもしれないが、結果的に安全保障政策面でのブレグジットの影響は比較的軽微である。

第2節　ブレグジットの影響の現状

　ブレグジットをめぐる政治状況（あるいは離脱をちらつかせた EU 改革要求交渉）の中で合意された 2016 年 2 月の欧州理事会の結論文書でも、安全保障分野はほとんど問題になっていなかった（European Council 2016）。わずかに、「EU 条約第 4 条第 2 項にて、国家安全保障は各加盟国の権限」であるとされていることを確認しているのみである。しかも、これが言及されているセクションは「主権」であって、この文書には「安全保障」というセクションがそもそも存在しない。2016 年の EU 離脱をめぐるイギリス国民投票の数日後には安全保障に関する EU の主要文書『EU 世界戦略（EUGS: EU Global Strategy）』が採択されているが、もちろんブレグジットを織り込んだものではない。

　その後も、安全保障政策はブレグジットの影響を受けてはいるようには見えない。2018 年にはイギリスの EU 離脱協定の交渉開始に際し、その大枠について定める英 EU 政治宣言が合意された（Political Declaration 2019）。ここでも、CFSP 分野に関しては特に積極的な内容もない代わりに特に消極的な内容もない。強いて言えば「対外政策、安全保障および防衛」の項目では、両者の相互利益に資する場合は専門家の派遣を実施する程度の言及にとどまる。その後も、離脱交渉の中で安全保障政策が特に取り上げられた形跡はない。

　ブレグジット後に CFSP はむしろ進展するのではないかとの議論もあった。口火を切ったのはフランスであった。2017 年 5 月の選挙でマクロン新大統領が誕生すると、ヨーロッパ統合推進のアジェンダの中で CFSP 強化を打ち出す。これを契機に EU の枠組みで活用されることになったのが、常設構造化協力

（PESCO: Permanent Structured Cooperation）条項であった（PESCO をめぐる議論については Biscop 2018）。

　PESCO は、EU 条約第 42 条 6 項に定められた「軍事的能力に関して非常に高い基準を満たし、極めて高い要求を伴うミッションに関して互いにさらに義務を引き受けた加盟諸国」が参加する協力枠組みであり、安全保障政策に関する EU 内の先行統合あるいは有志連合を構築するしくみである。そもそもは、欧州憲法条約の交渉過程で、EU に明確な集団防衛条項を備えようとする際に、これに参加する国々を差別化し、格段の防衛努力を求めようとした中で案出された条文であった。最終的に、欧州憲法条約成案では集団防衛条項とは切り離され、EU 内有志連合を構築するという当初構想された意義は失われた。同条項は欧州憲法条約の批准失敗を経つつも、リスボン条約の条文として成立した（欧州憲法条約草案交渉の中での常設構造化協力条項形成過程については以下を参照。小林 2009: 174-179）。だが、イギリスの EU 離脱まで起動されることはなかった。ユンカー欧州委員長は PESCO を「眠れる森の美女」と呼んだ（Juncker 2017）。

　ブレグジット決定後、比較的迅速に事態は進展し、2017 年 12 月 11 日の理事会で PESCO 条項は発動されることとなった（European Council 2017）。同条項発動で期待されたのは、同条項が本来想定していた機能、すなわち有志連合的な先行統合の実現による機動的な EU 安全保障政策の強化と、実際的な EU 安全保障能力の強化であるはずだった。しかしながら、またしても期待は裏切られることとなる。「PESCO への祈り」「PESCO の嘆願」などの論考を発表して PESCO 条項の活用を訴えていた EU の安全保障政策に関して著作の多い論者が、PESCO 条項発動決定当初、「PESCO をためらうな」「PESCO にチャンスを与えよ」と論じていたものが、それから 2 年経って 2020 年になっても「チャンスをムダにするな」と論じているのが非常に示唆的である（さらに言えば、後者では「なぜ PESCO は機能しないのか」を切々と論じつつ、それでもここからの打開策を論じている）（Biscop 2017a, 2017b, 2017c, 2018, 2020）。

　いったい PESCO はどうなってしまったのか。まず、これまでのところ、PESCO は有志連合的な先行統合と必ずしも見なされていない。結局 PESCO には（その時点ではまだ EU 加盟国であった）イギリスを除く EU27 カ国のうち 25 カ国が参加することとなった。ほぼ全加盟国が参加するものを先行統合とは呼

ばない。PESCO に参加しなかったのは、イギリスを除けばマルタと、CSDP を適用除外としているデンマークのみであった。デンマークについて言えば、その後、2022 年 6 月 1 日の国民投票で同適用除外撤回が決定したため、翌 7 月 1 日から CSDP に参加した。PESCO への参加も近日中に実現するものと考えられる（Danish Ministry of Defence 2022）。この過程には、可能な限り多くの加盟国が参加することを望んだドイツと、先行統合的な意味合いを強めようとしたフランスとの確執があったと言われている。PESCO の枠組みで採択されたプロジェクトには欧州防衛基金（EDF: European Defence Fund）からの資金が拠出されることもあって、結果として PESCO に参加したほぼすべての国が何らかのプロジェクトを主導する調整国となっている。

　また、平等主義の結果と言ってもいいだろうが、PESCO には方向性の欠如と規律の弛緩が指摘されている（Biscop 2018: 6-9）。方向性の欠如と指摘されるのは、1999 年のヘルシンキ・ヘッドライン・ゴールのような、目標とする能力構築によって具体的にどのようなミッションが達成できるようになるべきかという例示的なシナリオの不在である。また、規律の弛緩とは、前述のような例示的シナリオの不在によって、各国はもっぱらそれぞれの能力達成目標に貢献する計画を立案し、PESCO への参加は EDF 資金の活用のために他ならなかったと指摘されるところである。

　以上見てきたように、ブレグジットに関連して安全保障政策はほぼ議論になっていないのみならず、これを契機として新たに EU で発動された PESCO 条項も従来的な各国の能力構築以上のものにはつながっておらず、したがってブレグジットによる CFSP への影響は、積極的な意味でも消極的な意味でも軽微であったと言えるだろう。

第 3 節　欧州安全保障における二国間協力への注目

　他方で、欧州の安全保障では 2010 年前後から EU 次元での停滞と各国間ベースでの協力の台頭が見られるようになっていた。2010 年 11 月 2 日に署名された、いわゆる英仏ランカスターハウス条約で、同条約の必要性を論じる際に、既に「EU 次元での安全保障協力の停滞を補完するため」との指摘が入っ

ている。ブレグジットの衝撃が、欧州の安全保障という側面において限定的であったのは、このためでもあった。以下に欧州主要各国間での協力枠組みについて整理する。

欧州主要国間の二国間安全保障協力で最も存在感を発揮しているのは、前述の 2010 年の英仏ランカスターハウス条約である[1]。共同統合遠征部隊（CJEF: Combined Joint Expeditionary Force）の創設や空母協力などが定められている[2]。

英仏両国間のランカスターハウス条約を基盤にした協力関係は、ブレグジットを乗り越えて 2020 年には 10 周年記念式典を開催し、その後も稼働中である。条約中に謳われた CJEF は、条約署名 10 周年の 2020 年 11 月 2 日に 1 万人規模の部隊が展開可能となったと宣言された[3]。それだけでなく、英仏両国は対「イスラム国（IS）」共同航空作戦の実施、フランスによるマリ軍事展開に関するイギリスの支援、イギリス主導のエストニアにおける NATO 前方展開へのフランス軍の参加など、実際的な協力関係を深めている。

英仏協力が進捗している背景には、英仏両国の外交・安全保障政策における親和性がある。イギリスもしくは EU 加盟国で、遠征任務への志向性と必要性と能力を有しているのは基本的に両国のみである。振り返ってみれば、そもそも 1998 年 12 月のあまりにも有名な英仏サン・マロ合意は EU 安全保障政策の礎となった部分が注目されるが、アフリカに関する協力を定めたもう一本の英仏サン・マロ合意が存在する（Chafer and Cumming 2010: 1132）。英仏サン・マロ合意は、これら全体として英仏両国の安全保障上の関心の収束するところであったと考えるべきであろう。ランカスターハウス条約で合意された協力内容は、EU としての能力構築とアフリカでの協調が表裏一体であるとするならば、その意味で遠征能力に主眼をおいたものと考えるべきである。後述する欧州介入イニシアティブ（EI2: European Intervention Initiative）についても同じことが言える。

また、遠征任務への注目という観点からは、イギリスのオランダとの安全保障協力も目を引く。2018 年の英蘭共同ビジョン宣言では、さまざまな具体的協力事項が言及されている（UK Parliament 2021）。すなわち、国連および NATO 枠内での協力に加え、統合遠征部隊（JEF: Jojnt Expeditionary Force）での協力、さらには対「イスラム国」作戦における協力や NATO 超即応統合任務部隊

(VHRJTF: Very High Readiness Joint Task Force) での協力などである。実際に、2021年9月に英海軍「クイーンエリザベス」空母打撃群が来日した際には蘭海軍艦艇が含まれていたことは記憶に新しい（自衛艦隊 2021）[4]。

この英蘭共同ビジョン宣言での具体性や遠征任務への注目は、欧州諸国で同様にイギリスと共同ビジョン宣言に署名しているドイツと比較すると明瞭である。そもそも英独宣言は当初 2016 年頃に予定されていたものであったが、その時点では内容的に不明確な、共同宣言発出自体に意味を見出すようなものとされていた（von Robert 2016）。これは、同時点で想定されていた在独英軍の撤収のフォローが主眼であったと考えれば理解できる。それがイギリスの EU 離脱と駐留の一部継続に伴って内容を若干修正しつつ 2018 年の署名が実現したものであろう。

最終的に 2018 年 10 月に英独共同ビジョン宣言としてまとめられた二国間共同宣言は、サイバー分野での協力や政治協議の拡充なども謳いつつも、中核的内容としてはイギリス軍のドイツ駐留と訓練場使用の継続という堅実なものである（UK Ministry of Defence and The Rt Hon Sir Gavin Williamson CBE MP 2018; Reuter 2018; Bundesministerium der Verteidigung 2018）。また、「東からの脅威だけでなく、南からの脅威にも対応すべきと彼（英国防相：引用者注）は議論した」、「海外展開可能な軍事能力の構築をパートナーとともにすすめていくべきと彼（英国防相：引用者注）は宣言した」となっているのが興味深い。これらはいずれも遠征任務関係であるが、現状ないし実績ではなく、あくまでも将来的な希望であり、さらに言えば両国間の合意でなく、単なるイギリス側の意向表明である。英蘭宣言との温度差は明確であろう。

二国間協力は EU のダイナモでもある仏独両国間でも企画されたが、少なくとも安全保障政策分野では現時点で必ずしも効果的なものとはなっていない。仏独両国間では、2019 年 1 月 22 日に仏独協力条約（通称アーヘン条約）が署名された。これは、1963 年の仏独協力条約（通称エリゼ条約）をアップデートするものとしてマクロン仏大統領から呼びかけられたもので、翌 2020 年 1 月 22 日に発効した。同条約では、各方面での二国間協力の増進、特に安全保障政策面では国連、NATO、それに EU 枠内および仏独二国間の協力、なかでも仏独防衛・安全保障理事会の定例化が謳われるなどした。その後、同理事会は 2019

年と 2021 年に開催されているようだが、二国間協力に顕著な推進力を与えている様子はない。

これらの他、完全な二国間協力ではないが、NATO 枠内の各国間協力として 2014 年 NATO ウェールズ首脳会議で合意された枠組み国家概念（FNC: Framework Nation Concept）でのものがある。イギリス主導の統合遠征部隊とドイツ主導とイタリア主導のものがある。特にイギリス主導の統合遠征部隊はイギリスの他、北欧理事会五カ国（スウェーデン、フィンランド、ノルウェー、アイスランド、デンマーク）、バルト三国（エストニア、ラトビア、リトアニア）とオランダが参加しており、2022 年のスウェーデンとフィンランドの NATO 加盟申請が承認されればすべてが NATO 加盟国となるとともに、イギリスとノルウェーとアイスランドを除く 7 カ国は EU 加盟国でもある。他方、ドイツ主導の FNC はドイツとスイス、ベネルックス以東のほぼすべての NATO ないし EU 加盟国を含む 21 カ国という大所帯であり、やはり基本的に集団防衛能力に焦点を当てている（田中 2019）[5]。FNC としては他にイタリア主導のものもあるが、進捗は芳しくないとされている（Monaghan and Arnold 2022）。

また、フランス主導の EI2 も直接的には EU や NATO といった枠組みを超えた各国間的な安全保障協力である。英仏独伊に加え、ベネルックス三国からベルギーとオランダ両国、バルト三国からエストニアのみ、北欧理事会五カ国からはアイスランドを除く四カ国、それにスペインとポルトガルという、意図的に包括性を回避したかのような参加国となっている。EI2 は、具体的な部隊展開を実施しようとする協力ではなく、「共有された戦略文化」醸成の試みであるとされる。曰く、「次なる 10 年には、欧州は共通の介入部隊、共通の防衛予算、共通の行動ドクトリンを確立する必要がある」とする。すなわち、EI2 は、集団防衛ではなく域外関与、具体的な能力構築ではなく戦略の収斂を目指すことで他の欧州安全保障協力とは一線を画す。

このように、欧州安全保障では EU 次元での停滞という認識のもと、英仏を軸とした遠征任務関係での各国間協力の次元の活発化が見られる。

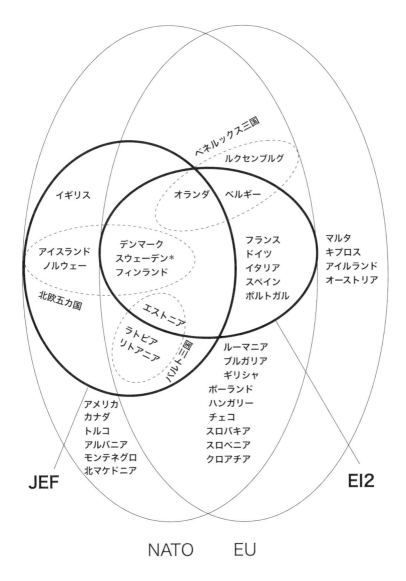

ベネルックス三国
ルクセンブルグ
イギリス
オランダ
ベルギー
マルタ
キプロス
アイルランド
オーストリア
アイスランド
ノルウェー
デンマーク
スウェーデン*
フィンランド
フランス
ドイツ
イタリア
スペイン
ポルトガル
北欧五カ国
エストニア
ラトビア
リトアニア
バルト三国
ルーマニア
ブルガリア
ギリシャ
ポーランド
ハンガリー
チェコ
スロバキア
スロベニア
クロアチア
アメリカ
カナダ
トルコ
アルバニア
モンテネグロ
北マケドニア
JEF
EI2
NATO
EU

図　欧州安保構造図（筆者作成）
＊スウェーデンは 2023 年 4 月 4 日時点で加盟議定書批准手続きが進行中。

第4節　EUの枠組みでの各国間協力

　EU安全保障政策の停滞が言われる中、実はEUとしてのオペレーションも実態としては各国間協力として実施される傾向にある。詳細にEUの軍事作戦展開実績を観察すると、実は2008年から2012年にかけて、極端に新たなオペレーションの展開が減少していることがわかるが、その閑散期の入口で開始されたのがアタランタ作戦（EUNAVFOR Atalanta）であった（アタランタ作戦については、小林2017a）。ソマリア沖海賊対策として展開された同作戦は、EUとしてのオペレーションではあるものの、比較的自律的な各国の海軍艦船が協調行動をとるものであり、さらにその自律性を生かしてアメリカ、ロシア、中国、日本を含む多くの国の海軍艦船が入り乱れた同海域での活動は円滑に調整された。アタランタ作戦は2023年現在も継続中である。

　このような比較的自律的な各国海軍艦船の協調行動にEUという枠組みを被せる方式は、その後の西アフリカ、ギニア湾沿岸での大西洋海域で協調型海洋プレゼンス（CMP: Coordinated Maritime Presence）にも見られる。CMPは、EUとしての関与は極小化されたEU各国による有志連合オペレーションである。実際、EUのCFSPオペレーションとはカウントされていない。

　CMPは、2019年8月の非公式国防相会合で初めて議論された[6]。公式には、翌2020年6月の欧州理事会結論文書で言及されたのが最初となった。のち、さらにその翌年の2021年1月の理事会の結論文書でギニア湾を対象海域とするCMPの試験運用が決定された（Council of the European Union 2021）。

　同結論文書によれば、CMPは各国による展開であり、理事会の関与は間接的かつ限定的である。理事会が担うのは、「関心海域（MAI: Maritime Area of Interest）」の設定と「関心海域調整セル（MAICC: Maritime Area of Interest Coordination Cell）」の設立、政治的コントロールと戦略的ガイダンスの提供である。加盟国間およびパートナーの間での海洋安全保障に関する情報の「自発的な共有の増進の重要性はハイライトされる」（EEAS 2022）。EUの旗を立てつつも、実態としてはあくまでも加盟国主体の活動であることが色濃く滲み出ている。

少なくとも現時点でCMPはEUおよびEU各国から高く評価されている様子がうかがえる。その後、ギニア湾でのCMP展開は当初の試験展開を経て2年間の延長が決定された（Council of the European Union 2022a）。また、新たに北西インド洋でアタランタ作戦と並行してCMPを展開することも決定された（Council of the European Union 2022b）。さらに、2021年9月に策定されたEUインド太平洋戦略では、インド太平洋でのCMP展開の可能性も探ることが明記されている（High Representative of CFSP 2021）。付け加えると、フィリピンと中国の間で争われた南シナ海に関する仲裁裁定に揺れていた2016年の時点で、フランスのルドリアン外相は、既に同海域における欧州各国海軍の「可能な限り定期的で可視的なプレゼンスを実現するための調整」に言及している（Le Drian 2016; 小林 2020: 200）。

　EU安全保障政策の各国間協力化という観点で振り返ると、実はEU条約第42条7項の集団防衛条項も、各国間的なものであった。EUの集団防衛条項は、2016年11月のパリ同時多発テロで発動され、注目された。ただ、NATOの集団防衛条項とは異なり、その発動の決定過程や発動メカニズムが不透明だったことで、大いに戸惑いを与えることとなった（鶴岡 2016: 71-72）。北大西洋条約第5条に規定されるNATOの集団防衛条項は、2001年のアメリカ同時多発テロの際に初めて発動された。このときは北大西洋理事会で決定され、NATO最高司令部の指揮の下で部隊が稼働されるという、非常に明瞭なプロセスであった。しかしながら、EUの集団防衛条項の際には、フランスからの発動要請に対し、各国が個別に応じるという五月雨式とも言うべき発動様式となったのである。欧州安全保障の議論の中心を占めてきたNATOでの様式とは非常に異なる有様であった。ただ、最終的にはEU加盟国のほぼすべてが、軍事的手段および非軍事的手段などの各国が可能な範囲で支援を実施したのも事実である[7]。

　加えて、EUの共同体予算枠外での対外支援枠組み、欧州平和ファシリティ（EPF: European Peace Facility）も各国間的なものである。EUの軍事展開の費用負担の問題は、長年にわたってEUの外交・安全保障政策（CFSP）の特に軍事政策部分である共通安全保障・防衛政策（CSDP）の共同体化と政府間主義存続の駆け引きの材料となっていた（CSDP予算問題については、小林 2007: 226; 小林 2022:

305-308)。

　元来、CSDP を含む CFSP 部門は EU 設立以来政府間主義的な性質を維持しており、オペレーションの予算も原則参加各国の個別負担としながら、一定の共同負担の部分も存在するという状況であった。これが、EU 安全保障政策の独自性確保や NATO との棲み分けの問題などから民軍融合的なオペレーションが展開されるようになると、EU 予算の活用の議論、同時に CFSP オペレーションの予算監督を通じた欧州委員会の CFSP への関与が議論されるようになった。

　さらに、2009 年にリスボン条約が発効し、機構改革の結果、欧州対外行動庁（EEAS）が発足して CFSP 上級代表が委員会の対外政策担当副委員長を兼任し、委員会のスタッフと理事会のスタッフ、それに各国からの人員の混成で CFSP が担われるようになると、共同体化の圧力と各国間主義的な性質の存続のせめぎあいは激しさを増していった。

　その中で、開発支援の予算と CSDP オペレーションの予算の合流もあらためて試みられていた。軍事関連の支出を禁じた EU 条約での共同体予算に関する規定に縛られる結果として、治安維持関連の装備の供与もできなくなるため、CSDP 関連予算はあらためて脱共同体化されたのである。結果として、2021年には完全に各国間ベースの EPF となっていた。これにより、2022 年 2 月 24日のロシアによるウクライナ軍事侵攻に際しても、EPF を通じてのウクライナへの武器供与が可能になった。

　ただし、EPF はあくまでも各国間ベースでの運用のため、一体的な運用や透明性という観点では評価されにくいものとなっているのも事実である。例えば、EU 各国はロシアによるウクライナ軍事侵攻開始後、2023 年 3 月まで 350億ユーロの EPF を通じた支援を決定している (Council of the European Union 2023)。しかし、EPF への拠出も、また EPF を通じた支援も各国ベースであるため、どの国がどれだけ実際に EPF に拠出し、どの国がどれだけ EPF の資金を利用してウクライナに武器支援などを実施したのかは、次第に明らかになりつつあるいとはいえ、現時点で俯瞰的に把握することは難しい。

第5節　リベラル国際秩序のゆらぎの中の欧州安全保障

　さて、本書ではブレグジットを単独の事象ではなく、リベラル国際秩序（LIO）のゆらぎという視点から捉え直すことを試みている。ブレグジットは、2022年2月24日のロシアによるウクライナ軍事侵攻とともに、「ポスト冷戦期のLIO（リベラル国際秩序）が内と外から挑戦を受けた事象として学術的に検討すべき」（本書の序章）とする視点である。この観点から、リベラル国際秩序のゆらぎの中のEU安全保障について検討してみたい。

　まず、国際安全保障におけるリベラル国際秩序とはなにか。リベラル国際秩序自体は「何十年、何世紀にわたって進化しても、中核となる考え方をめぐる議論について決着を見ない」（アイケンベリー 2021: 33-34）。ただ、国際秩序としては「（…）主権国家が、緩やかながらもルール本位の国際空間内で相互の利益と保護のために協力するような秩序」というのが基本線である（アイケンベリー 2021: 34）。

　その前提で、LIO に対する内外からの挑戦を因数分解すると、ブレグジットは第一義的には主要加盟国の脱退という意味でEUという国際社会の組織化の試みのひとつを弱体化させるがゆえにLIOを揺るがせている。特に、EU離脱をめぐる論戦の中で掲げられたモットー、「Take Back Control」はイギリスの主権性の回復を訴求したものであり、LIOの特性である国際社会の組織化の方向性に再考を迫るものである。それだけでなく、特にEU離脱派の議論がポピュリズムの色彩を強く帯びたものであったことは、LIOが中核的に掲げる自由民主主義を蝕むものであることも懸念させた。ポピュリズムは、イギリス以外のEU加盟国についても議論されるものであり、さらにはLIOの「盟主」たるアメリカでのトランプ政権に関しても指摘されるものである。

　ロシアによるウクライナ軍事侵攻は、主にLIOの国際秩序としての側面への打撃である。本件に関するロシア側の言説には、冷戦後のロシアの影響力回復、そして冷戦後の西側民主主義諸国による介入主義への意趣返しといった要素が色濃く滲んでいる。冷戦後、ソ連の崩壊とともに混乱に陥ったロシアが大国としての扱いの回復を希求し続けたこと自体の是非は、個別の外交目標の設

定の問題としてひとまず置く。しかし、2022年のウクライナ軍事侵攻につながるロシア近隣地域への一連の軍事行動、すなわち2008年のジョージアへの介入や2014年のクリミア半島の一方的併合などの背景に、この要素があったとすれば、国際秩序への打撃要因として数えられるであろう。ある種の外交目標の設定と、それに基づいた対外的な軍事行動の実行の間には、本来は安易に超えてはならない線がある。それがLIO–1とも言われるリベラルな無差別戦争観に裏打ちされた基盤的な国際秩序であり、国際連合憲章第2条第4項に結実している規範である。

　他方で、近年、その「安易に超えてはならない線」を超えた事例がコソボの事例であった。人道的干渉をめぐる議論の詳細についてはここではふれないが、最終的に主権国家内の「人道的大惨事」を食い止めるためとして、安保理決議による明示的な授権なき「国際社会」による軍事介入が実施され、コソボのセルビアからの分離独立という結果をもたらした。ただし、軍事介入に至るまでは可能な限り安保理決議が積み重ねられ、さらに軍事介入開始後は即時停止を求める安保理決議案がロシアから提出されて否決されていることをもって、「暗黙の授権」との解釈も成立する。結果、同事例は「違法だが正当」とも議論されることとなった。国家主権（と内政不干渉）の規範と人道規範が衝突し、米欧を中心とする「国際社会」は人道規範を優先したのである。この教訓を踏まえて、2006年には国連総会で「保護する責任」決議が成立した。「保護する責任」とは、介入の是非を介入する側あるいは介入される側といった、言わば国家主権の観点から論じるのではなく、保護されるべき側としての国民を視野の中心に据えることで議論を整理したものであった。すなわち、本来、国民を保護すべきなのはその国民が属する国家であることを前提として確認しつつ、しかしながら同国家がその責務を果たし得ていないときには、国際社会が同国家に代わってその責務を果たすとしたものであった。必ずしも正面から国家主権の至上性を否定したものではないが、国民保護の責務という観点を中心に据えることで、そこに風穴を開けるものであった。ただし、最終的な介入の可否は国連安保理決議を要することとされ、2011年にリビアに関する決議が採択されて以降、軍事介入の論拠としては用いられていない。それでも、安保理常任理事国が拒否権を行使しないような問題であれば、国家主権の至上性の壁を

超えて、「人間の安全保障」の観点から国際社会が介入する経路は切り拓かれたといってよい。

　安全保障主体としてのEUも、「保護する責任」で示されたような、場合によっては国家主権至上主義を乗り越えるLIO-2ないしLIO-3の趨勢に沿うものであった。EUの外交・安全保障政策の初代上級代表であったソラナと二代目上級代表を務めたアシュトンはともに正しさについて語り、軍事力行使の正当性を論じた。違いは、ソラナは直接的には「驚くほどに価値に言及しな」かったが、「手続き的な正しさについては繰り返し言及」し、価値については「国連憲章および他の国際レジームや諸条約に結実している基本的な価値」という言い回しで間接的に参照した。「他方でアシュトンは直接的に価値について言及」した。「特に法の支配を確立することによって得られる『深い民主主義（deep democracy）』という言い回しは独特なものであ」った（小林 2015: 296）。

　そもそも、2000年代中盤のCFSP停滞の背景にあったものはなんだろうか。時期的には、ブレア政権やソラナ初代CFSP上級代表の退任、欧州憲法条約批准失敗に見られる欧州統合そのものの停滞、あるいは「手堅い」メルケル政権や仏オランド政権の登場、リスボン条約発効に伴う機構改革に忙殺されたことなども言及されうるだろう。ただ、オペレーションの観点から見ると、停滞の直接の契機となった（あるいは停滞を決定づけた）のは、リビアでのCFSPオペレーション発動の失敗であるように思われる（小林 2017a, 2017b）。

　リビアまでは、EUはCFSPオペレーションの発動を積極的に模索していた。2000年代の「色の革命」に引き続き、2010年のチュニジア政変に端を発した「アラブの春」は、2011年にはリビアに波及し、同国は内戦状態に陥った。ここでEUはOCHA（国連人道問題調整事務所）エスコートとしてのオペレーションを企図したが、OCHAからの要請が実現せず、EUの作戦計画自体が（EUとしての決定が4月1日になされたこともあって）「エイプリルフール」とさえ言われることとなった。その後、CFSPオペレーションの展開は明確に停滞期に入る。他方、NATOとしてのオペレーションも実現せず、結局英仏両国を主体としたオペレーションとなった。このとき、「保護する責任」に言及した国連安保理決議を根拠としつつ、結果的にカダフィ政権転覆を支援することとなったため、特に中露両国はその後の「保護する責任」を根拠とした軍事介入の承認に

は二の足を踏むこととなったとされている。

　こうしてみると、リビアの事例は、EU や NATO（の紛争介入）の問題であったと同時に、国際安全保障の枠組みの問題でもあったことに気づく。第一に、「保護する責任」の停滞は、そのまま国連安保理を舞台とした大国間協調を基調としていた時代の終焉の兆候であった。爾後、特にロシアが中国の側面支援とともに国連安保理の制約を離れて周辺地域に介入していくこととなる。第二に、EU の CFSP オペレーションはあくまでも安保理決議を前提に展開されるものであったため、安保理を舞台とした大国間協調が期待できなくなった場合には、自ずから停滞することとなった。結果的に、CFSP はソマリア沖海賊対策やギニア湾での CMP など、グローバル・コモンズたる海洋にて、主に非国家主体を対象に、低烈度なオペレーションを中心に、各国間ベースで展開することとなっていくのである。

第6節　コソボとウクライナ

　LIO は、第一次世界大戦以後、第二次世界大戦以後、そして冷戦後と三段階に整理され、国際連盟や国際連合に代表されるような普遍的枠組みの中で進展を遂げてきた、あるいは遂げようとしてきたと論じられる。その中で、特にLIO-3 では「保護する責任」の議論に見られるような国家主権の至上性に風穴を開ける展開がある。近年のロシアの動きは、形式上はこれをなぞったものであると考えるとわかりやすい。

　ロシアは、2022 年のウクライナ軍事侵攻を、コソボの事例をもって正当化する（たとえば、Ingimundarson 2022）。軍事侵攻の直接の説明はウクライナからの独立をロシアが承認したドネックおよびルガンスク両共和国に対する集団的自衛権の行使とするものであるが、実質的な内容は、ウクライナ東部地域のロシア語話者の保護が語られている。確かに、コソボは、主権の規範とリベラルな無差別戦争観を人道規範によって超えた事例である。

　ただし、国際秩序の観点から見れば、コソボの事例と今般のウクライナの事例は異なる点がある。まず、軍事行動に至るまでの安保理決議の蓄積が後者では皆無である。つぎに、「暗黙の授権」、あるいは安保理権限の埒外であること

の確認の問題である。ロシアによるウクライナ軍事侵攻についても、停止決議案が安保理に提出され、ロシアの拒否権によって否決された。ここだけを見れば、コソボの事例と同様に、「停止させえない」ことが確認されたかに見える。しかしながら、コソボ空爆停止を求める安保理決議案の採決は、賛成3、反対12、棄権なしだったのに対し、ウクライナ軍事侵攻停止を求めた安保理決議案は賛成11、反対1、棄権3であった（United Nations 2022a）。賛否は真逆である。安保理での議論の趨勢がどちらにあったかは極めて明瞭であった。

　さらに、安保理の外に視野を広げても、コソボの事例は容認されつつある一方で、ウクライナの事例は拒絶されつつある。コソボの2008年2月17日の独立宣言は、同年10月8日のセルビア提案による国連総会決議のもと、国際司法裁判所に勧告的意見が求められたが、同裁判所は独立宣言の違法性を棄却したとともに、2022年現在でコソボの独立を承認した国は117にのぼるとされる（European Commission 2022: 124）。他方、今般のウクライナの事例では、2022年3月2日、同24日、4月7日、10月12日、11月14日、2023年2月23日にロシアを非難する決議が国連総会で採決され、それぞれ賛成が141、140、93、143、94、141と圧倒的な賛成で採択されている[8]（丸山 2023: 31-32; United Nations 2022b, c, d, f, g, 2023a）。

　なお、2014年3月27日のウクライナの領土保全に関する国連総会決議は、ロシアを名指しこそしなかったものの同国によるクリミア「併合」を念頭に置いたものであったとされるが、賛成100、反対11、棄権58であった（United Nations General Assembly 2014）。安保理決議こそ採択されえないものの、この時点でもロシア非難は優勢であった。情勢の経過を経て、その方向性はさらに明瞭になっていると言える。

　そもそも、コソボをそのまま繰り返さないために「保護する責任」決議が採択されたのであり、すでに同決議が成立しているにも関わらず、同決議採択以前の振る舞いを繰り返すのは逆行的である。ただ、今回、特にウクライナ軍事侵攻直後の安保理決議否決を経て、安保理での拒否権行使の際は10営業日以内に総会で説明を行うことを求める総会決議が無投票で採択されている（United Nations 2022e）。むき出しの力の行使に箍をはめる努力は継続していると言えるだろう。いずれにせよ、一見してコソボの論理をなぞったかのようなロ

シアの行動について、少なくとも国際社会の大部分の理解は得られていない。

第7節　欧州主権言説

　ロシア版 LIO-3 ともいうべき行動は国際社会の大部分の理解を得られていないが、それでも国連安保理の意思決定能力は麻痺し、大国間競争とも言われる時代環境も相まって、国連安保理決議を正当性の根源としてきた EU の安全保障政策は停滞している。そうした中で、新たに見られるようになった言説が「欧州主権」である。

　イギリスの EU 離脱決定から 1 年、2017 年春の仏大統領選挙は政治的契機となった。親欧州的勢力を糾合して大統領選を乗り切ったマクロン新大統領は、ブレグジット後の欧州統合再発進を視野に入れ、同年 9 月 26 日にソルボンヌ大学で演説を行った [9]。同演説は「主権的で民主的な欧州のためのエマニュエル・マクロンの演説（Discours d'Emmanuel Macron Pour Une Europe Souveraine, Unie, Démocratique）」と題されたもので、この中で、「欧州だけが、本当の主権性、言うならば現実世界の中でわれわれの価値と利益を守るためのわれわれの能力、を確かなものとすることができる」と述べ、「欧州主権」の意義と必要性について論じている。真の主権性はいまや欧州としてしか確保し得ないこと、そして欧州としての主権と欧州次元の連帯と民主性は三位一体であることを訴えたものである。EU 版の「Take Back Control」言説とも言える。

　欧州主権言説とほぼ重なり合う言説に「欧州の戦略的自律（strategic autonomy）」言説がある（以下「戦略的自律」言説と略）。この「戦略的自律」言説とはどのようなもので、「欧州主権」言説とはどのように違うのだろうか。

　「戦略的自律性」言説の EU 文書での初出は、確認できる限りで 2013 年の委員会のコミュニケーション「防衛・安全保障部門の競争力と効率性向上に向けて」である（European Commission 2013）。ただし、委員会の文書ということもあってか、ここでの「戦略的自律性」は防衛産業に軸足をおいたものである。

　この文書で「戦略的自律性」が言及されているのは二箇所である。二箇所ともに欧州としての安全保障上の自律性の文脈にニアミスしながらも、ギリギリで防衛装備の文脈に回収している。第一の言及は以下のパラグラフである。

「同時に、この産業の重要性は雇用や（資金の：引用者注）回転率のみで判断されるべきものではない。欧州防衛技術産業基盤（EDTIB）は、市民の安全を確保し、欧州の価値と利益を保護するための能力の主要な要素を構成するものである。欧州はその安全と国際の平和と安定一般に責任を負えなければならない。このことは、一定程度の戦略的自律性を必要とする。すなわち、信頼と信用に足るパートナーであるために、欧州は第三国の能力に依存することなく決定し、行動できなければならない。供給の確保、死活的技術へのアクセス、そして運用上の主体性（operational sovereignty）は、したがって、重要（crucial）なものである」。「戦略的自律性」とは「運用上の主体性」であるという箇所だけを抜き出せば別の解釈も可能になるだろうが、この段落全体がEDTIBもしくは能力を論じた箇所であることは明らかである。

　第二の言及は、「防衛は依然として国家主権の核心であり、軍事能力についての決定は加盟国の掌中にある。しかし、EUは顕著な貢献をなしてきた。EUは構造的変化をもたらす政策と道具立てを有しており、加盟国が適切な水準の戦略的自律性を集合的に維持するための最善の枠組みである」とする箇所である。その後、加盟国の軍の人的および予算的規模に照らして、本来EUはより大きな影響力を発揮できるはずと指摘しながら、バローゾ委員長の「委員会はその果たすべき役割を果たす」との言葉を引いてEDTIBの文脈に回収している。結果的に、2013年の時点での、委員会文書での言及は、欧州の安全保障上の主体性としての「戦略的自律性」に微妙に言及しているようでいて、ギリギリで委員会の権限の範疇としての産業政策の文脈に収めている。

　欧州国際政治について論じる定評ある雑誌のひとつである *European Foreign Affairs Review* 誌は、2022年に「戦略的自律性」特集を組んでいる。同特集所収の論文で、ヘルウィグとシンコネンはEUにおける「戦略的自律性」の議論のこれまでを、手際よく四つの時期に整理している（Sinkkonen and Helwig 2022）。すなわち、第一期としてあげられるのは、1990年代、アメリカの欧州からの離脱の懸念に伴う、欧州の軍事能力に関する議論として提起された時期である。第二期は、2010年代にリビアやシリア、さらにはウクライナでの経験から欧州近隣地域の厳しい安全保障状況にあらためて直面した時期とされる。結果として、2016年に採択されたEUの欧州安全保障戦略文書『EU世界戦略

（EUGS）』には「適切な水準の戦略的自律性」を希求する文言が入ったとされる。第三期は、アメリカにトランプ政権が誕生して同国の欧州関与に疑念が生じ、同時に中国の一帯一路構想が EU の外交政策の幅を狭めつつあった時期で、第四期は 2020 年のパンデミックを契機とし、第三期とともに「戦略的自律性」の議論がなおいっそう政治経済的な文脈で語られるようになった時期としている。2016 年は、6 月 23 日がイギリスの EU 離脱をめぐる国民投票実施日、同 28 〜 29 日が『EU 世界戦略』が採択された欧州理事会開催日、そして同年末のアメリカ大統領選挙でトランプ候補が当選するという激動の一年であった。タイミングの問題からいって、EUGS がブレグジットを織り込んで作成されたとは考えにくい。したがって、それまでの EU 安全保障政策の文脈で戦略的自律性が語られてきたことの結実が、EUGS での戦略的自律性言及であると考えるべきである。そして、それ以降の「政治経済的な文脈で語られるようになった」戦略的自律性は、ややニュアンスが異なるものだろう。

　他方で、「欧州主権」について特集を組んだ雑誌もある。2016 年に発刊された欧州問題誌ともいうべき *European Papers* 誌において、2020 年のことであった。（至極当然ながら）EU は古典的な意味では主権的たりえないとしつつも、「それ（欧州主権）こそが主権の未来像であるのかもしれない」（Bailleux 2020: 306）、「マクロンは欧州主権という概念を専ら主権の対外的な側面を念頭に用いている」と考えられるが、「欧州主権は内的な裏打ちを伴わなければならない」などと論じられたものである（Verellen 2020: 314-316）。

　興味深いのは、「（戦略的）自律性」との相違についての議論である。特集の冒頭論文にてデプラスは、自律性を、EU の諸制度によって法的に確保されるもので、「EU 司法裁判所（CJEU）によって守られる法的自律性なくしては、EU は経済的・政治的主体として自己の将来について決定する『能力』を失う」と述べる（des Places 2020: 294）。あるいは「EEC の加盟国からの自律性」「EU 法の自律性」などとも論じられる（Verellen 2020: 311）。

　もちろん、「（戦略的）自律性」と「欧州主権」両言説は重なり合うところもある。例えばバイルーは、EU-Lex データベースを確認した結果として以下のように論じる。すなわち、「『欧州主権』との表現を含む六つの文書（EU 文書：引用者注）はいずれも国家ないし多国間の域外主体に対する EU の独立性に関

するものであったことは偶然ではない。政治的ないし非公式的には、この概念（欧州主権：引用者注）は、加盟国がもはや単独ではグローバルに確保しえないある種の自律性を EU が提供する能力を意味する」（Bailleux 2020: 305）。

　しかしながら、見てきたように、多くの場合、「自律性」はなにかからの自律である。そのことは、2000 年頃、「戦略的自律性」を確認できる限りで最初期に用いたハワースが米欧同盟を前提とした上での欧州諸国の独自枠組みという文脈で使用していたことによっても補強されるだろう（Howorth 2002）。いみじくも、最初期において、ハワースとケーラーは以下のように論じている。すなわち、「『自律性』は誤解の多い言葉である。われわれは、EU が、アメリカからの支援が限定的、もしくは支援のない中で、軍事力の展開（projection）を伴う行動（initiative）を決定し、発動できる政治的および軍事的能力という意味で用いる」（Howorth and Keeler 2003: 5-6）。これがあくまでも軍事的安全保障についての議論であって、法的、政治的議論とは異なるとの指摘は甘受するが、いずれにせよ、「自律性」にはなにかからの自律という含意を汲み取れることは了解できるだろう [10]。

　他方で、「欧州主権」には全方位的独立の含意がある。マクロン仏大統領が、ソルボンヌ演説で「欧州だけが、本当の主権性、言うならば現実世界の中でわれわれの価値と利益を守るためのわれわれの能力、を確かなものとすることができる」と述べ、「欧州主権」の意義と必要性について論じていることは既にふれた。

　もっとも野心的なのは　アウベリの論考である。アウベリは、ボダンにまでさかのぼって主権の定義を整理しつつ、主権はスピーチ・アクトであり、受容によって EU も国家となることなく主権的たりうるとする（Avbelj 2020: 300）。

　また、ユンカー欧州委員長は、2018 年の施政方針演説（State of the Union）で「欧州主権の時は来たれり」と述べた。「欧州がその運命を手にする時が来た。私が世界政治能力（Weltpolitikfähigkeit）と呼んだもの、すなわち世界情勢の形成に際してわれわれの役割を果たす能力、を構築すべき時だ。欧州は、国際関係において、より主権的主体にならなければならない」としたのである（Juncker 2018）[11]。

　規範パワーとの議論もある EU が奉じる価値は LIO-3 が中核とするそれと

重なる。しかし、ポスト冷戦期に大国間協調の下で称揚されてきた LIO–3 は、大国間競争の下、ブレグジットとロシアによるウクライナ軍事侵攻で足場を失っている。そのような中、「戦略的自律」では確保しきれない、より独立的な主体性の必要が、各国間ベースでの対応や「欧州主権」言説をもたらしている可能性が指摘できるだろう。

■注

1) Treaty between the United Kingdom of Great Britain and Northern Ireland and the French Republic for Defence and Security Cooperation, Nov. 2, 2010.
2) なお、2003 年には英仏ル・トゥルケ首脳会談で空母協力に関する基本合意がされているが、このときはスペインおよびイタリアも参加するものとされていた。Tom Happold, 'Anglo-French summit: the main points', The Guardian, Feb. 4, 2003, https://www.theguardian.com/politics/2003/feb/04/foreignpolicy.uk
3) "Joint declaration of the French Minister for the Armed forces and the British Secretary of State for Defence for the 10th anniversary of Lancaster House Treaty", Ministry of Defence and The Rt Hon Ben Wallace MP, "UK and France able to deploy a 10,000 strong joint military force in response to shared threats", Nov. 2, 2020, https://www.gov.uk/government/news/uk-and-france-able-to-deploy-a-10000-strong-joint-military-force-in-response-to-shared-threats, accessed on Nov. 2, 2022.
4) また、オランダは 2021 年の EU インド太平洋戦略策定に関し、それまでに既に同種の戦略を策定していた英仏両国に続いて独自の戦略を策定したとともに、EU としての同戦略策定に主導権を発揮したと言われる。
5) ドイツの他、スイス、ベネルックス三国（ベルギー、オランダ、ルクセンブルグ）、北欧四カ国（デンマーク、ノルウェー、スウェーデン、フィンランド）、バルト三国（エストニア、ラトビア、リトアニア）、ヴィシェグラード四カ国（ポーランド、チェコ、スロバキア、ハンガリー）、オーストリア、スロベニア、クロアチア、東バルカン二カ国（ルーマニアおよびブルガリア）。
6) "EU DEFENCE MINISTERS DISCUSSED NEW TECHNOLOGIES AND THE DEVELOPING OF DEFENCE COOPERATION", Aug. 29, 2019, https://eu2019.fi/en/-/eu-n-puolustusministerit-keskustelivat-puolustusyhteistyon-kehittamisesta-ja-uusista-teknologioista, accessed on Oct. 19, 2022.
7) なんら具体的な支援が確認できないのは、EU の安全保障政策を適用除外としているデンマークと、中立国のマルタのみである。European Parliament, "Activation of Article 42(7) TEU: France's request for assistance and Member States' responses", European Council Briefing, July 2016, https://www.europarl.europa.eu/RegData/etudes/BRIE/2016/581408/

EPRS_BRI(2016)581408_EN.pdf（accessed on Mar. 6, 2023）

8）賛成が 100 程度にとどまったのは、2022 年 4 月の「人権理事会におけるロシアの資格停止」
と 11 月 14 日の「ウクライナ侵略に関する救済と賠償の推進」両決議である。

9）動画、トランスクリプト、レジュメは以下。仏大統領府サイト Initiative pour l'Europe
- Discours d'Emmanuel Macron pour une Europe souveraine, unie, démocratique, Sep. 26,
2017, https://www.elysee.fr/emmanuel-macron/2017/09/26/initiative-pour-l-europe-discours-
d-emmanuel-macron-pour-une-europe-souveraine-unie-democratique

10）フランス独自の「戦略的自律」概念については、以下を参照。宮下雄一郎（2023）「フ
ランスと『戦略的自律』をめぐる政治」日本国際問題研究所『戦禍のヨーロッパ』1–79 頁。

11）ただし、我が国での報道では主権という言葉の訳出は回避されている。『日本経済新聞』
と『産経新聞』では「グローバルプレイヤー」ないし「発言力」とされている。『日本経
済新聞』「外交の全会一致見直しを、EU 委員長演説、世界で発言力強化」2018 年 9 月 13 日。『産
経新聞』「EU に『特定多数決』提案 外交政策決定、中露影響排除 欧州委員長」2018 年
9 月 13 日。『朝日新聞』では同演説の報道自体なく、『読売新聞』では同演説の内容につい
て夏時間廃止提案のみ伝えている。『読売新聞』「EU サマータイム廃止提案 19 年中の
廃止目指す 『省エネ効果薄れた』」2018 年 9 月 13 日。

■参考文献

アイケンベリー、G. J.（2021）『民主主義にとって安全な世界とは何か──国際主義と秩序の
危機』猪口孝監訳、西村書店。

小林正英（2007）「新しい安全保障主体としての EU」田中俊郎・小久保康之・鶴岡路人編著
『EU の国際政治──域内政治秩序と対外関係の動態』慶應義塾大学出版会。

小林正英（2009）「EU 共通安全保障・防衛政策（CSDP）の現状と課題」、田中俊郎・庄司克
宏・浅見政江編『EU のガヴァナンスと政策形成』慶應義塾大学出版会。

小林正英（2015）「EU の文民的危機管理政策──ソーセージと EU の文民的危機管理政策が
どう作られるかを知る人は、もはやぐっすりと眠ることはできない」臼井陽一郎編『EU
の規範政治──グローバルヨーロッパの理想と現実』ナカニシヤ出版、291–307 頁。

小林正英（2017a）「EU–NATO 関係の現在──ソマリア沖海賊対策作戦の事例を中心に」『尚
美学園大学総合政策論集』第 25 号、2017 年 12 月、19–32 頁。

小林正英（2017b）「NATO──中東関与の転機としてのリビア（特集：中東地域の現実と将
来展望「アラブの春」を越えて）」日本貿易振興機構（ジェトロ）アジア経済研究所『ア
ジ研ワールド・トレンド』2017 年 2 月号（No.256）、40–41 頁。

小林正英（2020）「対中関係に見る規範パワー EU」臼井陽一郎編著『変わりゆく EU──永
遠平和のプロジェクトの行方』明石書店、191–207 頁。

小林正英（2022）「EU の安全保障・防衛政策」森井裕一編『ヨーロッパの政治経済・入門［新
版］』有斐閣。

自衛艦隊（2021）「日米英蘭加新共同訓練について」10 月〈https://www.mod.go.jp/msdf/sf/
news/10/1004.html〉（2022 年 11 月 22 日アクセス）。

田中亮佑（2019）「イニシアティブからみる欧州安全保障——作戦構想に関する英仏独の一
致と齟齬」防衛研究所『NIDS コメンタリー』第 102 号、2019 年 8 月 8 日。

鶴岡路人（2016）「欧州における同盟、集団防衛、集団的自衛権——新たな脅威への NATO、
EU による対応」『国際安全保障』第 44 巻 1 号。

丸山政己「国連集団安全保障制度の法的課題——ウクライナ侵攻をめぐって」『法学教室』
509 号、2023 年 2 月、30–34 頁。

Avbelj, M. (2020) 'A Sovereign Europe as a Future of Sovereignty,' *European Papers*, Vol. 5, No. 1.

Bailleux, A. (2020) 'Two Faces of European Sovereignty,' *European Papers*, Vol. 5, No. 1.

Biscop, S. (2017b) 'Differentiated Integration In Defence: A Plea For Pesco,' EU60: Re-Founding Europe, The Responsibility to Propose, IAI, Feb., <https://www.iai.it/sites/default/files/eu60_1.pdf> (accessed on Nov. 26, 2022)

Biscop, S. (2017c) 'Don't Be Too Shy About PESCO,' Egmont Institute Website, Sep. 6, <https://www.egmontinstitute.be/dont-be-too-shy-about-pesco> (Accessed on Nov. 26, 2022).

Biscop, S. (2018) 'European Defence: Give PESCO a Chance,' *Survival*, 60(3), pp. 161-180.

Biscop, S. (2020) 'European Defence and PESCO: Don't Waste the Chance,' *EUIDEA Policy Papers*, no. 1, May 5.

Biscop, S. (2017a) 'Oratio Pro PESCO,' *Egmont Papers*, Vol. 91, Jan., <https://www.egmont institute.be/app/uploads/2017/01/ep91.pdf> (accessed on Nov. 26, 2022).

Bundesministerium der Verteidigung (2018) 'Ministerin zeichnet mit britischem Amtskollegen Joint Vision Statement,' Oct. 8, 2018, <https://www.bmvg.de/de/aktuelles/ministerin-zeich net-mit-britischem-amtskollegen-joint-vision-statement-28180> (accessed on Nov. 26, 2022).

Chafer, T and Cumming, G. (2010) 'Beyond Fashoda: Anglo-French security cooperation in Africa since Saint-Malo,' *International Affairs*, Vol. 86, No. 5.

Council of the European Union (2021), 'Council Conclusions launching the pilot case of the Coordinated Maritime Presences concept in the Gulf of Guinea,' Jan. 25.

Council of the European Union (2022a) *Council Conclusions extending and enhancing the implementation of the Coordinated Maritime Presences Concept in the Gulf of Guinea*, Feb. 21, <https://www.consilium.europa.eu/media/54436/st06256-en22.pdf> (accessed on Nov. 26, 2022)

Council of the European Union (2022b) *Council conclusions on the implementation of the Coordinated Maritime Presences concept in the north-western Indian Ocean*, Feb. 21, <https://www.consilium.europa.eu/media/54437/st06255-en22.pdf> (accessed on Nov. 26, 2022).

Council of the European Union (2023) 'Speeding up the delivery and joint procurement of ammunition for Ukraine', 7632/23, Mar. 20, 2023.

Danish Ministry of Defence (2022) 'Denmark and EU,' <https://www.fmn.dk/en/topics/

international-cooperation/eu> (accessed on Nov. 2, 2022).

des Places, S. B. (2020) 'Taking the Language of 'European Sovereignty' Seriously,' *European Papers*, Vol. 5, No. 1.

EEAS (2022) 'Maritime Diplomacy: How Coordinated Maritime Presences (CMP) serves EU interest Globally', Jul. 22, 2022, <https://www.eeas.europa.eu/eeas/maritime-diplomacy-how-coordinated-maritime-presences-cmp-serves-eu-interest-globally_en> (accessed on Oct. 19, 2022).

European Commission (2013) *Communication From The Commission To The European Parliament, The Council, The European Economic And Social Committee And The Committee Of The Regions: Towards a more competitive and efficient defence and security sector.* COM (2013) 542 final.

European Commission (2022) *Commission Staff Working Document, Kosovo 2022 Report.* SWD (2022) 334 final.

European Council (2016) *European Council meeting (18 and 19 February 2016) – Conclusions.* EUCO 1/16, Feb. 19.

European Council (2017) *European Council Conclusions.* EUCO-19/1/17REV1, Dec. 14, 2017.

High Representative of CFSP (2021) *The EU strategy for cooperation in the Indo-Pacific.* JOIN (2021) 24 final, Sep. 16.

Howorth, J. (2002) ESDP and the Quest for European Autonomy: a historical necessity?. 2002.

Howorth, J. and Keeler, J. (2003) *Defending Europe: The EU, NATO and the Quest for European Autonomy.* Palgrave.

Ingimundarson, V. (2022) *The 'Kosovo Precedent': Russia's justification of military interventions and territorial revisions in Georgia and Ukraine*, <https://www.lse.ac.uk/ideas/Assets/Documents/updates/2022-SU-Valur-RussKosovo.pdf> (accessed on Nov. 15, 2022).

Juncker J.-C. (2017) Speech by President Jean-Claude Juncker at the Defence and Security Conference Prague, ' In Defense of Europe,' The European Commission, June 9, 2017, <https://ec.europa.eu/commission/presscorner/detail/en/SPEECH_17_1581> (accessed on Nov. 26, 2022).

Juncker J.-C. (2018) President Jean-Claude Juncker's State of the Union Address 2018, Sep. 12.

Le Drian, J.-Y. (2016) 'Shangri-la Dialogue,' Jun. 5.

Monaghan, S. and Arnold, E. (2022) 'Indispensable: NATO's Framework Nations Concept beyond Madrid,' CSIS Briefs, Jun. 2022, <https://www.csis.org/analysis/indispensable-natos-framework-nations-concept-beyond-madrid> (accessed on Nov. 26, 2022)

Political Declaration setting out the framework for the future relationship between the European Union and the United Kingdom, Oct. 19, 2019.

Reuter (2018) 'Germany, Britain sign defence cooperation agreement amid Brexit talks,' Oct. 8, 2018, <https://www.reuters.com/article/uk-germany-britain-defence-idUKKCN1MF1PB> (accessed on Nov. 26, 2022).

Sinkkonen, V. & Helwig, N. (2022) 'Strategic Autonomy and the EU as a Global Actor: The Evolution, Debate and Theory of a Contested Term,' *European Foreign Affairs Review*, 27(Special).

UK Ministry of Defence and The Rt Hon Sir Gavin Williamson CBE MP (2018), 'UK deepens defence cooperation with Germany,' Oct. 5, 2018, <https://www.gov.uk/government/news/uk-deepens-defence-cooperation-with-germany> (accessed on Nov. 26, 2022).

UK Parliament, House of Lords Library (2021) 'UK Bilateral Defence Cooperation,' Mar. 9, https://lordslibrary.parliament.uk/uk-bilateral-defence-cooperation/.

United Nations (2022a) 'Russia blocks Security Council action on Ukraine,' *UN News*, Feb. 26, 2022, <https://news.un.org/en/story/2022/02/1112802> (accessed on Nov. 15, 2022).

United Nations (2022b) General Assembly resolution demands end to Russian offensive in Ukraine, Mar. 2, 2022, <https://news.un.org/en/story/2022/03/1113152> (accessed on Mar. 6, 2023).

United Nations (2022c) Ukraine: General Assembly passes resolution demanding aid access, by large majority, Mar. 24, 2022, <https://news.un.org/en/story/2022/03/1114632> (accessed on Mar. 6, 2023).

United Nations (2022d) UN General Assembly votes to suspend Russia from the Human Rights Council, Apr. 7, 2022, <https://news.un.org/en/story/2022/04/1115782> (accessed on Mar. 6, 2023).

United Nations (2022e) 'General Assembly Adopts Landmark Resolution Aimed at Holding Five Permanent Security Council Members Accountable for Use of Veto', *Meeting Coverage and Press Releases*, GA12417, Apr. 26, 2022, <https://press.un.org/en/2022/ga12417.doc.htm,> (accessed on Nov. 15, 2022).

United Nations (2022f) 'Ukraine: UN General Assembly demands Russia reverse course on 'attempted illegal annexation',' *UN News*, Oct. 12, 2022 <https://news.un.org/en/story/2022/10/1129492> (accessed on Nov. 15, 2022).

United Nations (2022g) General Assembly adopts resolution on Russian reparations for Ukraine, Nov. 14, 2022, <https://news.un.org/en/story/2022/11/1130587>.

United Nations (2023) UN General Assembly calls for immediate end to war in Ukraine, Feb. 23, 2023, <https://news.un.org/en/story/2023/02/1133847>.

United Nations General Assembly (2014) *Resolution Adopted by General Assembly on 27 March 2014, 68/262, Territorial Integrity of Ukraine*, A/RES/68/262, Apr. 1, 2014, <https://documents-dds-ny.un.org/doc/UNDOC/GEN/N13/455/17/PDF/N1345517.pdf> (accessed on Nov. 15, 2022).

Verellen, T. (2020) 'European Sovereignty Now? A Reflection on What It Means to Speak of 'European Sovereignty',' *European Papers*, Vol. 5, No. 1.

von Robert, J. R. (2016) 'Where is the Beef? Prospects of a closer German-British Security Partnership,' *Bundesakademie für Sicherheitpolitik Working Paper Security Policy*, No. 8/2016.

第6章
複合危機下の EU 資本市場政策
——ブレグジット／新型コロナウイルス危機への対応

神江 沙蘭

　EU において経済・通貨面での「リベラル国際秩序（LIO）」は、単一市場政策や通貨統合等による協調と統合によって実現されてきた。2010 年から 2013 年に本格化したユーロ危機、2020 年のイギリスの EU 離脱、2020 年にパンデミックとなった新型コロナウイルス危機は、EU のあり方や意義を問い直し、秩序の変容を迫るものであった。これらの複合危機（polycrisis）は経済統合のあり方にも影響を与え、EU／ユーロ圏は、銀行同盟や欧州安定メカニズム、資本市場同盟、「次世代EU（NGEU）」等の新たな仕組みを作ることで困難を乗り越えようとした。ブレグジットや新型コロナウイルス危機は、ユーロ危機後に回復しつつあった EU での協調を支えるリソースやキャパシティに打撃を与え、EU は既存の制度の枠組みを再考する必要に迫られた。本章では特に資本市場をめぐる EU の制度的な対応に着目し、ブレグジットや新型コロナウイルス危機対応を通じて、EU の資本市場政策がどう変化したかを考察する。特に、欧州市場インフラ規則の改定による金融安定政策の改善、資本市場同盟の深化を通じた民間でのリスク・シェアリング機能の拡大、「次世代EU」による公的なリスク・シェアリング機能と景気調整機能の強化に焦点を当てる。この複合危機下で EU は、市場安定化機能を高め、域内外の危機やショックに対応するキャパシティを拡充させたものの、それぞれの枠組みの完成や恒常的な制度化には多くの課題が残る。中・長期的な課題に取り組みつつ、即効性を備えた危機対応のキャパシティを構築し、危機の各局面での対応や制度運用をめぐるコンセンサスを醸成しておく必要がある。

第1節　EU 市場・通貨統合とユーロ危機
—— 銀行同盟の創設とその限界

本節では、ブレグジットや新型コロナウイルス危機が EU の資本市場政策に

与えた影響を検討する前段階として、EU における金融・通貨統合政策の経緯を振り返り、2010 年のユーロ危機を受けた制度改革の特徴について述べる。ユーロ危機に直面した EU 諸国は、ユーロ圏を中心に、欧州安定メカニズム（European Stability Mechanism）や銀行同盟（Banking Union）等の新しい制度を構築した。だがこれらの制度では EU やユーロ圏が構造面で抱える脆弱性に十分対応できず、資本市場同盟の推進や「次世代 EU」の創設等によって、その補完と強化が目指された。

　EU の前身である EC は、1958 年発効のローマ条約以降、域内市場統合を推進してきたが、1985 年の域内市場白書の公表や 1987 年の単一欧州議定書の発効を契機に、単一市場政策を本格化させた。そこでは、1970 年代の欧州統合の動きの停滞と、石油ショック後の景気低迷から抜け出せない EC 諸国の経済を再活性化させる目的で、「モノ」・「サービス」・「ヒト」・「資本」の域内自由移動が目指された。このうち資本市場政策に直接関わるのは、「サービス」と「資本」の自由移動であった。国境を越えた資本の移動については、欧州委員会や、ドイツやイギリス、オランダ等が積極的に推進し、1988 年に域内の完全自由化が合意されている（Bakker 1996: 212-214）。通貨の領域では、1972 年のスネーク制や、1979 年の欧州通貨制度の導入によって EC 諸国間での為替レート安定化の試みが続いたが、1989 年にドロール報告が合意され、共通通貨導入の方針が示された。その制度の詳細は 1992 年にマーストリヒト条約で合意され、1999 年の経済通貨同盟の発効によって共通通貨ユーロが導入された。イギリスも単一市場政策には積極的で、意見や利害の衝突がありつつも、EC/EU 加盟国の一員として域内での金融規制の調和化を進めた。他方でイギリスは経済通貨同盟には参加せず、自律的に金融政策を決定する道を選んだ。

　EU でのユーロは、市場の自由化と為替市場の安定的な運営の間のジレンマから生まれた（Jabko 2006: 160-163）。国際経済の分野では、「為替の安定」と「自由な資本移動」、「自律的な金融政策」という三つの目標を同時に実現することは難しいという「不可能な三位一体（impossible trinity）」のテーゼがある。EU にとって単一市場の形成はその中核的なプロジェクトであり、「自由な資本移動」はその柱の一つであった。また EU にとって、「為替の安定」によって域内の貿易・投資環境を支えることも重要で、戦後の金・ドル本位制が 1971 年

から 1973 年にかけて崩壊した後も、欧州諸国間で為替安定化に関する協調が継続した。域内の資本移動を完全に自由化した後も為替市場を安定的に維持するためには、共通通貨の導入が有効であると考えられ、冷戦終焉後の欧州再統合の機運の下でユーロが導入された。この過程で欧州中央銀行が創設され、ユーロ圏諸国は「自律的な金融政策」を放棄し、欧州中央銀行によって金融政策が一元的に実施されるようになった。

　資本移動の自由と為替の安定化、自律的な金融政策の三つの目標の同時実現が困難であるのは、資本が国境を跨いで自由に移動できる場合、欧州諸国間の金利差や通貨の信用力の違いが投機的な資本移動を誘発するためである。ユーロ導入以前は、フランスのフランやイタリアのリラに大幅な売り圧力がかかり、信用力の高いドイツのマルクが買われ、為替レートの変動圧力が急激に高まる事態が頻繁に生じた。このとき、信用力の低い通貨の発行国が、レートの大幅な下落を防ぐため、緊縮財政や金融引き締め等を実施して自国通貨への需要を高める対応に追われた。すなわち、フランスやイタリアは、自国の通貨価値を支えるため、自国の経済事情とは関係なく、デフレ効果をもつ経済政策を実施せざるを得なかったのである。この問題は長年にわたるもので、しばしば政治的摩擦の火種になったが、EC で完全な資本移動の自由化に伴い、一層問題が深刻化することが懸念された。資本移動の自由度が大きいほど、為替市場の安定性を維持するため、より高い経済コストを伴う政策調整や介入が必要になるためである。

　こうして 1999 年にユーロが導入されたが、導入後 10 年ほどでギリシャの債務問題に端を発するユーロ危機が勃発し、その限界を露呈した。さらにアイルランドやスペイン政府が自国の銀行救済やその再編に伴って財政赤字／債務を膨張させ、ユーロ危機をより深刻な形で拡大させた。この状況を受けて、ユーロ圏を中心に、ユーロの信用を支え、その安定性を確保するために、新たな危機抑止や危機対応の施策が制度化された。それが銀行同盟や欧州安定メカニズムであり、ユーロ圏を中心として、銀行のリスク管理、危機対応や緊急支援の責任とコスト負担を一定程度共有し、共同で意思決定を行う制度が形成された[1]。ユーロ圏に属さないイギリスはこれらの制度に参加せず、ユーロ危機を受けた EU ガヴァナンスの強化に難色を示した。イギリスの反対等を背景として、

財政規律の強化を目的とする財政協定や、緊急財政支援に関する恒久的な措置、欧州安定メカニズム等はEUの制度としてでなく、政府間協定によって発足した。

　また銀行同盟等での危機対応を財政的にバックアップするシステムやリソースの構築が必要であったが、EU/ユーロ圏における財政面での統合の進展は緩慢であった。特に、財政負担と結びつきやすい預金保険制度については、欧州レベルでの制度的な統合は進まなかった。ユーロ危機は2012年をピークとして、2013年のキプロス銀行危機や2015年の第三次ギリシャ債務危機がありつつも下火へと向かい、債務国も財政や経済を徐々に立て直して欧州安定メカニズムのプログラムを終了させ、その監視下から自律していった（Lane 2021: 11）。ユーロ危機が下火になるにつれて、財政同盟（Fiscal Union）の形成によって銀行同盟のリスク管理・危機対応力を強化しようという機運も低下していった。

　ユーロ危機で露呈した経済通貨同盟やEUの脆弱性については、銀行同盟や財政協定、欧州安定メカニズム等、銀行経営や各国の政府債務を監視、支援するメカニズムを欧州レベルで強化することで対応された。しかし銀行同盟は、その安定化に不可欠な預金保険制度の統合や、財政的なバックアップについて加盟国間の合意が得られないまま、統合の進展が停滞した。また、銀行同盟は銀行への統合的な監督システムを構築するもので、ノンバンク等を含む資本市場ビジネスの多くはそのシステム外に置かれていた。このような状況で2020年、EUはブレグジットや新型コロナウイルス危機が惹起する諸問題に直面することになった。EUの資本市場で中核的な役割を担っていたロンドン市場が域外に移行したことで、EUは資本市場政策のあり方の見直しに迫られた。また新型コロナウイルス危機下、欧州安定メカニズムでは融資条件（コンディショナリティ）が緩和された貸付も可能となったが活用が進まず、新たな対応が必要となった。以下、第2節でブレグジットのEUの資本市場政策への影響を検討し、第3節では資本市場同盟を推進する取り組みや、新型コロナウイルス危機に対応した「次世代EU」の合意に焦点をあてる。これらの分析を通じて、近年複合危機下の一連のEU資本市場政策の位置づけと役割について考察する。

第2節　ブレグジットとEU資本市場政策

　ブレグジットはポピュリズムの発露として生じ、EUにとっては「リベラル
国際秩序（LIO）」の基盤を揺るがす意味をもった（Lake et al. 2021: 238, 248）。2000
年代、欧州統合に関わるアジェンダをめぐる政治対立が顕著となり、諸問題が
「政治化（politicization）」されやすく、各国の有権者が動員されやすい状況が生
じた。各加盟国内では反EUを掲げて世論を動員する社会・政治勢力が台頭し、
各国首脳は欧州レベルで妥協することが困難となり、EUの機能不全や解体を
招きかねないリスクを抱えた（Zeitlin et al. 2019: 965）。ブレグジットはこうした
事態がEU離脱へと繋がったケースである。そのため、当初はドミノ効果に
よって他の加盟国のEUからの離脱が生じたり、EUを通じた協調の枠組みが
後退することが懸念された。
　ブレグジットの影響は長期的なスパンで検証される必要があるが、現状では
それによってEUの統合が希薄化したとはいえない。資本市場政策や財政面で
の近年の展開をみると、EUの統合性はむしろ高まる方向にある。EUにとっ
て市場統合のプロジェクトは、その「リベラル国際秩序」の経済的な基盤であ
り、ブレグジット後に単一市場の機能を後退させないため、様々な対応に迫ら
れた。とりわけEU企業・金融機関はロンドン資本市場に深く依存しており、
資本市場政策においてブレグジットへの対応は喫緊の課題となった。ロンドン
という巨大な金融市場を失ったEUは、域内の資本市場をより活性化させ、ロ
ンドン市場を含む域外市場と自由で安定的な取引関係を維持するための新たな
枠組みを必要とした。その方向性は第3節で扱う資本市場同盟によって担われ
るが、本節ではブレグジットへの対応が特に必要とされた領域として、欧州市
場インフラ規制に焦点を当てる。以下ではまず、ブレグジットに至る経緯とそ
の態様について簡単に述べ[2]、そしてブレグジットに対応したEUの欧州市場
インフラ規制の改革とその課題について検討する。

ブレグジットの経緯
　2020年1月、正式にイギリスがEUから脱退した。イギリスは、1973年に

原加盟六か国に遅れて当時の EC（1967 年に発足、1993 年 EU へ再編）に加盟し、その後 1993 年に発効したマーストリヒト条約では、ユーロを導入しない適用除外の地位を確保しつつも、主要国として EU の発足を支えた。他方でイギリス国内では、1980 年代のサッチャー政権期に政権与党の保守党内で欧州懐疑派の勢力が高まった。また保守党の外でも、1993 年に EU からの離脱を提唱するイギリス独立党（UKIP）が創設され、徐々にその支持を拡大させた。その後、ブレア政権、ブラウン政権と続いた親 EU 的な労働党政権が、2008 年のリーマン・ショック前後の金融市場の混乱の中でその支持を低迷させ、2010 年に保守党のキャメロン政権に交代することになった。そして 2010 年代、イギリスと EU との関係は大きな転機を迎える。

　イギリスで欧州懐疑派の政治勢力が拡大する中、2015 年の再選をかけた総選挙の際にキャメロン首相はイギリスが EU から離脱するか残留するかを問う国民投票を行うことを約束した。そして再選後、キャメロン首相は、イギリスの地位をめぐる EU との交渉と国民投票に向けた準備を進めた。キャメロン首相は EU との交渉を通じて、イギリスへの移民の制限や、その社会保障の枠組み等について一定の譲歩を得た。それでもイギリス国内では、域内の東欧諸国からイギリスへ流入し続ける移民等への厳しい批判がやむことはなかった。そして、キャメロン首相自身は EU 残留への支持を訴えたにも関わらず、2016 年の国民投票では EU からの離脱を支持する票が多数を占めたのである。国民投票の結果を受けてキャメロン首相は辞任し、次のメイ首相によって EU 側に正式な離脱の意思が通告された。メイ首相は EU からの離脱協定と、離脱後の双方の将来的な関係について EU との交渉に臨んだが、交渉結果がイギリス議会で何度も否決され、2019 年 7 月に辞任している。次に首相になったのが離脱強硬派のボリス・ジョンソンであり、ジョンソン政権の下、イギリスが EU の関税同盟や単一市場から完全に離脱する「ハード・ブレグジット」の形態で、イギリスの EU 離脱が正式に合意されたのである。これに沿ってイギリスは 2020 年 1 月末をもって EU から離脱し、その移行期間が終了する 2020 年末には EU の単一市場からも完全に離脱したのである。

　ここでの「ハード・ブレグジット」とは、イギリスが金融市場も含めて、EU の単一市場・関税同盟の枠組みから完全に離脱することを意味した（但し、

アイルランドとイギリスの領土の一部である北アイルランドの間では一定の統合性が継続)。そのため、イギリスとEU諸国の間で国境による障壁が復活し、物品の輸出入への関税や、それぞれのビジネスへの許認可手続き等が再び課せられることになった。これは交易や投資、国境を跨ぐビジネス展開におけるコスト上昇等の経済的な面だけでなく、政治的・社会的には、両者が協調してきた領域での国際的な影響力の低下、両者間の移民の地位の不安定化、米欧関係の変容等、様々なリスクを伴う選択であった。こうした甚大な犠牲を払ってなぜハード・ブレグジットが選択されたのか。以下では、ハード・ブレグジットが選択された背景について、単一市場の一体性と金融規制での自律性という観点から考察する。

「ハード・ブレグジット」の背景

　前述のように、EU離脱前のイギリスで特に問題となったのが、域内移民、特に東欧諸国からの多数の移民への対応であった。第1節で述べたように、EUの単一市場政策は「モノ」・「サービス」・「ヒト」・「資本」の域内自由移動を実現するものであった。そこでは、生産された物やサービスだけでなく、その生産を支える労働者や人の移動を完全に自由化することが原則とされた。イギリスは域内貿易と投資の自由化によって経済的なメリットを享受してきたが、人の自由移動によって移民が国内へ流入し続け、それによって国の伝統が変質し、また社会的な負担や福祉における費用が増加するとの批判が国内で高まっていた。こうした動きは、1989年の冷戦終結後、体制転換によってリベラルな民主国家を志向した東欧諸国が次々にEUに加盟し、EUが拡大する中で顕在化したものであった。冷戦終結直後の1990年代のEUへの新規加盟国は中・北欧の比較的所得の高い国々であったが、1990年代の加盟準備期間を経て2000年代にEUに加盟した東欧・地中海諸国（2004年、2007年、2013年のEU拡大）は新興諸国であり、既加盟国とはその所得・経済水準において格差があった。当初は労働力の活用による経済成長の観点から移民の流入を歓迎したイギリスでも、母国との所得格差を背景に低賃金で労働力を提供できる東欧系移民の増加が長年続く中で、世論が変化していった。特にイギリス経済が低迷すると、イギリス人の労働条件の悪化、社会福祉関連費や教育サービスでの負

担が問題とされ、その責任を移民に帰する風潮が高まった。

　EU は、単一市場での「モノ」・「サービス」・「ヒト」・「資本」という四つの移動の自由を掲げており、1987 年単一欧州議定書、1993 年マーストリヒト条約や 2009 年リスボン条約発効後もその中核的な位置づけは変わっていない。市場統合は、経済面でメリットがあるだけでなく、社会での統合や政治的な統合を築く基盤とみなされた。イギリス政府が経済面でメリットを享受したいが、過剰な社会的負担は受容できないとの姿勢を示したとき、四つの移動の自由をより柔軟に解釈し直す余地は皆無でなかったかもしれない。ただ四つの移動の自由は、冷戦後の EU 拡大以前からの基本的な合意事項であり、新規加盟国にとっては加盟の前提条件ともいえた。また「ヒト」の自由移動の原則の下、多くの EU 市民が既に生活基盤を多国籍化させており、それを保障する枠組みを覆すと、EU に対する信頼やその一体性を損なう懸念もあった。またイギリスに対して移民政策での国家裁量を拡大させると、他の移民受入国が同様の特別扱いを要請するドミノ効果が生じ、EU としての単一市場政策の実現が困難になる可能性もあった。このようなドミノ効果等を抑止するため、ドイツやフランスのリーダーシップの下で域内市場の一体性を保持する方向性が堅持されたのである（Krotz and Schramm 2021: 51）。EU にとってイギリスは域内有数の貿易・投資大国であるとともに、域内最大の金融市場をもつ国で、安全保障面や財政面での貢献も大きく、当初 EU はイギリスの残留を望んだ。そのため EU として一定の妥協案を提示したが、それはイギリスの世論や議会で支持を得るものとならなかった。

　またイギリスにとっても、ロンドン金融市場では域内外の多数の多国籍企業が欧州単一パスポートに基づき欧州向けの多角的、国際的なサービスを提供しており、EU からの離脱による経済的ダメージは甚大なものであった。イギリスが EU の単一市場から脱退することは、イギリスに拠点をおいて欧州向けのビジネスを展開する域内外の企業にとって、イギリスに拠点を設けるメリットが大きく縮減することを意味した。イギリス経済の金融産業への依存度は極めて高く、この点はイギリスにとって看過できない問題であった。当然影響は金融業にとどまらず、日系企業では日産自動車の撤退等にみられるようにイギリス産業界全体に影響するもので、それに伴う雇用の喪失も大きな問題であった。

中・長期的に、欧州向けのビジネスの足掛かりを提供する拠点として繁栄してきたイギリス市場の位置づけが大きく縮小する可能性があった。

　だがイギリスは、アイルランド島内での措置を除き、単一市場からの完全な離脱を意味する「ハード・ブレグジット」を選択した。EU の単一市場では、各加盟国の企業（あるいは域内で子会社を設立した第三国企業）は、単一パスポートに基づき、域内で自由に国境を越えて事業を展開できる。単一パスポートとは、企業が域内のいずれかの国で許認可を得れば、追加的な手続きを経ずに域内で国際ビジネスを展開することを認めるものである。単一パスポートをもつ企業は、その主要な規制局が課すルールが EU 全体のルールと整合的であることが前提となる（第三国企業の EU 域内子会社については、その管轄は子会社が設置された国の規制局である）。イギリスには欧州経済領域（European Economic Area）や欧州自由貿易連合（European Free Trade Association）に加盟して単一市場に残る選択肢等もあったが、この場合にはイギリスに EU の規制を遵守する義務が生じるとの問題等があった。EU のルールは EU の意思決定手続きの中で決まるため、イギリスの代表者はその政策形成に影響力を行使できない。これはイギリスの規制当局が「ルール・テイカー」となり、規制権限を事実上喪失することを意味し、イギリスにとって受け入れ難かった（James and Quaglia 2020）。また EU とイギリスの間の特別な調整枠組み等も検討されたが、実現に至らなかった。

　なぜイギリスにとって、EU からの金融規制の自律性はそれほど重要であったのか。EU の金融システムにおいては、2008 年リーマン・ショック後の改革で単一ルールブックが策定され、その中で各国の国内手続きによる国内法化を必要としない EU 規則の役割が高まった。金融危機前も EU 内での規制調和化は進んでいたものの、各国に残された裁量が危機に繋がるリスクを膨張させたとの反省に基づき、欧州レベルでの規制強化が行われたのである（Moloney 2014: 11-17）。このとき、EU 規制当局はイギリスと数々の論点で対峙し（ヘッジ・ファンド規制やボーナス上限規制等）、欧州司法裁判所でも争われている。規制強化を求める EU に対し、ビジネスへの悪影響を懸念してイギリスが抵抗する構図がみられた。ただし金融規制での両者の立場の相違は、「規制自由化を求める新自由主義的なイギリス」に対する「規制強化を求める大陸欧州諸国」といった単純な図式に収まらない。例えば、2010 年の国際的な銀行規制の合意（バー

ゼルⅢ）では、自己資本規制の基準等でイギリスは大陸欧州諸国よりも規制強化を促進する立場にたち、銀行業への依存度が高い大陸欧州諸国はむしろ規制強化に慎重であった。これはイギリスでは資本市場関連業の重要性が高いのに対して、ドイツやフランス等では伝統的な銀行業のウエイトが大きいこと等に起因する。この意味で、イギリスの金融規制での自律性は、金融ビジネスを促進する「市場創出的（取引の自由化と拡大）」な面だけでなく、今後の金融市場の安定性という「市場修正的（市場の失敗の修正）」な面でも影響を与える可能性があった（Schelkle 2016）。ゆえに、単一パスポートのビジネス上のメリットは大きいものの、イギリス、特にその規制当局にとって、それと引き換えに規制権限を失う不利益は甚大であった。さらに、EU とイギリスの間での金融市場政策の調整の枠組みについて様々な可能性が検討されたが、ブレグジット後に規制スタンスがさらに乖離することも考えられ、最終的には EU の通常の第三国関係と同じ枠組みがイギリスに適用されることになった。

　以上、EU の単一市場の一体性の方針と、イギリスの規制の自律性の維持の方針が、ハード・ブレグジットという合意に繋がった経緯について述べた。ハード・ブレグジットは EU の金融市場、特に資本市場に大きな衝撃を与えた。ただ、必ずしもブレグジットが EU の資本市場統合を後退させたともいえない。むしろ政策的な取り組みでは一定の前進もみられた。EU の資本市場政策の統合性について検討するため、以下ではまず、ブレグジットの直接的な影響が大きい EU の欧州市場インフラ規則に焦点を当て、その変化について考察する。

ブレグジットと EU の欧州市場インフラ規則

　ブレグジット以前、長らく EU 域外の多くの大金融機関はロンドン市場に拠点を置き、単一パスポートに基づき EU 全体に金融サービスや商品を提供してきた。ハード・ブレグジットによって単一パスポートが利用できなくなったとき、ロンドンをベースとする金融機関には、EU 加盟国に子会社の拠点を移すことで単一パスポートによる EU 市場へのアクセスを確保しようとする動きが広がった。例えば EU においてイギリスの役割が大きかった資本市場関連業では、投資銀行はドイツのフランクフルトへ、取引プラットフォームやブローカー業務はオランダのアムステルダムへ、資産運用ビジネスはアイルランドの

ダブリンへと、一定のビジネスの移動が生じた。EU 内での資本市場のそれぞれの強みに応じて、イギリスから分散的に移転が生じたといえる（Donnelly 2022: 10）。

　ブレグジットによってイギリスが EU 外に移行したことで、EU でのイギリスの金融機関等（EU 域内ではなくイギリスに子会社を置いて EU で業務を営む第三国企業を含む）は、WTO（世界貿易機関）のルール枠内で EU の第三国企業向けの規制に基づいて対応されることになった。ただ規制の領域や規制内容の類似性によっては、特定の領域に限って同等性（equivalence）認定を行い、EU でのビジネスに関する制約を緩和することができた。同等性認定は、欧州委員会が対象企業の母国（第三国）の規制が EU の規制と同等とみなせるかを審査し、同等性が認められる場合、対象企業に子会社（subsidiary）の設立に代えて支店（branch）の設立によって EU 全域でのビジネス展開を認めるものである。第三国企業にとって支店の設立は子会社に比べてコストが安く、母国を規制監督庁にできるメリットがあった。EU 法の中でこのような認定の活用が広がったのは、2008 年世界金融危機以降であった。これは市場創出的な自由化を求めるイギリスやオランダと、市場修正的な規制を求めるフランスやイタリア等の間の妥協策であり、EU のルールと一定の同等性をもつ規制下にある海外企業が域内で自由に活動できるようにしたものである（Pennesi 2022: 76-78）。

　EU の同等性認定の仕組みは各サービスに適用される法律ごとに異なる。証券規制では同等性認定に関する規定が多いものの、投資業務の中でも、プロフェッショナル向けでなく一般顧客向けの業務は対象外とされる。また銀行の預金業務等も同等性認定の対象ではない（Pennesi 2022: 83-85）。銀行業務の取り扱いについては、金融安定性の観点から第三国企業に同等性認定を広げず、域内での子会社の設立を促して十分な資本と流動性の確保を求める方がよいとの考え方が影響している。その背景には、2008 年金融危機以前、第三国金融機関の海外支店のビジネス展開によってリスクが膨張したが、それを適切に規制できなかったとの反省がある。ゆえに現状では、銀行業務での同等性認定は限定的にとどまる。これに対して、本節で扱う中央清算機関（central counterparty: CCP）や投資サービス業務等では同等性認定に伴うリスクは比較的限定的であるとされ、EU 規制でも同等性が認められやすい傾向にある（Pennesi 2022: 85-86）。

ブレグジットに際して、EUとイギリスの間の金融取引において同等性認定を強化した枠組みを適用することや、包括的な相互承認の枠組みを採用する可能性等が議論された。ただこうした制度は採用されず、現状のパッチワーク的な同等性認定の枠組みがイギリスにも適用されることになった（Armour 2017; Herbst and Lovegrove eds. 2020）[3]。また欧州委員会は、同等性認定の規定を貿易自由化のツールとして利用すべきでないとの立場を示しており（Pennesi 2022: 79）、ブレグジットを契機に同等性認定の枠組み自体が柔軟化、拡大される傾向にもない。後述のように、イギリスの中央清算機関への同等性認定は迅速に進んだが、これはあくまで時限的なもので、例外的な措置である。さらに、イギリスの規制はブレグジット以前にEU規制と一定程度収斂しており、それを出発点とすることから同等性認定が得やすいとの見方もあった。ただこれについては、ブレグジット後に両者の規制や規制の運用の違いが広がる可能性も指摘されており、そうすると同等性認定による両者間の統合の進展は困難であろう（Noonan 2022）。

　EUにおいて同等性認定による国際ビジネスの促進と金融安定性を両立させるためには、対象となる第三国の金融機関やそのビジネスがシステミックな影響をEU内にもつかどうかによって取り扱いを区別する必要がある（Pennesi 2022: 97）。域内にシステミックな影響を及ぼさない金融サービスについては、同等性を認定し、母国（第三国）による監督に任せることへの大きな懸念は生じない。これに対して第三国企業によるビジネスがシステミックな影響を及ぼす場合、域内ビジネスの監督においてEUの監督機関が中心的な役割を果たす必要がある。さらにそのリスクが極めて大きい場合、同等性を認めずに第三国企業にEU域内での子会社の設立を求め、EUの直接監視下に置く必要性が高まる（Pennesi 2022: 102-110）。

　この観点からブレグジットの際に特に問題になったのが、決済サービスを担うイギリスの中央清算機関の位置づけであった。中央清算機関とは、自らが提供するネットワークへの参加者の間の金融取引について、売り手と買い手の間に入ってネッティング（差額のみを決済）し、その支払いを履行する役割を担う機関である。取引の売り手と買い手は全ての取引において中央清算機関に対して直接的な売買を行い、中央清算機関が各取引の履行を保障する。そのため、

中央清算機関が提供するネットワークへの参加メンバーが多ければ多いほど規模の経済が働き、効率的に売買の代行を担えることになる。このようなビジネスの性質上、中央清算ビジネスでは集権化が進みやすく、様々なサービスを提供するため一定以上の規模が必要となる（Thomadakis and Lannoo 2021: 36, 40）。長年の単一市場形成の中で、EU の中央清算ビジネスはイギリス、ロンドンの市場・金融機関に集中してきた。そのため、ブレグジット後、これらの EU 最大の市場・機関が域外に移動することの影響が問題になった。

　中央清算ビジネスの詳細をみると、そのビジネスの形態と規模から、金融安定性に大きな影響をもつことが分かる。中央清算機関は、取引当事者に代わって支払う契約をし（ノベーション：novation）、支払当事者から証拠金（margin）を受け取って破綻リスク（デフォルト・リスク）等への保障的な役割を担い、集中的に多数当事者間の決済を行う。中央清算のネットワークに参加するのは主に金融機関であり、参加企業は資本要件等を満たすことや、証拠金の支払い、清算基金（デフォルト・ファンド）への出資を求められる。デフォルトの際には、まず破綻金融機関の証拠金が用いられるが、それで足らない場合には中央清算機関の参加金融機関の拠出による清算基金等が用いられる（服部 2022: 30）。またこれらの破綻手続きの過程で中央清算機関自身が損失を被る場合もあり、稀ではあるが中央清算機関自身の破綻もあり得る（Thomadakis and Lannoo 2021: 20-21; Pennesi 2022: 156-162）。よって EU にとって、マクロ・プルーデンス（金融市場全体のリスク把握による安定性維持）の観点から、域内だけでなく域外の中央清算機関についてもそのシステミック・リスクの管理・監督に関与する必要性があった。

　ロンドンの金融市場・機関は、ユーロ建て取引の中央清算ビジネス、中でも店頭デリバティブ取引（金利・為替変動等をヘッジする相対での金融取引）の決済の中心にあり、ここではイギリスの LCH クリアネット（LCH Clearnet）が最も大きなシェアを占めた[4]。ロンドン市場と同規模の市場は EU 域内に存在せず、またブレグジット後の EU 域内へのビジネス移動も限定的にとどまった。よって EU 企業・金融機関は、ブレグジット後もイギリスの中央清算サービスを継続して利用し続ける必要があった。この状況を受けて欧州委員会は、ブレグジットの移行期間が完了する 2020 年末前に、2022 年 6 月末までの期限で一時

的にイギリスの中央清算機関に対して同等性を認定した。その後、この認定期間は 2025 年 6 月末まで延長されている[5]。ただしイギリスと EU の中央清算機関への規制の違いが拡大する可能性もあり、ユーロ建て決済サービスのほとんどがロンドン市場に残る実態は金融安定性の観点から問題となり得る。また、EU 企業にとって域外の決済サービスの利用はコスト高であり（Donnelly 2022: 10, 15）、長期的には域内市場の育成が課題となる。

　金融安定性の観点から、EU は欧州市場インフラ規則（European Market Infrastructure Regulation: EMIR）の改正を通じて一定の対応を行っている。ここではその中でも監督権限の再編について述べる。欧州市場インフラ規則は、EU の中央清算機関を規制するため 2012 年に制定されたが、各機関が所在する加盟国の監督局ごとの規制の違いが残った。そこで EU では各監督局間の監督カレッジ（supervisory colleges）を形成し、EU の規制機関である欧州証券市場監督機構（European Securities and Markets Authority: ESMA）[6] 等も関与し、域内の監督局相互の情報交換等を行ってきた（Pennesi 2022: 175）。また、域外国については、2022 年 10 月時点で 23 の国・地域の中央清算機関が同等性認定を受け、母国の監督に基づき EU でビジネスを展開している。ブレグジット後のイギリスの清算機関も同等性認定を受けたが、域内の店頭デリバティブ取引の清算のほとんどが管轄外で実施されるのは、EU の同等性認定の制度において想定外の出来事であった[7]。

　このような実態を踏まえ、EU は 2019 年に欧州市場インフラ規則を改正し（EMIR2.2）[8]、第三国の中央清算機関に対する欧州証券市場監督機構の規制権限等を強化した。そこではリスクに応じて対象機関が分類され、システミックに重要な機関（Tier 2 TC-CCPs）は欧州証券市場監督機構が直接監督権をもつことになった。前述の LCH クリアネットは、この Tier 2 の機関に指定されている。さらに、極めてシステミックに重要な機関（Tier 3 TC-CCPs）については、子会社の設立等によって EU 域内に機関を移転すること（relocation）が要請された。ただ、EU 内に子会社が設立された場合、その企業への主たる監督局は欧州証券市場監督機構ではなく各加盟国の監督局となり[9]、EU 全体のリスク管理上の問題に対応できないという矛盾が残る（Pennesi 2022: 185-199, 208-209）。また、第三国の Tier 2 の中央清算機関は EU レベルで監督されるのに対して、

EU諸国の中央清算機関は各加盟国の監督局の管轄下にあるというミスマッチも残っている。その意味で、制度として一貫性に欠く側面があり、規制回避行動を誘発するリスク等が指摘される。

　今後は、EU各国が管轄する第三国の中央清算機関に関するルールや実務を調和化したり、一定規模のEU諸国の中央清算機関等について欧州証券市場監督機構に監督権限を集約したりといった制度再編が必要である。欧州証券市場監督機構への監督権限の委任等は、EU機能条約第114条で規定される。これについては近年、欧州司法裁判所が空売り規制に関する判断を示し、金融安定性の維持等に不可欠であればEUの機関である欧州証券市場監督機構も拘束力のある決定ができるとされた。第三国企業向けの域内規制の調和化や、欧州証券市場監督機構の管轄下への再編等については、同様の解釈に基づく対応が可能と指摘される（Pennesi 2022: 218-220）。

　以上みてきたように、EUの資本市場の機能の中核を担ってきたロンドン市場が域外へと移転したことで、多元的なEUの監督システムにおける課題が表面化した。金融安定政策との関係では、ブレグジット後のイギリスは同等性認定の制度の限界事例であったといえる。単一市場において中央清算機能を一手に担ったイギリスが突如EUから離脱することは、制度の想定外だったからである。時限的にイギリスの清算機関への同等性が認定されたが、他方でこれを受けて欧州市場インフラ規則の改定が必要となった。その中で、第三国の大手中央清算機関への規制は、部分的に欧州レベルに集約された。ただこれによって、それ以外の第三国企業の子会社やEU諸国の企業が各国レベルで監督されることとの整合性が問われることとなった。

　欧州証券市場監督機構を含む欧州金融監督制度（European System of Financial Supervision）は、2008年の世界金融危機を受け、各国レベルで十分に対応できない欧州全体でのリスク管理を目指して構築された。さらに銀行については、2012年のユーロ危機の深刻化を受けて銀行同盟が設立され、欧州中央銀行が直接の監督権限をもつようになった。これに対して資本市場の監督は欧州中央銀行の管轄外であり、EUの欧州証券市場監督機構の規制権限が及ぶ範囲も限定的であるため、市場の監督権限は一元化されないまま現在に至っている。ブレグジットへの対応の中で明らかになったのは、中央清算機関の規制をめぐる

矛盾であった。資本市場の一元的な監督については、次節で述べる EU の資本市場同盟の課題として明記されており（European Commission 2020, アクション・プラン項目 16）、今後取り組みが必要とされる。また長期的には、EU の金融ネットワークの基幹的な機能が域外に移転したリスクとコストの増加に対応して、EU 域内で中央清算機能を強化し、域内企業の取引コストを低下させる取り組みも必要である（Thomadakis and Lannoo 2021: 56-64）。

　以上、本節では、ハード・ブレグジットが選択された背景について述べ、欧州市場インフラ規制に焦点を当てつつ、関連する EU の資本市場政策の課題について考察した。EU 域内外の金融取引を接合する基幹的役割を担ったロンドン市場・機関が域外に移動したことで EU 企業にとってコストやリスクが上昇し、それと同時に EU の監督システムの多元性に起因する問題も明らかになった。そこで浮かび上がったのは、世界金融危機やユーロ危機後に十分に対応できなかった資本市場監督の一元化の課題であり、ブレグジットによって一部修正が進んだものの、今後更なる取り組みが必要である。

第 3 節　資本市場同盟と「次世代 EU」

　本節では、資本市場政策における EU のその他の近年の取り組みに焦点を当て、EU のリベラル国際秩序を支える経済面・制度面でのキャパシティの構築という点でどのように評価できるかを検討する。まず取り上げるのが資本市場同盟であり、これによって EU は、銀行同盟の不十分な面を補完し、ブレグジットの影響を緩和しつつ、低迷する欧州経済を活性化しようとした。その次に取り上げるのが、2020 年に新型コロナウイルス危機に対応して導入された「次世代 EU」である。このときいくつかの EU 諸国は深刻な医療危機・経済危機に直面したが、欧州安定メカニズムはそれがもつスティグマ等のため、活用されにくい状況にあった。そこで地域の安定化のため、補助金の支給を含む新たな財政支援の枠組みが構築されたのである。

資本市場同盟の再活性化
ユーロ危機対応をめぐって欧州安定メカニズムや銀行同盟が設立された頃、

2015 年を境に注目を浴びるようになったのが資本市場同盟であった。当初、資本市場同盟には、EU からの離脱が懸念されるイギリスを EU に引き留める意図があった。さらに、資本市場の機能の強化によって、ユーロ圏・EU の金融・経済を安定化させることが目指された。資本市場を統合することで、欧州での銀行への過度な依存を抑え、欧州レベルでのリスク・シェアリングが促進されると考えられたためである（Lane 2021）。2012 年に合意された銀行同盟は2014 年から 2016 年にかけて起動したものの、財政的バックアップが不十分で、危機対応のキャパシティが高いとはいえなかった。EU レベルでは、通常の主権国家と比べて財政による経済の安定化機能が極めて限定的である。そこで、域内市場の安定的な運営のため、EU 全体でリスク・シェアリングを促進し、域内の非対称的なショックに対応することが必要であった。資本市場同盟の形成を通じて民間レベルでのリスク・シェアリングを進め、公的レベルでのリスク・シェアリングの限界を補うことで、ユーロ圏を安定化させる効果が期待されたのである（Braun and Hübner 2018）。

　ユーロ危機をめぐる一連の政治交渉を通じて明らかになったのは、域内の市場統合の不完全さと、財政面での相互化（mutualization）の難しさであった。ユーロ危機の主要な要因の一つとして、域内の経済状況の非対称性が大きいが、そのギャップを調整するような生産要素の移動（例えば労働者の移動等）が十分でなく、域内の非対称性を緩和するためのマクロ経済政策のツールも制約されているという点があった。金融政策においては、欧州中央銀行がユーロ圏全体をみつつ政策を決定するので、加盟国間のインフレ率の違い等への対応に限界があった。財政政策では、安定成長協定において公的債務残高や財政赤字の上限が設定され、過剰な支出は制約されている。また加盟国間での財政移転についても、EU 機能条約に加盟国間での債務の肩代わりを禁止する救済禁止条項（第 125 条）があり、債権国、特にドイツは債務国への財政支援に極めて慎重な姿勢を示した。ユーロ危機後、危機に陥った債務国に対して市場金利より低利子で融資を行う恒久的な支援メカニズム、欧州安定メカニズムが発足したものの、ここでは、融資と引き換えに債務国には極めて厳しい支出削減や構造改革が求められた。また、同時期に設置された銀行同盟との関係でも、経営難に陥った債務国の銀行の破綻処理等に直接拠出しにくい等の限界があった。ユー

ロ危機後の新制度は、その非対称的なショックの緩和効果や機動性等において課題が残った[10]。

　政治的反対によって欧州安定メカニズムや銀行同盟の課題への取り組みが進まない中、これを補完する機能をもつとして、資本市場同盟が注目を集めた。そもそも資本市場同盟とは、ローマ条約以来、欧州共同体が目指してきた域内市場統合の取り組みの一環であり、1980年代半ば以来本格化した単一市場政策の延長線上にあった。この資本市場の改革は、1999年に欧州委員会が打ち出した金融サービス行動計画（Financial Services Action Plan: FSAP）によって急速に進展したが、2008年の世界金融危機で統合のあり方が一旦見直されることになった。その後起こったユーロ危機が収束に向かう中、危機後の経済を立て直し、経済通貨同盟での非対称性を是正するシステムとして、再度注目されたのである。資本市場同盟では、資本市場の統合を通じて民間レベルでの需要ショックの非対称性を緩和する機能が期待された。債権者や株主が複数国にまたがって投資している場合（投資のポートフォリオが分散している場合）、特定の国・地域での投資で損失を被っても、景気のよい域内の別の国・地域で利益があがれば、その損失を補填、緩和できるためである（de Grauwe 2018: 250-252）。イギリスが2020年にEUから離脱し、資本市場同盟は強力な推進アクターを失ったが、同年に欧州委員会からアクション・プランが公表され、取り組みが進んでいる。

　資本市場同盟は、中小企業への支援や景気の安定化、成長の促進においてその効果が期待されている。この観点から推進されるのが、証券化の活用による企業の資金アクセスの向上である。欧州委員会は2015年の声明で、「簡潔で透明性があり、標準化された証券化（simple, transparent, and standardized [STS] securitization）」（以下、STS証券化商品）に対して資本規制を緩和すること等を求めた。証券化市場の活用は資本市場同盟の中核とされ、そこでは、中小企業の支援や融資を通じた景気対策も重視される（Braun and Hübner 2018: 124-126）[11]。この提案を背景に、STS証券化商品に対する資本規制は2017年の資本要求規則（Capital Requirements Regulation: CRR）の改正によって緩和され、2019年から適用が開始された[12]。こうした動きに対し、EU諸国の銀行が証券化商品等を担保にして短期での銀行間市場等に過度に依存し、流動性の問題を抱えたことが金

融危機を悪化させた点を踏まえ、慎重な対応を求める見解もある（Pesendorfer 2020: 287-293, 300-302）[13]。STS 証券化商品の活用は EU 独自の取り組みではなく、バーゼル委員会でも一定の合意があるが（Basel Committee on Banking Supervision 2016）、中小企業の銀行依存度が高い EU 諸国では資本規制緩和の影響は特に大きい。こういった商品の活用が、EU での財政面での施策の欠如を補うものとして、景気安定化目的で過度に推進される場合には注意を要する。

その後 2017 年に欧州委員会による中期レヴュー等が行われたが、資本市場同盟の進展が停滞する状況を受け、欧州委員会は 2019 年 10 月に資本市場同盟に関するハイレベルフォーラムを設置し、専門家からの政策提言を求めた。当フォーラムは 2020 年 6 月に最終報告を提出し、それを受けて欧州委員会もアクション・プランを発表している。そこでは 16 項目の政策案が示され、その実施に向けて取り組みが始まっている[14]。前述の STS 証券化商品への規制緩和は、ハイレベルフォーラムの最終レポートに盛り込まれ（High Level Forum on the Capital Markets Union 2020: 56）、欧州委員会のアクション・プランでも、中小企業向けの金融市場に関する項目 4 ～ 6 のうち、項目 6 に明記された。EU としては、市場での活用を促進するため、さらなる対応を行う方針である。

資本市場同盟は、証券化市場の活用にとどまらず、資金調達における効率性や透明性を高め、過度な銀行融資に依存する欧州の金融システムの脆弱性を是正することを目指すもので、長期的には欧州資本市場の成熟のための重要な課題を含む。ただし、そのあり方は金融安定性とのバランスが求められ、マクロ経済政策が担う公的なリスク・シェアリング機能に取って代わられるものではない。これに対して、EU の財政面での景気安定化機能の拡充を試みたのが、新型コロナウイルス危機に対応した「次世代 EU」であった。ここでは、多年度財政枠組みを裏付けとして「次世代 EU」債が発行され、それによるローンや補助金の支給が認められた。現段階では時限的なもので、新型コロナウイルス危機への対応に限定されるが、今後の恒久的な制度に繋がる場合には、EU の秩序を安定化させる一つの基盤になり得る。

「次世代 EU」と共同債の発行——資本市場への影響

既に述べたように、新型コロナウイルス危機に対応して 2020 年 7 月に合意

され、その後実施されたのが「次世代 EU」である。2019 年末に始まった新型コロナウイルスの感染が欧州でも爆発的に広がり、EU 諸国での医療・社会・経済的な危機が拡大するにつれて、EU で共同歩調をとることへの要請が高まった。そして、ワクチン供給や医療サービス分野での協力に加え、中期的な EU 予算を裏付けに共同で債券を発行して市場から資金を調達し、加盟国の必要に応じて補助金や低利子での融資（ローン）を支給することが合意されたのである。これは、新型コロナウイルス危機のみに対応した時限的な措置ではあるが、EU 全体で域内の景気変動や非対称的なショックに財政面で対応できる範囲を拡充したことを意味した。それに先立って欧州安定メカニズムによる財政支援（融資条件付きのローン）が条件を緩和させた形で提示されたが、債務国側が拒否したため、別の枠組みとして提示された。この「次世代 EU」は、域内の非対称的なショックに対して公的なリスク・シェアリングを可能とするもので、民間でのリスク・シェアリングを進める資本市場同盟と相互補完的である。また、第 1 節で述べた銀行同盟が、銀行のリスクと財政のリスクの遮断を目的としつつも、各加盟国や金融市場への非対称的なショックを是正するキャパシティを十分にもたないのに対し、その限界を補う側面もあった。

その経緯をみると、2020 年の新型コロナウイルスの蔓延によって危機に直面した EU 諸国では、イタリア等の南欧諸国を中心に、コロナ債（coronabonds）の発行を求める声が高まった。財政支援の拡大に対して、当初、ドイツやオランダ等は難色を示したが、危機の進展に伴い、パンデミック危機支援（Pandemic Crisis Support）プログラム等が合意され、欧州安定メカニズムにおいて融資条件を緩和した新たな資金提供（ローン）が可能となった（Donnelly 2021: 1584-1585）。ただ欧州安定メカニズムは、ユーロ危機対応での融資条件をめぐってトロイカ（欧州中央銀行、欧州委員会、国際通貨基金〔IMF〕）や債権国による介入が債務国の激しい政治的反発やデモを招いた経緯から、極めて政治的に不人気なスティグマをもち、イタリア等は申請を拒んだ。同時期に、EU 基金や拠出金をベースとした計 1000 億ユーロ規模の「緊急時の失業リスク緩和のための一時支援（Support to mitigate Unemployment Risks in an Emergency: SURE）プログラム」等も合意されている。

さらに危機が深刻化する中、欧州安定メカニズムで対応できない事態を受け、

ドイツがフランスに歩み寄り、コロナ禍からの復興のため、大規模な補助金の給付を可能にする案が示された。2020年5月、メルケル独首相とマクロン仏大統領によって5000億ユーロの基金が提唱されたのである。これは給付型の資金援助を可能にするもので、欧州委員会が発行する債券によって市場から資金を調達し、困難に直面するEU加盟国を支援するものであった。この提案に基づいて欧州委員会がまとめたのが、当時7500億ユーロ規模の「次世代EU」であり、ここでもローン（返済が必要な融資）に加えて返済の必要がない補助金の支給が盛り込まれた。これに対して、オーストリア、オランダ、デンマーク、スウェーデンという「倹約四か国（Frugal Four）」に加え、フィンランドも反対の意を示し、補助金の規模をより限定すること等を要請した。だが2020年7月17日〜21日の欧州理事会において、倹約四か国の中でもデンマークやスウェーデン等が支持に立場を転じ、2021年から2027年のEUの中期予算計画（多年度財政枠組み、Multiannual Financial Framework）に基づき、ローンに対する補助金分を3900億ユーロに減額した妥協案が合意された（Howarth and Quaglia 2021; Donnelly 2021, 等）。

　この措置は、これまでにない規模で財政移転を事実上可能にするものであった。ユーロ危機下で提唱されたユーロ共同債が実現しなかったことと比較すると、大きな変化であった。その違いは、新型コロナウイルス危機は域外からの脅威であるとの認識が明確で、欧州全体で危機対応に利害を共有していたためともいえる。そこでは、欧州理事会が積極的な役割を果たし（Wessels et al. 2022: 57-61）、特にドイツの政策スタンスが大きな影響力をもった（Donnelly 2021）。また気候変動問題が加盟国の国内政治でも重要な争点になる中、復興基金の37％以上をグリーン関連投資に義務づける等の措置は、EUでの共同の取り組みを支えるものであった。「次世代EU」債の発行は全ての加盟国が批准を終えた2021年6月からスタートし、発行最終年度の2026年まで推計総額8000億ユーロ分が調達される予定である。段階的に実施されていくため、順調に市中消化が進むか等、今後の情勢を見極める必要がある（金子 2022: 22）。

　この「次世代EU」の評価であるが、その支給開始の遅れや、当初案からの補助金の規模の縮小（補助金部分はEUのGDPの2.2％程度）、時限的措置であること等の限界を指摘する見方もある（Howarth and Quaglia 2021: 1565-1567）。だが、

合意された規模は緊急時の失業リスク緩和のための一時支援策とあわせて EU の GDP の 6％ほどであった。また、コロナ対応で増額されたその他のプログラム分をあわせると、ユーロ建ての共同債はユーロ圏 GDP 比で 9.6％分ほどの増加となり得（Lane 2021: 16-17）、従来にない規模であった [15]。各国レベルの財政政策が主要な景気安定化機能を担う現状は変わらないものの、巨大な損失をもたらす「テール・リスク（tail risk）」に対し、EU レベルの財政機能がバックアップ的な役割を担うようになった面もある（Lane 2021: 16; Rhodes 2021）。これが先例となり、今後の EU 運営にも影響を与え得る。

　さらに、これらの対応はユーロ圏や EU の資本市場の機能を拡充させる可能性をもつ。「次世代 EU」債等は、信用リスク（デフォルト・リスク）が低く、流動性が高い「安全資産（safe asset）」となる可能性がある。2021 年末の時点で、緊急時の失業リスク緩和のための一時支援プログラムと「次世代 EU」であわせて EU の債券の発行総額の 4 分の 3 程度となるが、EU の発行する債券 10 年物の金利は、基準となるドイツ国債金利より少し高いが低めの水準を保ち、信用力は高い。また、流動性を示す債券取引での最高値と最安値の差を示す「ビッド・アスク・スプレッド」について（この差が小さいと流動性高）、これまで流動性が低かった EU 発行の債券について、コロナ対応の EU 共同債の発行で取引量が増加したことでスプレッドが縮小し、流動性が向上したとされる（Bletzinger et al. 2022: 6-10, 17）。このように、信用リスクが低く、流動性が高い債券ほど、外貨準備として用いられたり、ショックが生じた場合の資金の投資先になったりという「安全資産」になる可能性が高い。これまで資本市場政策において、ユーロ建ての安全資産が過少である点が問題にされ、それとの関係で欧州中央銀行の国債購入でも買い取り債券の規模やその偏り等での課題が指摘された。この点で、「次世代 EU」が今後何らかの形で恒久的な制度に繋がれば、ユーロ圏や銀行同盟の安定化に資する可能性をもつ。

第 4 節　EU での危機対応と経済政策協調

　EC/EU での「リベラル国際秩序」は、多国間協調の制度化を通じて実現されてきた。そこでは、域内の市場統合と通貨統合を進展させ、それを支える経

済政策の協調を進めることで、自由で民主的な社会を支える経済的基盤の形成が目指された。だが、域内の経済条件が異なるところに通貨を統合させた歪みが露呈し、2010年からユーロ危機が勃発する。これに対してEU/ユーロ圏諸国は、銀行同盟や欧州安定メカニズム等を形成し、危機抑止・対応について欧州レベルでの制度を統合させ、金融市場や経済の安定化を目指した。ただEUでは、依然として国家主権がその正統性の基盤となっており、徴税・予算に関わる財政政策の統合度は低く、金融安定化に不可欠な財政面でのバックアップは不十分なものにとどまった。これと並行して進展したのが「資本市場同盟」の実現に向けた動きであり、公的なリスク・シェアリングに代わって、資本市場の統合を進めることで民間でのリスク・シェアリングを高める効果が期待された。

2020年前後、ハード・ブレグジットと新型コロナウイルス危機が、欧州/EU全体に衝撃を与えた。加盟国数の拡大が暗黙の前提になっていたEUにとって、最初の離脱国が出たことはその役割や意義が問い直される転機となった。またイギリスは単一市場の枠組みを含めてEUから完全に離脱し、EUの金融取引の中心地であるロンドンも域外に移転することになった。これに伴い、イギリスへの依存度が高いEUの資本市場をめぐる政策において制度的な対応が必要となった。2008年の世界金融危機を受けて創設された欧州金融監督制度やユーロ危機後に作られた銀行同盟では、ノンバンクや市場インフラ等に対する規制はEUレベルで統合されなかった。ブレグジットをめぐる対応においてこの弊害が認識され、限定的であるものの一定の統合が進められることになる。さらに、EUが推進する資本市場同盟のプロジェクトは、EU資本市場の基幹的な役割を担ってきたイギリスの離脱後も停滞せず、2019年に本格的な取り組みが再開され、具体的なアクション・プランの採択、実施へと進展している。

資本市場同盟では資本市場の活性化とそれによる中小企業を含む産業や経済全体の成長が目指されている。この政策の背景としては、EU/ユーロ圏でのマクロ経済政策での景気調整機能に限界があり、銀行同盟への財政的なバックアップ等の公的なリスク・シェアリング機能の形成も進展しない中、一定の経済を活性化させる効果が期待された側面があった。ただ、資本市場機能の拡充

によって景気調整機能を代替することには限界やリスクがある。まず、資本市場、金融市場の統合政策は危機対応や需要ショックの緩和という点で即効性をもたない場合が多い。中小企業向けの貸出優遇の規制緩和（STS証券化の優遇措置等を含む）や、ユーロ圏諸国で不良債権処理が進展することは、金融機関の貸し渋りの抑制等に一定の効果が期待できるものの[16]、その効果があらわれるまで時間を要する。さらに、EUでの資本市場のアクセス向上や、域内の決済サービス市場の強化、会社破産法制や税制の調和化、一元的な監督システムの構築等はいずれも重要な課題であるが、中・長期的な視点で制度設計を進めていく必要がある。

　これに対し、危機への即効性やEUレベルでのキャパシティの構築という点で評価できるのが、新型コロナウイルス危機に対応する「次世代EU」であった。そこでは、欧州委員会による共同債の発行による資金調達と各加盟国への補助金を含む財政的な支援がこれまでにない規模で承認された。その背景として、新型コロナウイルスのパンデミック下では、ユーロ危機後にできた欧州安定メカニズムはその政治的な問題等から機能せず、代替的な財政面での対応が必要とされたという事情があった。「次世代EU」は、中小企業を含む産業界のコロナ禍からの回復や、急激なショックへの対応で債務を増幅させる加盟国政府の信用を支え、加盟国間の結束を強化するとともにユーロ圏を安定化させる点で、短期的・中期的な効果を期待できた。今回の措置が先例となって、大規模な経済ショックへのバックアップ的な機能をEUが担う制度が形成されていくと、EU/ユーロ圏での景気調整機能の強化やその資本市場を支える安全資産の構築という点で長期的な効果も期待できる。

　近年の一連の複合危機では、各争点をめぐる立場の違いがEU加盟国間・各加盟国内で鮮明となった。各争点の過度な「政治化」は、EUの政体自体の不安定化を招く潜在的なリスクをもったため、危機対応や制度化のあり方は場当たり的、漸進的にならざる得ない側面もあった（Zeitlin et al. 2019）。「次世代EU」債でみられた財政支援の恒常化については、債務の肩代わりの禁止を定めた基本条約との整合性が問題となり、法的・政治的に困難な課題がある（金子 2022: 25）。ユーロ危機の際も、基本条約の根本的な改正を要しない範囲において、新たな制度枠組みの追加や既存の制度の再解釈によって対応されてきた。

問題は、その制度装置が次のリスクや危機に耐えうるか、そして未曽有の危機が訪れた際、新たな取り組みについて合意を形成するまでの時間を稼ぐことができるかである。危機対応のどういった局面でどのような施策を優先的に検討するか、域内で一定のコンセンサスの醸成が必要である。

　2022年の現在、ウクライナ戦争による安全保障上の危機、急速なインフレとエネルギー不安に直面しており、域内経済の構造的な格差によるリスクは拡大している。他方で、危機に対応する政治的・経済的キャパシティはEUレベルでも各国レベルでも縮小傾向にあるといわざる得ない。ウクライナ戦争による資源高の影響等でEUでのインフレ率は世界的にも高く、欧州中央銀行はアメリカの中央銀行である連邦準備銀行と足並みを揃えた利上げによってこれまでの緩和政策を修正してきた。EU諸国も新型コロナウイルス危機による経済への打撃から回復しておらず、引き締め政策による景気への悪影響は避けられない。国債金利の上昇や、ユーロ圏内での金利差の拡大等を背景に、今後の情勢次第で財政的な対応を再検討せざる得ない局面もあり得る。現状の制度や政策の効果を総合的に検証し、即効性を兼ね備えた、有効な危機対応キャパシティの構築に向けた取り組みが必要である。

■注

1) ユーロ危機後の危機抑止・対応施策の制度化については、神江（2020）第四章を参照。
2) ブレグジットの経緯やその金融市場政策へのインパクトについては、本書企画の契機となった2021年度日本EU学会公開シンポジウムの内容を紹介する拙稿を一部修正して使用した（神江2022）。
3) EUの同等性認定や認定の取消はEU側の判断として行われ、また認定には数年を要する。
4) 店頭デリバティブ取引の主要なものが金利スワップ取引であるが、2021年第二四半期のデータでは、ユーロ建ての金利スワップ取引の清算について、イギリスの中央清算機関によるものが93％、EUの中央清算機関によるものが7％である（Thomadakis and Lannoo 2021: 29, 34［図14］）。世界金融危機後、2009年のG20ピッツバーグ・サミットにおいて、店頭デリバティブ（Over-the-Counter derivatives: OTC derivatives）取引は中央清算機関を媒介することが原則とされ、各国・地域は法改正等で対応した。日本も他国に先駆けて2010年に金融商品取引法を改正している（服部2022; Thomadakis and Lannoo 2021: 52）。
5) 規制の同等性が認められる第三国の中央清算機関には同等性認定の制度を活用でき、そ

の認定を受けた第三国機関は、EU各国の監督局等の監督を受けず、その母国の規制監督のみでEU内で清算サービスを提供することが認められる。このとき、その中央清算機関のネットワークに参加するEUの金融機関も、リスク・エクスポージャーに対して割高な自己資本を積む必要はない（Pennesi 2022: 179-180）。

6）2008年の世界金融危機後の改革で、欧州銀行監督機構、欧州保険・企業年金監督機構と並んでできたEUレベルの規制局である。

7）ブレグジットの前に、欧州中央銀行がユーロ建て取引の中央清算機関をユーロ圏内に移転させる措置を試みており、このとき欧州司法裁判所でイギリスと争った。判決では、基本条約の規定との関係で欧州中央銀行は清算システムへの権限をもたないことが確認された（Thomadakis and Lannoo 2021: 22-23）。同等性認定の対象国・地域について、欧州委員会ウェブサイト参照：https://finance.ec.europa.eu/eu-and-world/equivalence-non-eu-financial-frameworks_en#assessment（2023年3月27日アクセス）。

8）EU法令ポータルサイト：https://eur-lex.europa.eu/legal-content/EN/TXT/?uri=CELEX%3A32019R2099（2022年10月31日アクセス）

9）信用格付け機関（credit rating agencies）と取引情報蓄積機関（trade repositories、G20ピッツバーグ・サミットでの合意に基づく、店頭デリバティブ取引情報を報告するために設立された機関）は欧州証券市場監督機構の監督下におかれるが、それ以外のノンバンクは各加盟国の監督局の管轄となっている。ただしシステミックに重要な投資銀行は信用機関（credit institution）とみなされ、欧州中央銀行の監督下に置かれる（Pennesi 2022: 212-213）。

10）銀行同盟の課題等に関する詳細は、神江（2020）第四章。

11）EC/EUは財政面でのリソースの拡充ではなく、規制的なアプローチによってその権限を拡大してきた。そのためEUは、特に経済通貨同盟発足後、マクロ経済を安定化させる（macroeconomic stabilization）キャパシティを縮減させた。これによって伝統的な財政政策、金融政策を通じて経済的なショックを緩和することに限界が生じ、金融市場政策を通じて経済ショックを緩和するものとして、資本市場同盟が支持された面がある（Braun and Hübner 2018）。

12）EU法令ポータルサイト：https://eur-lex.europa.eu/legal-content/EN/TXT/PDF/?uri=CELEX:32017R2401&from=en（2022年10月31日アクセス）、
欧州委員会報道発表：https://ec.europa.eu/commission/presscorner/detail/en/IP_18_6900（2022年10月31日アクセス）。

13）負債・資産面で市場依存度が高い「市場型銀行業（market-based banking）」の広がりについては、Hardie and Howarth（2013: 32-42）参照。欧州もこの流れの例外ではない（神江 2020: 62）。

14）ハイレベルフォーラムの議長による資本市場同盟に関する見解について、Wieser（2020）参照。

15）これらのプログラムによる各国産出量低下や債務の増加を緩和する効果の推計について、例えばCodogno, L, and van den Noord, P.（2022）参照。

16）銀行同盟参加国での不良債権比率の低下について、金子（2022: 10）参照。

■参考文献

金子寿太郎（2022）「グリーン再生下の欧州金融統合――次世代 EU 債は経済通貨同盟完成の触媒となるか？」『日本 EU 学会年報』第 42 号、1–29 頁。

神江沙蘭（2020）『金融統合の政治学――欧州金融・通貨システムの不均衡な発展』岩波書店。

神江沙蘭（2022）「ブレグジットと EU 金融市場政策の再形成」『日本 EU 学会年報』第 42 号、62–65 頁。

服部孝洋（2022）「店頭（OTC）デリバティブ規制入門――清算集中義務と中央清算機関（CCP）について」『ファイナンス』7 月号 No.680、財務省。

Armour, J. (2017) 'Brexit and Financial Services', *Oxford Review of Economic Policy*, Vol. 33, No. S1, pp. 54-69.

Bakker, A. F. P. (1996) *The Liberalization of Capital Movements in Europe: The Monetary Committee and Financial Integration, 1958-1994*. Dordrecht: Springer.

Basel Committee on Banking Supervision (2016) 'Basel III Document: Revisions to the Securitisation Framework'. Bank for International Settlements online papers. Available online at: https://www.bis.org/bcbs/publ/d374.pdf. (Accessed on October 31, 2022)

Bletzinger, T., Greif, W., and Schwaab, B. (2022) 'Can EU Bonds Serve as Euro-denominated Safe Assets?' European Central Bank Working Paper Series, No. 2712. Available online at: https://www.ecb.europa.eu/pub/pdf/scpwps/ecb.wp2712~6f023a5df2.en.pdf. (Accessed on October 31, 2022)

Braun, B. and Hübner, M. (2018) 'Fiscal Fault, Financial Fix? Capital Markets Union and the Quest for Macroeconomic Stabilization in the Euro Area', *Competition & Change*, Vol. 22, No. 2, pp. 117-138.

Codogno, L. and van den Noord, P. (2022) 'Assessing Next Generation EU', in Paganetto, L. (ed.) *Economic Challenges for Europe After the Pandemic* (Kindle edn.). Cham: Springer, pp. 95-134.

De Grauwe, P. (2018) *Economics of Monetary Union*, 12th edn. Oxford University Press.

Donnelly, S. (2021) 'Failing Outward: Power Politics, Regime Complexity, and Failing Forward under Deadlock', *Journal of European Public Policy*, Vol. 28, No. 10, pp. 1573-1591.

Donnelly, S. (2022) 'Post-Brexit Financial Services in the EU', *Journal of European Public Policy* online papers. Available online at: https://doi.org/10.1080/13501763.2022.2061579. (Accessed on October 31, 2022)

European Commission (2020) 'A Capital Markets Union for People and Business: New Action Plan'. Communication from the Commission to the European Parliament, the Council, the European Economic and Social Committee and the Committee of the Regions. COM (2020)

590. Available online at: https://eur-lex.europa.eu/legal-content/EN/TXT/PDF/?uri=CELEX: 52020DC0590&from=EN. (Accessed on October 31, 2022)

Hardie, I. and Howarth, D. (2013) 'Framing Market-Based Banking and the Financial Crisis', in Hardie, I. and Howarth, D. (eds.) *Market-Based Banking and the International Financial Crisis*. Oxford University Press, pp. 22-55.

Herbst, J. and Lovegrove, S. (eds.) (2020) *Brexit and Financial Regulation*. Oxford University Press.

High Level Forum on the Capital Markets Union (2020) 'A New Vision for Europe's Capital Markets: Final Report of the High Level Forum on the Capital Markets Union'. Available online at: https://finance.ec.europa.eu/system/files/2020-06/200610-cmu-high-level-forum-final-report_en.pdf. (Accessed on March 5, 2023)

Howarth, D. and Quaglia, L. (2021) 'Failing Forward in Economic and Monetary Union: Explaining Weak Eurozone Financial Support Mechanisms', *Journal of European Public Policy*, Vol. 28, No. 10, pp. 1555-1572.

Jabko, N. (2006) *Playing the Market: A Political Strategy for Uniting Europe, 1985-2005*. Ithaca: Cornell University Press.

James, S. and Quaglia, L. (2020) 'Rule Maker or Rule Taker? Brexit, Finance and UK Regulatory Autonomy', *International Political Science Review*, Special Issue, November: pp. 1-14.

Krotz, U. and Schramm, L. (2021) 'An Old Couple in a New Setting: Franco-German Leadership in the Post-Brexit EU', *Politics and Governance* Vol. 9, No. 1, pp. 48-58.

Lake, D. A., Martin, L. L., and Risse, T. (2021) 'Challenges to the Liberal Order: Reflections on International Organization', *International Organization*, Vol. 75, Special Issue 2, pp. 225-257.

Lane, P. R. (2021) 'The Resilience of the Euro', *Journal of Economic Perspectives*, Vol. 35, No. 2, pp. 3-22.

Moloney, N. (2014) *EU Securities and Financial Markets Regulation,* 3rd edn. Oxford University Press.

Noonan, L. (2022) 'UK Faces Unintended Consequences of Post-Brexit Financial Regulation', *Financial Times*, January 27.

Pennesi, F. (2022) *Equivalence in Financial Services: A Legal and Policy Analysis*. Cham: Palgrave Macmillan.

Pesendorfer, D. (2020) *Financial Markets (Dis)Integration in a Post-Brexit EU: Towards a More Resilient Financial System in Europe*. Cham: Palgrave Macmillan.

Rhodes, M. (2021) "Failing Forward': A Critique in Light of COVID-19', *Journal of European Public Policy*, Vol. 28, No. 10, pp. 1537-1554.

Schelkle, W. (2016) 'Financial Centre and Monetary Outside: How Precarious is the UK's Position in the EU?' *The Political Quarterly*, Vol. 87, No. 2, pp. 157-165.

Thomadakis, A. and Lannoo, K. (2021) 'Setting EU CCP Policy: Much More than Meets the Eye'. CEPS (Centre for European Policy Studies) and ECMI (European Capital Markets

Institute) online papers. Available online at: https://www.ecmi.eu/sites/default/files/setting_
eu_ccp_policy_-_much_more_than_meets_the_eye.pdf.(Accessed on October 31, 2022)

Wessels, W., Schramm, L., and Kunstein, T. (2022) *The European Council as a Crisis Manager:
The EU's Fiscal Response to the COVID-19 Pandemic*. Baden-Baden: NOMOS.

Wieser, T. (2020) 'We Must Resurrect EU Capital Markets Union: Recovering from COVID-19
Requires Deep Markets', *Financial Times*, June 10.

Zeitlin, J., Nicoli, F. and Laffan, B.(2019) 'Introduction: The European Union beyond the
Polycrisis? Integration and Politicization in an Age of Shifting Cleavages', *Journal of European
Public Policy*, Vol. 26, No. 7, pp. 963-976.

終　章

リベラル国際秩序のための EU 世界戦略
——ポストナショナル・アプローチの可能性と限界

臼井　陽一郎

　　EU の対外行動は、EU 自身を「リベラル国際秩序（LIO)」のなかに埋め込むこと
を目的にしている（Szewczyk 2021)。ただしそれは、第二次大戦後の西側に構築さ
れたリベラル・マルチラテラリズムではなく、冷戦後のグローバル化時代に顕著と
なるポストナショナル・リベラリズム（Börzel and Zürn 2021）を基礎とした LIO で
ある。両者の差異が、EU にとって重要になる。昨今の EU について指摘される地
政学的プレーヤーへの転換も、EU が 1945 年以降の冷戦時代における西側リベラ
ル・マルチラテラリズムではなく、1989 年以降のグローバル化時代におけるポス
トナショナル・アプローチに傾倒してきたという視点から、考察していく必要があ
る。というのも、このアプローチこそ、EU にグローバル・アクターとしてのパ
ワーを与えているからである。しかし、このポストナショナル・アプローチを正統
化してきた EU リベラリズムは、EU 域内外におけるナショナルなものや非リベラ
ル（illiberal）なものの勢力伸長によって、揺らいでしまっている（Börzel and Zürn
2021 および Hooghe and Marks 2009)。本章では、こうした見方に依拠して、まずは
EU 世界戦略の構図を確認する（基本条約上の権限、世界戦略の基本文書、資金規模、活
動範囲)。そのうえで EU 世界戦略を基礎づける基本の考え方（主権侵入性、非政府主
体の包摂、ポストモダンの価値重視）について検討し、EU 世界戦略と LIO の関係につ
いて認識を深めていく。

第 1 節　EU 世界戦略の構成

ハード・パワー不足の EU

　世界各地の EU 代表部の大使を集めた会合の際に、EU 上級代表ボレルは次
のように語ったという。EU は結局のところ、マーケットは中国に、エネル
ギーはロシアに、セキュリティはアメリカに依存してきたのだと（Zalan 2022)。

もちろん、言い過ぎではあるが、完全なフェイクだとも言い切れない。いったいEUに、本書が問題にするLIOへの影響力など、求められるのだろうか。EUはたしかに、グローバル・セキュリティ・プロバイダー（安全保障提供者）としては、その能力に限界がある。EUはこの面では、NATO（北大西洋条約機構）の補完機関にすぎない。世界経済の持続的成長や国際金融の安定という面でも、それほどの圧倒的経済パワーを手にできているわけではない。ユーロの実力は、基軸通貨ドルにはほど遠い。しかし他方で、そのEUが国際アクターとして固有の能力を備え、LIOの構築・維持・発展を行動目的としてきたのも、また周知の事実である。その対外行動能力は、アメリカと中国に匹敵する軍事力に依拠したものではないにしても、先進27ヵ国のシングルマーケットを基礎とした独自の戦略の作り方には、注目すべきものがある。LIOの来し方行く末を見定めていくにあたって、押さえておくべき研究課題であるというべきだ。EUが加盟国の代理人以上の国際アクターとして存在しうる権限とリソースを与えられていること、したがって主要加盟国の補助機関にすぎないわけではなく、EU流フィロソフィに依拠した世界戦略を構想していること、それゆえにLIOの今後を考えていくにあたって、EU対外行動について継続的に検討していく必要があること、以上について、まずは確認しておきたい。そのうえで、EUの戦略構想に内在する課題（域内外における、ナショナルなもの・非リベラルなものとの対抗）について、検討していく。

EU 対外行動のための制度の安定性

　ヨーロッパ統合がグローバル・アウトリーチを目指すという構図は、第二次大戦後の統合の初期段階には存在しなかった。統合とは西欧諸国のヨーロッパ建設であり、第一次大戦以来の植民地喪失と、米ソ冷戦による西側同盟への組み込みという、大きなうねりのなかで生じたものであった。国際秩序の形成に関与するという選択肢など、ありようがなかった。欧州防衛共同体構想が実現寸前まで行くことはあったものの、それは基本的には冷戦のなかのドイツ再軍備への対応であり、結局はヨーロッパの安全保障はNATOに委ねられ、その活動範囲はどこまでもヨーロッパにとどまった。ヨーロッパ統合とはあくまでも、西欧による西欧のための経済統合にすぎなかった。厳しい冷戦の最中に

あって、西欧諸国に独自のアクティブな国際行動は必要ではなかったし、可能でもなかった。

ただし、欧州経済共同体（EEC）が自らを国際法秩序に組み込もうとする萌芽はあった。環境がその最たる事例である。EEC は国際環境条約を自らの法秩序に取り込んでいった。当時の EEC 条約にそのための法的根拠は存在しなかった。そのため、EEC 条約第235条のいわゆる黙示的権限が利用された（臼井 2013: 17-20）。安全保障を NATO に委ね、経済領域と西欧地域に限定してヨーロッパ建設を進めた当時の EU 諸国にも、国際法秩序への志向性はみられた。その対象分野は、現在 EU がもっとも力を入れている環境であった。

ヨーロッパ統合が共通外交を明確に模索しはじめるのは、1987年の基本条約改正（単一欧州議定書）を契機とした欧州政治協力からである。いまだ冷戦時代の、この対外行動協力トレーニングが、EU 発足後の、ポスト冷戦時代における本格的な LIO 志向を、結果的にではあるが、準備していくことになる。EU を発足させた1993年マーストリヒト条約は、冷戦構造崩壊の真っ只中で開催された政府間会議の成果であるが、この会議が、ヨーロッパ統合の制度革新を達成する。経済中心であった EU の行動範囲を拡張するために列柱構造（柱ごとに権限関係も法秩序のあり方も異なる構造）が与えられ、その第2の柱に共通外交・安全保障政策（CFSP）が据えられる（第3の柱は司法内務協力で、のちに警察刑事司法協力へと改組される）。CFSP は実効性が問われる場面もあったが（2003年イラク戦争をめぐる英と仏独の対立など）、この枠組みを契機に、EU は対外行動における一体性を本格的に模索しはじめる。戦略を構築する必要性が意識されていく。この流れのなかで、環境・貿易・開発という EU 対外行動主要三分野の権限関係も整理されていった。ただし、ここから実際に世界戦略を構築するための文書が採択されるまでには、10年ほどの時が必要であった。2003年にその文書『欧州安全保障戦略（ESS）』が採択されるが、それは9.11同時多発テロを契機としたイラク戦争直後であり、翌年には EU 東方拡大第一弾が達成される。域内外の大転換のときに、EU は世界戦略文書の構築に着手したのである。

マーストリヒト条約による EU 対外行動の構築を、その実施体制からみると、外交安保については、全面的に加盟国が主導する制度構成であったが、環境・貿易・開発には、欧州委員会に一定の役割が割り当てられた。ただ実態は、政

府間協力が実施体制の基本となっていた。欧州委員会が役割を果たしつつも、実態的には、加盟国間のコンセンサスが決定的であった。これがやがて（開発・人道支援分野においてとくに顕著であるが）EU と加盟国が柔軟に協力するチームヨーロッパ方式へ整理されていく。また、この 1993 年マーストリヒト体制を基本目標の措定という点からみると、1999 年アムステルダム条約、2003 年ニース条約と微調整が繰り返されるものの、大きな変更はなかったことに留意したい。現在は 2009 年リスボン条約が EU 対外行動を規定しているが、実施体制も基本目標も、そのベースラインはすでに、マーストリヒト条約によってできあがっていた。ヨーロッパ統合は、冷戦崩壊後に EU を生み出すことを通じて、グローバル・アウトリーチを自らのプログラムに組み込んでいったのである。政策分野によって EU と加盟国の、また加盟国間のパワーバランスは異なるものの、全体としては、すでに 30 年にもわたって、同じ制度アーキテクチャーのもとで、対外行動が整備されてきたわけだ（Youngs 2021: 59）。ここに、ヨーロッパの集合的政治意思の持続性を見て取ることもできよう。

　以上のように、LIO を EU スタイルで志向する EU の世界戦略は、安定した制度基盤に依拠しつつも、長い時間ののちに、大転換のときを契機に構築されはじめたのだが、それは次にみていくように、ポスト冷戦秩序の創出へ向けて、ヨーロッパ統合が域内に達成した秩序モデルを、域外に投影していこうとするものであった。

EU 対外行動の権限

　上述のように、EU の対外行動は現在のところ、2009 年リスボン条約（EU 条約と EU 機能条約からなり、基本条約とも総称される）の制度構成に立脚している。この基本条約が規定した EU 対外行動の構図を表 1 にまとめておいた。便宜上、基本的価値、マルチラテラリズム、安全保障、貿易・環境・開発の三項目に分けて整理してある。これにより、EU 対外行動の構図が見やすくなるだろう。

　まず、EU の対外行動とは EU 条約第 2 条の基本的価値を広く EU 域外で促進していくことを目的とすること、そのための国際社会での行動は自らを創出・発展・拡大させた諸原則に基づくべきことが、規定される。その第 2 条に

表1　EU条約・EU機能条約に規定された対外政策

基本的価値・目的	マルチラテラリズム	安全保障	貿易／環境／開発
EU条約第2条： 　基本的価値に基礎をもつEU：人間の尊厳、自由、デモクラシー、平等、法の支配、マイノリティの権利、多元主義、差別禁止、寛容、正義、連帯、男女平等。 EU条約第3条（5）： 　広くEU域外でEUの価値を促進、EU市民を保護、平和、安全保障、持続可能な発展、国民相互の連帯と相互尊重、自由で公正な貿易、貧困の除去、人権保護、子供の人権の保護、国際法遵守・発展、国連憲章の諸原則の尊重。 EU条約第8条： 　近隣諸国と特別な関係。繁栄と良好な関係、EUの基本的価値および協力に基づく緊密で平和な関係。協定を締結。 EU条約第21条（1）： 　国際社会でのEUの行動は自身を創出・発展・拡大させた諸原則に基づく。 　EUは、デモクラシー、法の支配、人権と基本的自由の普遍性・不可分性、人間の尊厳の尊重、平等と連帯の原則、国連憲章・	EU条約第47条： 　EUは法人格を保持。 EU機能条約第216条： 　EUの第三国もしくは国際組織との国際条約締結。 EU機能条約第217条： 　EUの第三国もしくは国際組織との連合形成。権利・義務・共同行動・特別手続の設定。 EU機能条約第220条： 　国連、国連機関、欧州審議会（CoE）、欧州安保協力機構（OSCE）、経済協力開発機構（OECD）との協力関係。上記以外の国際組織との関係の維持。	EU条約第26条（1）： 　欧州理事会がEUの戦略的利益、防衛も含めた共通外交安保政策の目標や一般原則を特定。 EU条約第26条（2）： 　共通外交安保政策は欧州理事会が一般的ガイドラインおよび戦略的ラインを提示し、EU理事会が必要な決定をくだす。EU理事会は上級代表とともにEU対外行動の統一性・一貫性・効果を確保。 EU条約第26条（3）： 　共通外交安保政策は上級代表と加盟国が、加盟国のリソースおよびEUのリソースを使用して、実行する。 EU条約第42条（1）： 　共通安保防衛政策は、EUの文民・軍事双方のリソースを利用して、EU域外の平和維持・紛争防止・国際安保強化のミッションを遂行。国連憲章の原則に従う。 EU条約第42条（2）： 　共通防衛政策の漸進的形成。一部EU加盟国の、NATO加盟国としての義務を尊重。	EU機能条約第191条： 　環境政策。広域またグローバルな環境問題とくに気候変動と戦うために、国際レベルで環境政策措置を促進。 EU機能条約第206条： 　共通通商政策。世界貿易の調和的発展、国際貿易および対外投資の制限の段階的除去、関税その他の貿易障壁の低減。 EU機能条約第208条： 　開発協力。貧困の除去。EU対外行動の原則と目的の枠組に則して、国連およびその他の国際組織のコンテクストに従う形で遂行。 EU機能条約第212条： 　第三国との経済・財政・技術協力。 EU機能条約第213条： 　第三国からの緊急財政支援要請。 EU機能条約第214条： 　人道支援。国連および関係国際組織との協働。

表 1（続き）

基本的価値・目的	マルチラテラリズム	安全保障	貿易／環境／開発
国際法原則の尊重を、世界中で推進。 EUは、第三国、国際組織・地域組織・グローバル組織とパートナーシップ関係を構築し、国連の枠組のなかで、共通の問題に対して、多国間による解決を追求。 EU条約第21条（2）： 　（a）EUの価値、基盤的利益、安全保障、独立、領土保全。 　（b）デモクラシー、法の支配、人権、国際法原則。 　（c）平和、紛争防止、国際安全保障の強化。 　（d）途上国の持続可能な発展、貧困除去。 　（e）すべての国家を世界経済に統合、国際貿易の障壁の除去 　（f）環境保全、自然資源の持続可能な管理、持続可能な発展 　（g）災害支援 　（h）多国間協力とグローバル・ガヴァナンスの促進 対外行動の分野間の一貫性を確保、委員会と理事会が上級代表の助力のもと協力。		EU条約第42条（3）： 　欧州防衛機関（EDA）を創設、軍事装備品の改善。 EU条約第42条（5）： 　一部加盟国グループによるEU任務の遂行。 EU条約第42条（6）： 　常設構造化協力（PESCO）枠組の創設。 EU条約第42条（7）： 　国連憲章第51条に則した集団的自衛権。 EU条約第43条（1）： 　文民・軍事ミッションの目的：武装解除オペレーション、人道支援・救助、軍事顧問および支援、紛争防止、平和維持、軍事力を使用した危機管理、紛争後安定化。以上は第三国におけるテロリズムとの戦いへの支援も含む。	

出典：筆者作成

は、男女平等やマイノリティの権利、多元主義といった価値が盛り込まれる。ここに留意したい。人権、デモクラシー、法の支配というリベラルな秩序の基本に加えて、各国各民族のアイデンティティにも直接かかわる価値の、域外における実現が、EU 対外行動の目的として措定されている。またもうひとつ確認しておきたいのが、国連憲章と国際法原則をベースに、多国間組織とパートナーシップ関係を構築していくという方針である。国際組織・地域共同体組織とともに多国間協力を進め、グローバル・ガヴァナンスを実現していくことが、EU 対外行動の目的だとされる。これは地政学的プレーヤーとして世界戦略を構築していく EU という最近の議論を考えていく際に重要となる。国連システムによるグローバル・ガヴァナンスの追求が、EU 世界戦略のコアに据えられるという構えが、とられているのである。

　このマルチラテラリズム追求のために、EU には法人格が付与されている。これにより、第三国および国際組織と国際条約を締結することが可能になる。基本条約ではとくに、国連機関、欧州審議会（CoE）、全欧安保協力機構（OSCE）、経済協力開発機構（OECD）が挙げられている。EU スタイルの LIO がどのようなものかについて、ここにヒントがある。欧州人権条約（ECHR）に基づく欧州人権裁判所という国際司法も、OECD という共通政策措置の提案主体も、どちらも、各国の主権に対する侵入性をもちうると判断されてしまいかねない組織である。EU はこの路線を強化しようとしている。

　90 年代以降に顕著な進展を見せたのが、国際平和維持活動である。ただ、EU 自身の軍事的防衛のための発展ではない。本格的な軍事組織確立にはほど遠い。EU は域外の平和維持・紛争防止・国際社会の安全を強化していくため、加盟国の文民・軍事双方のリソースを使用してミッションを組織し、国連とパートナーシップを結びながら、武装解除オペレーション、人道支援・救助、軍事顧問を実施していくという構図を作っている。この面からいえば、EU は国連のサブシステムであろうとしているかのようである。とはいえ、EU 自身の防衛や地政学的プレーヤーとしての能力開発を可能にする権限が全く与えられていないわけではなく、一部加盟国グループによる軍事行動や、EU としての枠組みを重視した軍事ミッションの能力向上を目指す「常設構造化協力（PESCO）」が策定されている。また国連憲章第 51 条の集団的自衛権の文言も

明記されており、将来的な防衛軍事能力開発の準備をうながす形がとられている。

　EU 対外行動は実際には、国際安全保障ではなく、環境・貿易・開発の分野で発展していく。上述のように、基本条約は、グローバル・ガヴァナンスの実現を EU 対外行動の目的とする構えを、公式に規定している。地球環境問題とくに気候変動との戦い、世界の貿易・投資の自由化と調和的発展、国連システムとリンクした貧困除去のための活動および人道支援が、謳われている。EUの世界戦略形成も、地政学的プレーヤーへの転換も、こうした非安全保障分野に EU ならではの政策スタイルを利用しようとするものであった。後述のように、広い意味での EU モデルの拡散が、その中心的な狙いとなる。

EU 世界戦略の基本文書

　表 1 で確認したように、EU は通常の国際組織としては想定しえないほどの、広範で本格的な対外行動の権限を手にしている。基本条約の規定に依拠しているということは、リベラル志向の対外行動を目指す集合的政治意思が、EU 加盟国の間にたしかに存在していることを含意すると、一応は考えてよいだろう。各国の政権交代によりどうにでも変更されてしまう政治約束とはわけが違う、法による合意の形式が、EU の対外行動を方向づけているのである。法治国家 EU 諸国にとって、重い事態である。加盟各国の対外的アイデンティティを規定する具体的な行動目標を、ハードローにより定めようとするのが EU のやり方である。

　けれども、国際アクターとしての対外行動を可能にする制度的裏付けが獲得されたからといって、世界戦略がすぐに構築されるわけではない。シェフチェクが適切に整理しているように、分野ごとの固有の展開が相互に関連づけられ、全体としての狙いが指定されないと、戦略にはならない。そのためにも、何を利益としてとらえ、どこまでの手段を許容し、いかにそれを手にしていくのかが、示されなければならない。しかもその戦略が効果的になるかどうかは、加盟国が EU の戦略の基本的価値や狙いや装置を確実に内部化できているかどうかにかかってくる。とくに、フランス、ドイツ、イタリア、ポーランド、スペインといった、域内のビッグパワーおよびミドルパワーの個別の戦略が、EU

の戦略と整合的かどうかが重要になる（Szewczyk 2021: 61）。すでに述べたように、EU はマーストリヒト条約に設定された対外行動のためのアーキテクチャーを、基本的にはそのまま踏襲している。欧州委員会が言葉の厳密な意味で超国家主義を EU に実現しているわけではなく、権限強化はたしかにみられるものの、基本的には欧州理事会（首脳会議）による方向づけと、EU 理事会（閣僚会議）の決定が重視される。欧州議会は拒否権は有するものの、具体的な行動のあり方については、提言にとどまる。後述の、チームヨーロッパ方式が EU のリアルな姿なのである。EU の対外行動を決定するのは、加盟国間の政治である。

　EU 加盟国間に世界戦略構築の必要性を強く認識させたのは、大西洋関係の揺らぎと、非リベラル国家の勢力拡大であった。2017 年のトランプ政権誕生より前に、すでに 2003 年の G.W. ブッシュ政権時のイラク戦争に際して、大西洋関係が未来永劫、確実に維持される保障はないことが意識され、アメリカとは異なる EU 路線の定義が試みられた。EU を国際政治アクターに仕立て上げる対外行動の制度的裏付け（マーストリヒト条約）からほぼ 10 年、EU 初の世界戦略が『欧州安保戦略（ESS）』という文書の形で打ち出された。しかし、その 2003 年 ESS からあとが、すぐには続かなかった。EU 世界戦略の形成には、域内における時熟だけでなく、域外におけるさらなる激変が必要であった（Youngs 2021）。EU が世界戦略を本格的に構築しはじめたのは、2010 年代の実存的危機の時代も半ばを過ぎてからである。ウクライナで東部の戦闘が激しくなり、クリミア半島がロシアに不法に奪い取られ、中国がその巨大さを軍事でも経済でも露骨に示すようになり、しかしイギリスでは EU 離脱をめぐる政治が沸騰し、アメリカのトランプ政権が暗い影を落としていった時期、この時期が、EU 世界戦略の本格的構築の時となった。

　この時期以降の EU 世界戦略関連文書を表 2 にまとめておいた。EU には先行する制度実務の継続が重視される傾向がある（総選挙による政権交代がないというのが、その最たる理由だ）。そのため、この表にまとめた 2015 年以降採択文書の構想が、すべてこの時期にはじめて姿を現した、ということではない。個別の措置については、すでに予定されていたとみるべきではある。異なるのは、自己利益志向の強弱である。EU は、域内の統合が可能にした普遍的価値の達成をグローバルにも実現しようとする、公共善実現のための国連のような主体

表2 最近の主なEU世界戦略関連文書：安保・貿易・開発

2003	欧州安保戦略（ESS）[1]	欧州理事会で採択
2015	全ての人びとのための貿易 [2]	欧州委員会文書
2016	EU世界戦略（EUGS）[3]	欧州理事会で採択
2017	ヨーロッパ開発コンセンサス [4]	EU理事会・加盟国・欧州議会・欧州委員会の共同声明
2019	ヨーロッパのためのアジェンダ [5]	欧州委員会委員長公約文書
	ヨーロッパ・グリーンディール [6]	欧州委員会政策文書
	マルチラテラリズム強化行動 [7]	EU理事会採択文書
2020	EU人権デモクラシー行動計画 [8]	EU理事会採択文書
2021	グローバル・ゲートウェイ [9]	欧州委員会／上級代表共同政策文書
2022	ヨーロッパ成長モデル [10]	欧州委員会政策文書
	戦略的羅針盤 [11]	EU理事会採択文書
	貿易パートナーシップ・パワー [12]	欧州委員会政策文書

出典：筆者作成。文書は以下の通り。

(1) Council of the EU (2003), (2) European Commission (2015), (3) EEAS (2016), (4) EU (2017), (5) Von der Leyen (2019), (6) European Commission (2019), (7) Council of the EU (2019), (8) Council of the EU (2020), (9) European Commission (2021a), (10) European Commission (2022a), (11) Council of the EU (2022), (12) European Commission (2022b).

としてではなく、自らの固有の利益を守るための地政学的プレーヤーとしての性格を色濃くしていく。同じ構想、同じ措置ではあるが、採択の理由づけにかかわる言説に変化がみられるようになる。ちょうどこの時期、当時の欧州委員会委員長ユンカーは「政治的に行動する欧州委員会」（the political Commission）と言い、現委員長のフォン・デア・ライエンは「地政学的に行動する欧州委員会」（the geopolitical Commission）という表現を使い、EUのアクティブな行動の必要性を強調している（Szewczyk 2021: 19）。

まず目立つのが、2003年EESと2016年EU世界戦略（EUGS）の差異である。EUは世界戦略の中心概念を、有効なマルチラテラリズム（effective multilateralism）から、原則を維持したプラグマティズム（principled pragmatism）へと変化させた。この方針のもと、デモクラシーとルールに基づくグローバル秩序の構築へ向け、紛争・危機管理のための包括的アプローチによるEUの安全保障を強調し、とくに市民の安全、サイバー安保、エネルギー安保に力点が

置かれた。これを実現していくための政策措置を導くヘッドライン項目が、下記のように措定された（EEAS 2016）。

- 国際法ベースのグローバル秩序、とくに国連安保理改革、国際金融機関に対するアカウンタビリティ・代表性・責任・効果的実施・透明性の諸原則
- 国連 PKO 参加（共通安全保障防衛政策〔CSDP〕の能力構築ミッション）
- 気候変動対策と持続可能な開発目標（SDGs）の実施
- 開放的なルールベースの経済システム、世界貿易機関（WTO）中心のグローバル貿易ルール
- 国連海洋法条約（UNCLOS）に基づくグローバル海洋安全保障
- 大量破壊兵器および通常兵器の不拡散・貿易管理の国際規範
- 国際人道法・国際人権法・国際刑事法上の責任の追求、そのための国連人権理事会・国際刑事裁判所・国際司法裁判所の管轄権最大化
- デジタル・ガヴァナンスとサイバー・セキュリティをマルチラテラルに推進
- 宇宙利用の国際行動規範
- 持続可能なエネルギーのためのマルチラテラル・メカニズム
- 伝染病のグローバルな発生を防ぐための取り組み
- バイオ技術、AI、ロボットについてのグローバル・ルール構築

　一見したところ、グローバル公共善実現の方向性に変化はないように見受けられるが、ポイントは、原則を維持したプラグマティズムという新たな方針である。これが何を意味しているのか、明確な定義はなく、EU の各機関、各加盟国とも解釈はそれぞれであろうが、端的に言って、これまでの普遍的価値志向の一貫性追求（という建前）から離れ、原則に基づかない場合もありうることを正当化する（実態を追認する）表現でもあり、よく言えば EU のための行動を柔軟に進めていこうという主旨であるといえよう。表 2 にまとめた世界戦略文書の採択過程と軌を一にして、「地政学的（geopolitically）」や「欧州主権（European sovereignty）」という用語が EU 機関や加盟国首脳の発言に頻出していくが、原則を維持したプラグマティズムという用語とともに、これまでとは異

なる言葉が使われるようになってきたことに、注意していきたい（Youngs 2021:
60）。メッセージ性は明らかだ。EU は、グローバル・ガヴァナンスのための公
共機関を装いつつも、同時に、ヨーロッパ・インタレストのための政治アク
ターになろうとする意図を明示しているのである。リベラル国際秩序と非リベ
ラル国際秩序が併存する時代にあって、EU が専守安全保障のための利益計算
を進めていることが、こうした用語法の背景にある（Ibid., 80）。原則を維持し
たプラグマティズムによる、ルール・ベースのグローバル秩序の実現をコア・
インタレスト（中核的利益）として措定するのが、EU の世界戦略であると整理
できるのだが（Szewczyk 2021: 20）、コア・インタレストに即している限りにおい
てルール・ベースのグローバル秩序を追求するのであり、コア・インタレスト
に即したものとなるようなルール・ベースのグローバル秩序の構築が、EU 対
外行動の目的にされるのである。

　このように、LIO の真にグローバルな実現によってのみ、EU のコア・イン
タレストの実現が可能であるとする加盟 27 ヵ国の集合的政治意思は——いざ
となればヨーロッパ・インタレストが優先されるという構えが取られつつ——
EU の戦略文書のなかに、また EU 機関関係者の声明のなかに、見て取ること
ができるのだが、問題は、EU が加盟国を持続的に方向づけていくことができ
るかどうかである。非リベラル化の顕著な一加盟国が、EU 路線にそぐわない
発言を何度も繰り返すようになり、EU の集団行動から大きく軌道を外れてい
くことも、決して想定しえないわけではない。EU 自身の世界戦略の策定は、
こうした事態を常態化させないための取り組みでもあることに注意したい。欧
州委員キャビネットの構成員や欧州委員会職員といったブリュッセル官僚たち
が、加盟国の EU 担当者と日々の交渉を通じて策定していく戦略文書群は、
EU として集団行動を取り続け、LIO 実現を目指していくことの利点を加盟国
に説くための、政策モデル提案書でもある。もはやヨーロッパ統合の深化が自
明の善だとはいえない状況にあってなお、EU は自らの存在価値を売り込まね
ばならない。その対外行動版が、世界戦略である。

　とくに EU が力を入れてきたのが、貿易と環境、開発といった、非安保の政
策分野である。EU はここに独自の政策モデルを構築すべく、本格的な行動指
針を立て、世界戦略文書に同期させていく。以下、紙幅の関係ですべてを詳細

に紹介することはできないが、LIO を推進する普遍的価値追求主体であろうとしつつも地政学的プレーヤーへ転換しようとする EU の、現在の両面性を確認しておきたい。

マルチラテラリズム

　地政学的関心を明確に示した文書が、欧州委員会により 2021 年に提出された『マルチラテラリズム強化行動』(European Commission 2021a) であった。同様の題名の文書が 2019 年に EU 理事会で採択されているが (Council of the EU 2019)、こちらの欧州委員会版では地政学的関心がいっそう明示的である。現在は転換のときであり、地政学的ライバルとの対抗関係に直面しているため、EU にはいっそうの利益ベース・アプローチが求められるという主張が、この政策文書の基調にされている。このアプローチの追求にあたって EU が重視すべきなのが、第三国、国際組織、地域組織とのパートナーシップや同盟のいっそうの深化拡張であるという。とくに、NATO、アフリカ連合（AU）、ASEAN（東南アジア諸国連合）、CELAC（ラテンアメリカ・カリブ諸国共同体）や、国連平和構築委員会（UN Peace-building Commission）および国連人権理事会、そして世界保健機関（WHO）と WTO の強化が政策課題としてあげられるが、このマルチラテラリズム推進にあたっては、対外行動と域内共通政策の整合性の確保が重要であり、どこまでも「成功するためには単一主体として行動しなければならない (The EU must deliver as one to succeed as one.)」という路線が強調され、真にインクルーシブなマルチラテラリズムが行動目標に掲げられる。この目標のもと、対外行動と域内共通政策の整合性確保を目指す単一主体 EU は、人道支援と開発援助のネクサス（結合）、国連持続可能な開発目標（SDGs）の追求、開放的で公正なルールベースの貿易体制、ヨーロッパ・グリーンディールとデジタル化による野心的なグローバルスタンダード・規制アプローチ、国際金融制度(IFIs) の透明性と効率性を、対外行動の対象として重視する。IFIs 改革については、欧州投資銀行（EIB）と欧州復興開発銀行（EBRD）を国際通貨基金(IMF) および世界銀行と密接に関係づけ、将来的には欧州開発金融制度の構築を目指すべきだという。あとでまたふれるように、EU 世界戦略が志向するのは、優先的政策分野における EU 発の国際規範、グローバル・スタンダードの

追求であり、そのためのグローバル協力の拡張である。世界のルールメーカー
EU による、インクルーシブな（EU リベラリズムを受け入れられる国々を包摂する）
マルチラテラリズムが、EU 世界戦略のコアに据えられている。

グリーン化とデジタル化

『マルチラテラリズム強化行動』で強調されたグリーン化とデジタル化は、
フォン・デア・ライエン欧州委員会（2019～24年）によって、最重要課題に据
えられていた。彼女のプラン『ヨーロッパのためのアジェンダ』(Von der Leyen
2019) は、ヨーロッパを世界初の気候中立大陸にすること、社会的公正と繁栄
をともに実現すること、デジタル経済を安全かつ倫理的に発展させること、
ヨーロッパ市民・ヨーロッパの価値を守ること、そして責任あるグローバル・
リーダーになり、デモクラシーを守り強化することを、公約としている。この
アジェンダは、7年間2兆ユーロにおよぶ EU 史上最大の予算によって後押し
された。その特徴として、包括的アプローチを指摘できる。それは、環境の正
義、社会の公正、ジェンダー平等といった、産業至上主義を相対化していくポ
ストモダンの価値をメインストリーミング（主流化）させながら、広範な政策
分野を包摂するグリーン化とデジタル化を進めようという政策プログラムの構
築である。そしてこの方向性が、SDGs の達成を目指すという EU 対外行動と
合致すると主張される。

　フォン・デア・ライエンのプランのなかでは、デジタル化は広大な政策領域
を包摂し、人間のための技術・公正な経済・民主的な社会といった基本価値の
実現に資するものと理解される。それは換言すれば、コロナ以後の経済復興を
可能にする新時代経済社会モデルの提示であり、政策文書『ヨーロッパ成長モ
デル』(European Commission 2022a) のなかで体系的に説明されている。この文書
は要するに、グリーン化とデジタル化による経済成長構想なのであるが、EU
は「急速に悪化する地政学的コンテクスト」(Ibid., 1) に対応すべく、このモデ
ルの追求を通じて自らの持続的な成長を確保しようとすべきであり、そのため
にも、デジタル分野の「グローバル・スタンダード設定の先導者」にならなけ
ればならないと強調される (Ibid., 7)。

貿易と環境

EU 規制を普及させようという対外行動目標を具体化する方法は、政策文書『貿易パートナーシップ・パワー』(European Commission 2022b) にまとめられている。EU の域内経済統合手法を域外に波及させるためのチャネルとして、EU はかねてより、一般特恵制度を適用する貿易協定を利用してきたが、その手法は、協定文書のなかに TSD（貿易・持続可能な発展）チャプターを組み込むというものであった。『貿易パートナーシップ・パワー』はその射程範囲を整理したもので、貿易協定が人権保護、ディーセントワーク、気候変動・環境保護、国際労働機関（ILO）の諸規範といった EU の諸価値の実現に貢献し、ヨーロッパ・グリーンディールの域外での実現に帰結するがゆえに、グローバル・ガヴァナンスを促進していくという認識が、強調されている。こうした持続可能性という価値をメインストリーミングするための EU 環境保護基準、EU 労働保護基準の、域外での実現を目指す貿易協定には、純粋にモノの自由移動のための規制類の共通化もしくは相互承認を目指すという構えにとどまらず、女性の経済参加、女性の経済力改善（エンパワーメント）の促進というジェンダー平等の推進が盛り込まれている。家族観にもかかわるアイデンティティ政治のアジェンダが、貿易パートナーシップ・パワーの対象にされているのである。

この文書には、以上の実体規範とともに、貿易パートナーとの政策対話や市民社会団体の参加といった、手続規範も提示されている。多くの EU 文書に共通にみられるマルチアクターシップの、あらためての強調である。EU 規制のグローバル化は、政府代表のみならず、市民社会団体も包摂した、全面的な利害当事者協議過程を通じて実現されるべきであるという、EU のいわばフィロソフィのようなものを、ここに見て取ることができる。この官民パートナーのプロアクティブな協力は、形だけのキレイゴトに終始するものではない。『貿易パートナーシップ・パワー』は、TSD チャプターのモニタリング強化を訴える。その役割が、市民社会団体に期待される。そして貿易制裁は最終手段ではあるが、排除されないという。TSD チャプターを盛り込んだ特恵貿易協定締結国との貿易量は、2021 年で、1 兆 8910 億ユーロ（およそ 265 兆円）にもおよび、EU 貿易全体の 44％を占めるにいたっている（European Commission 2022c）。こうした規模を誇る特恵貿易協定という政策手段は、人権とデモクラシーのグ

ローバルな実現という対外行動目的にも利用されるべきだというのが、EUの理解である。『EU人権デモクラシー行動計画2020−24』(Council of the EU 2020)では、特恵貿易協定を梃子にEUが人権とデモクラシーのアドボカシーとして行動し、国連システムとの協力体制を広範に実現していくべきだとする方向性が打ち出されている。EUの貿易という政策手段は、一定の政治的意図の実現を予想しうる規模を有するという点に、留意しておきたい。

開　発

　ポストモダンの価値を前面に押し出し、EU社会モデルを域外に実現していこうとするEU対外行動の戦略性は、開発援助にもみられる。EUは2017年にEUと加盟国が共通の指針でもって開発援助を進めていくために、『ヨーロッパ開発コンセンサス』(EU 2017)を採択した。あとでふれるように、EUと加盟国の開発援助額の総額は、アメリカ国際開発庁（USAID）を超えて世界最大である。LIOのあり方に与える影響は大きい。

　この文書は、直接的には2030年までの国連持続可能な開発目標（SDGs）を達成するためのものであり、EUの開発援助の目的として、デモクラシー、法の支配、人権、基本的自由、人間の尊厳、平等、国連憲章・国際法の尊重、平和・紛争防止、環境保護、自然災害支援、一層強固なマルチラテラル協力とグローバル・グッドガヴァナンスが謳われている。このうち、デモクラシーと法の支配はSDGsの文書のなかで強調されているわけではないがEUはそれが、持続可能な発展にとって最重要だという認識を示している。SDGsは国連文書であるため、各国の政治体制にかかわる文言は採用できない。しかし、EUはSDGs達成のためには、LIOの構成要素たるべき統治体制が必要であるというのである。また、EUが目指すのは権利ベースの開発協力であり、開発援助先選定にあたってエスニシティ・ジェンダー・年齢・障害・宗教信条・性的指向性は問わないと明示する。ここでも、ジェンダー平等がEUの価値として強調される。そして、やはりまた、市民社会団体の参加を促進するという形で政治対話が重要視される。

　EU開発援助政策を一段とグレードアップして、中国の一帯一路構想に対抗しようとしたのが『グローバルゲートウェイ』構想である (European Commission

2021a)。『ヨーロッパ・グリーンディール』とともに、EU世界戦略の重要な柱とされている。コネクティヴィティ構築のためのグローバル・インフラに向け、2040年までに総額13兆ユーロ（約1600兆円）、毎年1兆3000億ユーロ（約160兆円）の規模の資金を、EU・加盟国・公的投資銀行・民間のすべての力を結集して用意していくという壮大なプランである。その基本認識は、これまでのヨーロッパ統合の経験に根ざしたものである。気候変動、環境保全、保健医療、経済競争力のためにグローバル・インフラが必要なのはあきらかであるが、現在までのところ、それは地域間で整合性がなく、かつ結合もされていない。そこで、デモクラシーの国々がこうしたもっとも重要な世界大の問題に対して、解決能力を示すことが肝要であると強調される。EUが域内でインフラの連結性を達成できたのは、デモクラシーの国々による統合だからだという認識が、あきらかに含意されている。とくに、グローバル・インフラの建設にあたって重要なのが、透明性と高い質的水準、参加と対話、持続可能な資金つまり重度債務に陥らないためのEUスタンダードの採用なのだという。このEUスタンダードの質的高さが、人権、社会権、労働者の権利という点で強調され、倫理的アプローチの重要性が説かれ、借金依存の地域を作らないという、中国の一帯一路の失敗を告発するかのような論理構成が、『グローバルゲートウェイ』という政策文書の基本に据えられる。そしてここでもまた、EU的価値のコアとして、差別禁止とくにジェンダー平等やインクルーシブ政策そして透明性と開放性が、EUマネー利用の条件として提示される。

　『グローバルゲートウェイ』は、その手法においても、EUスタイルを追求する。連結性達成に必要な、EUシングルマーケットの良き経験として、規制収斂によるスタンダード化、サプライチェーンの統合、金融サービスによるビジネスフレンドリーな環境の構築が、EUマネー投下の直接の目的とされるのだが、これらの達成事例が、開かれた競争マーケットのEU規制モデル（EU regulatory model）なのであり、それゆえそのグローバルな構築、拡散が、世界の目指すべき目標だとされる（Ibid., 5）。またこのような、債務不履行にしない・させないためのEUルール、EUスタンダードという発想は、IMFやOECD、G20との連携を通じて達成されていくべきだと考えられている。つまりこの文書では、各国の主権に食い込むようなEU規制モデル拡散を達成する

ためのマルチラテラリズムが、提起されているのだともいえる。

　規制モデルの拡散はまた、域外との連結性プロジェクトを通じて追求される。『グローバルゲートウェイ』では、2018 年 EU アジア連結性戦略、日本やインドとの連結性パートナーシップ、西バルカン経済投資計画、東方パートナーシップ、南方近隣政策といった既存のプランを活かしていくこと、EU において進められてきた TEN-T（トランスヨーロッパ運輸ネットワーク）を西バルカン、トルコ、東方パートナーシップ諸国に、そして TMN-T（トランス地中海運輸ネットワーク）は南方近隣諸国に延長していくこと、以上をさらに拡張して、サブサハラ・アフリカや中央アジアにも持続可能な運輸ネットワークを拡大していくこと、そうしてヨーロッパ大陸を超えて、ラテンアメリカにデジタルハイウェイを構築し、この分野の EU・ラテンアメリカ同盟で規制を収斂させていくこと、さらにはパワーアフリカ計画によりアフリカ EU グリーンエネルギーイニシアティブを進め、アフリカにエネルギーのシングルマーケットを創設する計画まで、『グローバルゲートウェイ』には盛り込まれている。このような壮大な戦略は、欧州委員会とビジネスパートナーおよびチームヨーロッパ・イニシアティブで進めていくべきことが明記されている（Ibid., 12）。この点にも留意しておきたい。EU はどこまでも加盟国間の集団行動により駆動力を得るのであり、その集団行動にはさらに加えて市民社会が組み込まれていく。

EU の能力、世界戦略の実績

　これまでみてきた EU 世界戦略の構図について、その特色をどうとらえるかが本章の課題であるが、その議論に移る前に、EU の能力やこれまでの実績について、概略的にでも把握しておきたい。

　まず予算について確認しておこう。EU が対外行動予算として定義しているのが、表 3 の項目である。7 年間の中期 EU 予算合計で、およそ 18 兆 3000 億円（1 ユーロ 146 円で計算）におよぶのだが、これをたとえば 2020 年の ODA 実績と比較してみると、アメリカは総額で 360 億ドル（3 兆 8000 億円）、日本は 203 億ドル（2 兆 1721 億円）にのぼる（2020 年平均レート 1 ドル 107 円、外務省のウェブサイト『ODA 実績』より）。比較対象が日米という援助大国だとはいえ、開発という一分野単年度の数字と比べて、日本は上回るものの、アメリカは下回る。

表3　EU 対外行動関連予算（2021〜27年、2018年価格）

安保防衛 （149億2200万ユーロ）	域内安保基金	19億3100万ユーロ
	原子炉安全廃止	11億7800万ユーロ
	関連専門機関	14億8800万ユーロ
	欧州防衛基金	79億5300万ユーロ
	越境軍事輸送	16億9100万ユーロ
	調整差額	6億8100万ユーロ
近隣政策・対外政策 （1105億9700万ユーロ）	近隣政策	794億6200万ユーロ
	人道支援	115億6900万ユーロ
	共通外交安保政策	26億7900万ユーロ
	海外領土（含グリーンランド）	5億ユーロ
	その他	15億4200万ユーロ
	加盟前支援	141億6200万ユーロ
	調整差額	6億8400万ユーロ

出典：欧州委員会ウェブサイトより作成。
https://ec.europa.eu/info/sites/default/files/about_the_european_commission/eu_budget/mff_2021-2027_breakdown_current_prices.pdf（2022年10月20日アクセス）

EU の対外行動予算がダイレクトに LIO に影響を与えるほどの規模だとは考えにくい。しかも表3のように、安保防衛といっても、本格的な武力行使に直接かかわる費目ではなく、そもそも原発の廃炉支援もここに組み込まれている。EU 対外予算として目立つのは、近隣政策だ。795億ユーロ（9兆7785億円）が2021〜27年の中期予算期間に計上されている。予算規模でみるかぎり、EU の関心は世界であるよりも、拡大欧州にある。

　ただし以上のような EU 対外予算は、あくまでも EU として行動する場合のマネーである。ここに加盟国のマネーが加わることで、チームヨーロッパが成立することには留意しておきたい。EU 世界戦略は通常は EU と加盟国の共同プロジェクトとして遂行される。これが上手くいくかぎりにおいて、一定のプレゼンスが成立する。EU 対外行動予算の規模だけで EU の実力を測ってはならない。

　次に、EU 対外行動の規模を確認しておこう。表4に EU 対外行動局（EEAS）が一般向けにまとめたものを示しておいた。2020年一年間の数字であるが、実態をイメージすることはできよう。EU は決して大国とはいえないものの、チームヨーロッパというその存在形式は、LIO を構築していこうとする先進国をこの世界に丸々一ヵ国追加したのと同じ効果をもたらしているといえ

表4　EU対外行動の規模（2020年）

資金規模	
貿易（輸出入）	世界貿易の16%のシェア　世界最大規模
開発援助	668億ユーロ EUと加盟国の総額で世界最大規模
人権活動支援	6500団体／人に支援
人道支援	21億ユーロ　90ヵ国に拠出
インフラ投資支援 （グローバルゲートウェイ2021〜27年）	3000億ユーロ 2040年までにEU・加盟国・公的投資銀行を合わせて13兆ユーロが目標。デジタル・気候変動・エネルギー・運輸・医療・教育・研究に投資
気候変動	234億ユーロ
Covid-19（チームヨーロッパ方式）	340億ユーロ 11億回分ワクチンを61ヵ国3億8500万人に供与
人員規模	
EU代表部の数	145ヵ国
スタッフ数（EEASとEU代表部）	6000人以上
EEAS出向の加盟国外交官数	400人
選挙監視団派遣数（2000年以降）	160ミッション

出典：EEAS (2022) The EU as a Global Actor, https://www.eeas.europa.eu/eeas/eu-global-actor_en より作成（2022年10月23日アクセス）。
※ EEAS（European External Action Service：欧州対外行動庁）

　る。チームヨーロッパ方式で実現したコロナワクチンの途上国への供与は、EU市民のためのワクチンを域内に大量に確保したうえでのことではあっても、欧州委員会の誇るところである。

　すでに述べたように、EU対外行動の柱は貿易・環境・開発なのではあるが、2000年以降、EUによる選挙監視団派遣は、160件にもおよぶ（表4）。紛争防止・平和維持活動に関して、EUは着実に経験を積んでいる（表5）。その射程は旧ユーゴ諸国、ロシアとの境界領域、アフリカと中東であり、ヨーロッパ周辺エリアを主とするものである。決してグローバルな射程をもつわけではないが、軍民双方でミッションの経験を蓄積していくことは、チームヨーロッパ方式のトレーニングにもなる。上述の『人権デモクラシー行動計画』にとって、

表5 EUの文民・軍事ミッション（総スタッフ数4000人）

ミッション名	発足	派遣先と支援内容
EUFOR Althea	2004年	ボスニア・ヘルツェゴビナ。軍支援。
EUBAM Rafah	2005年	ガザ。国境管理支援。
EUBAM Moldova & Ukraine	2005年	モルドバとウクライナ。国境管理支援。
EUPOL COPPS/ Palestinian Territories	2006年	パレスチナ。治安司法部門制度構築支援。
EU NAVFOR Somalia	2008年	ソマリアおよびアフリカの角。平和維持。
EUMM Georgia	2008年	ジョージア。紛争監視。
EULEX Kosovo	2008年	コソボ。法の支配確立支援。
EUTM Somalia	2010年	ソマリア。軍事訓練・指導助言。
EUCAP Somalia	2012年	ソマリア。文民海洋安保。
EUCAP Sahel Niger	2012年	ニジェール。文民能力向上支援。
EUBAM Libya	2013年	リビア。国境管理支援。
EUTM-Mali	2013年	マリ。軍事訓練・指導助言。
EUAM Ukraine	2014年	ウクライナ。指導助言。
EUCAP Sahel Mali	2015年	マリ。危機管理。
EUTM RCA	2016年	中央アフリカ。軍事訓練。
EUAM Iraq	2017年	イラク。指導助言。
EUAM RCA	2019年	中央アフリカ。指導助言。
EU RACC Sahel	2019年	サヘル地域（チャド・マリ・ニジェール・ブルキナファソ・モーリタニア）。指導助言、協力調整。
EUNAVFOR MED operation IRINI	2020年	リビア、地中海地域。国際犯罪監視予防（不正武器貿易、人身売買など）。
EUTM Mozambique	2021年	モザンビーク。軍事訓練・指導助言。

出典：EEASのウェブサイト https://www.eeas.europa.eu/eeas/eu-world-0_en より作成。

このトレーニングが重要になる。EUがまとまることによるプレゼンスの増大を今後も志向し続けていけるとすれば、それはLIOへの貢献にも帰結する。

とはいえ、EU世界戦略の柱はやはりなんといっても、貿易と環境と開発である。図1からは、EUの世界貿易ネットワークの壮大さを見て取れるだろう。EUは相手に応じて、貿易協定の種類を使い分ける。通常のFTA（自由貿易協定）や投資協定から、近隣諸国とのDCFTA（深く包括的な自由貿易協定）、特別な関係にある特定の途上国との特恵協定付パートナーシップ協力協定（EPCA）など、その手法は様々だ。EUはこうした貿易協定に、すでに述べたようなTSDチャプターを組み込もうとしてきた。貿易協定ネットワークを通じて環境関連のEU規制を域外に拡散していこうとする方策の実現状況を、表6にまとめ

図1　EUの貿易協定網

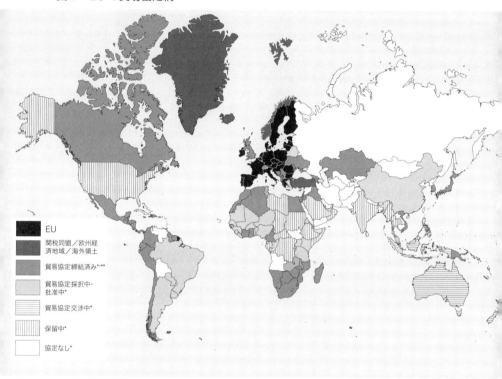

* EU
* 関税同盟／欧州経済地域／海外領土
* 貿易協定締結済み*·**
* 貿易協定採択中・批准中*
* 貿易協定交渉中*
* 保留中*
* 協定なし*

＊地図に示した貿易協定の種類は次の通り。自由貿易協定（FTA）、深く包括的な自由貿易協定（DCFTA）、投資協定、高度なパートナーシップおよび協力協定（EPCA）、特恵協定付パートナーシップ協力協定（PCA）。

＊＊チリ・チュニジア・東南アフリカ諸国との協定は現在改訂中。メキシコとの改訂協定は現在批准中。ジョージアとのDCFTAは南オセチアとアブハジアには適用せず。UKとの協定は暫定適用中、一部は批准停止中。

出典：European Commission (2022) *World map of EU trade agreements*より作成。

表6 TSD（貿易と持続可能な開発に関するルール）を含んだ貿易協定締結国

発効済み	批准手続き中	交渉中
中米グループ アンデス共同体	メルコスール	
韓国 カナダ 日本	チリ メキシコ 中国	オーストラリア ニュージーランド インドネシア
モルドバ ジョージア ウクライナ		
シンガポール ベトナム		
イギリス		

出典：欧州委員会のウェブサイト https://policy.trade.ec.europa.eu/development-and-sustainability/
sustainable-development/sustainable-development-eu-trade-agreements_en#tsd-review-2021（2022年
10月15日アクセス）
※中米グループ：パナマ・グアテマラ・コスタリカ・エルサルバドル・ホンジュラス・ニカラグア
※アンデス共同体：コロンビア・ペルー・エクアドル
※メルコスール：アルゼンチン・ブラジル・ウルグアイ・パラグアイ

表7 ACP（アフリカ・カリブ海・太平洋）諸国への開発援助

協定	発足年	EU加盟国数	ACP諸国数	欧州開発基金 (EDF) €
ヤウンデ協定 I	1964年	6ヵ国	18ヵ国	5億8100万
ヤウンデ協定 II	1969年	6ヵ国	19ヵ国	6億6600万
ロメ協定 I	1975年	9ヵ国	46ヵ国	31億2400万
ロメ協定 II	1979年	9/10ヵ国	57ヵ国	47億5400万
ロメ協定III	1984年	10/12ヵ国	66ヵ国	77億5400万
ロメ協定IV	1989年	12ヵ国	69ヵ国	108億0000万
ロメ協定IV 2	1995年	15ヵ国	71ヵ国	129億6700万
コトヌ協定	2000年	15ヵ国	77ヵ国	135億0000万
コトヌ協定2	2005年	27ヵ国	78ヵ国	226億8200万
コトヌ協定3	2010年	27/28ヵ国	78ヵ国	305億0600万

出典：Cartbone（2017: 295）
※なおACP諸国は2020年以降、OACPS（アフリカ・カリブ海・太平洋諸国機構）を組織している。

ておいた。中米グループやアンデス共同体、メルコスールといった地域共同体組織との連結に注目したい。EU 規制の移植を進めるためのインターリージョナリズムが、EU 世界戦略の一環として追求されている。

　最後に、開発援助の規模にもふれておこう。EU の ODA は加盟国と合算すると、2020 年実績で 668 億ユーロ（8 兆 2164 億円）にもおよぶ。これは世界最大である（表4）。その内訳になるが、同じく 2020 年にドイツは 325 億ドル（3 兆 4775 億円）、フランスが 186 億ドル（1 兆 9902 億円）を拠出していることに注意したい（2020 年平均レート 1 ドル 107 円、1 ユーロ 123 円で計算。外務省のサイト『ODA 実績』より）。独仏合計のおよそ 2 倍近くに上る EU としての援助額に、上述の『ヨーロッパ開発コンセンサス』という加盟国共通の援助基準が与えられているのである。

　EU 世界戦略のポテンシャルという点で注目しておきたいのは、ACP（アフリカ・カリブ海・太平洋）諸国への開発援助である。EU 諸国は旧植民地国と特別な関係を保ってきた。表7 に示したように、1964 年のヤウンデ協定にはじまり、以来 5 年おきに援助内容や条件を改定し、ロメ協定、コトヌ協定と進展してきたこの特別な関係は、2010 年には 78 ヵ国 305 億ユーロの援助規模に発展した。現在この ACP 諸国 79 ヵ国が OACPS（アフリカ・カリブ海・太平洋諸国機構）を組織し、EU との議会交流なども含め、ヤウンデ協定以来の関係の深化が図られている。たとえば日本は世界 180 ヵ国を超える国々への援助ドナー国であるが、EU の場合、上述の『ヨーロッパ開発コンセンサス』や『グローバルゲートウェイ』について示したように、EU 的価値、EU 規制モデル、EU 政策プログラムの移植が、少なくともその構えにおいては、ACP 諸国との特別な関係のなかで継続的に試みられているのである。これを新植民地主義として批判的視点から見ていくべきかどうか、研究スタンスが分かれるところであるが、EU の LIO 志向に内在する戦略性を想定しておくべき動きであることは、たしかであろう。

第 2 節　EU 世界戦略の特徴

　以上みてきたように、LIO の今後について EU を起点に論じることには、た

しかに一定の意味を見出せよう。EU 自身の対外行動が権限において認められ、無視しえないレベルの資金力を手にし、独自の行動計画を遂行することができ（決して加盟国の補助機関に過ぎないわけではなく）、その計画に即した対外行動はグローバルな秩序形成に対する貢献をたしかに含んでいる。そしてその EU が、地政学的プレーヤーへの転換を目指していることも、たしかに見て取ることができる。シェフチェクが適切に整理しているように、LIO の構築とその維持をコア・インタレストとして定義し、平和と繁栄と多国間枠組みの構築を目指し、つまりは EU リベラリズムの価値を容認するかぎりにおいて世界各国を包摂していく広範なリベラル政治同盟を目指し、そのために大西洋同盟を再活性化させるべく、NATO・EU 関係の深化と多角化を進め、地経学的パワーをも手にしていこうとしているのが、EU の方向性であり、そのために必ずしも EU リベラリズムにはそぐわない政策であっても、これを敏捷に採用し直ちに遂行していくことができるかどうかが、問われているともいえるだろう（Szewczyk 2021: 291）。以上が、世界戦略を追求する構えを見せる EU 対外行動の現在の姿である。

　では、EU が志向する LIO とは、どのような LIO であろうか。それはグローバルウエストを一体化させるに過ぎない秩序構想なのだろうか。それとも、グローバルサウスをも包摂していくことの可能な構想であろうか。大国化した権威主義国が模索する非リベラル国際秩序とのせめぎ合いのなかで、EU の構想にどれほどの意義を見出せるのか。いうまでもなく、アメリカとの大西洋同盟を脆弱化させることがないかどうか、また中国に対して強度をもちうる構想であるのかどうかが、EU の LIO への貢献を見定めていくうえで、重要な研究課題となる。EU 視点で LIO のこれからを考えていくことを目的とした本書にとって、対米・対中関係についての本格的な研究は射程を超える。ここでは、EU 世界戦略の特徴を見定めておくことに限定したい。上述のように、EU 条約は、EU スタイルの価値規範をグローバルに投影していくべきことが、EU 対外行動の目的であると、規定している。これに戦略性を与えようとしてきたのが、2000 年以降の EU の動きであった。EU の地政学的・地経学的志向性を、EU モデルのグローバルな移植という方向に具体化しようとしているのである。これをいかにとらえ、その意味を理解していくべきか。以下、EU の対外的影

響力についての先行研究を概観したうえで、EU の世界戦略の特徴を整理してみたい。

EU の対外影響力に関する先行研究

　ミュラーとフォルクナーが適切に整理しているように、EU 独特のパワーをいかにとらえるべきかが、2000 年以降の EU の対外的影響力に関する先行研究の、基調をなす問いであった。EU 域内の達成が、域外への影響力に直結するとみて、そのパワーのあり方を、たとえばリージョナルパワーやグローバル規制パワー、セカンドスーパーパワー（世界で 2 番目の超大国）、民生パワー、倫理パワー、規範パワーなどといった、多様な、しかし基本的には域内の達成が域外のプレゼンスを可能にしていると理解するパワー概念が提案されていった。それは主として政治を把握しようとする EU 対外関係論（EU external relations）として、また政策を評価しようとする EU 対外ガヴァナンス論（EU external governance）として、EU 政治の研究にたしかに活力を与えてきた（Müller and Falkner 2014）。こうした研究潮流は、これまで本章で概括的に把握しようとしてきたような、EU 対外行動の推進を通じた世界戦略の構築という流れと軌を一にしている。EU がいかに自らのルールやスタンダードをグローバルに浸透させようとしてきたのか、そのパワーはどのように理解すべきなのかという問いが、研究の中心となってきた。

　これに対して、ミュラーとフォルクナーは、パワー論を基調とした研究の修正を提案する。パワー論もそれをベースとしたガヴァナンス論も、結局は、EU が政策形成者（a policy shaper）なのか、それとも政策受容者（a policy taker）にすぎないのかを検討しているわけで、そうであるなら、EU 政策輸出論という政策研究の課題を整備すべきではないのか、というのである。つまり、グローバル・ガヴァナンスに対する EU の政策の特別な影響や、あるいは EU 理念のグローバルな影響力をどう把握するか、といった EU への向き合い方よりも、要するに EU が形成した政策がどれほど輸出されているのか、またそのプロセスはいかなるものであるのかを、政策論として実証的に研究すべきではないかという視点である。ミュラーとフォルクナーは、水平的政策輸出と、垂直的政策輸出に分けて、EU 政策域外移植メカニズムを調査しようとする。前者

の水平的政策輸出では、EUと各国のバイラテラリズムが、後者の垂直的政策輸出では、EUと国際組織のマルチラテラリズムが、それぞれ考察の対象とされる。そしてそのそれぞれにおいて、EU政策が新モデルの場合と、すでにEU域外で採用されている既存の政策モデルの修正の場合とで、関係のあり方が異なり、加えて、交渉によるEU政策の外部化なのか、説得によるEU政策の模倣促進なのかという方法の相違も、分野ごとにまた情況に応じて、みえてくるのだという（Müller and Falkner 2014）。

　本章の問題関心にそくしていうと、LIOのなかに自らの存在を埋め込もうとするEU世界戦略の有効性は、こうした政策輸出の成否に依存してくることになるわけだが、その場合、必ずしもマルチラテラリズムによる説得が主となるのではなく、バイラテラリズムによる交渉が基本線となることもある。この点に留意しておきたい。ヨーロッパのコア・インタレスト実現へ向けた、バイラテラリズムによる地政学的行動に視線を向けることなく、開放的なルールベースのマルチラテラリズムを志向するEU像なるものを、固定化させてはなるまい。

　同じく、EU独特のパワー論に批判的なスタンスをとりつつ、しかし政策輸出論とは逆に、EU対外行動発展の要因を域外からの影響に求めたのが、ヤングスのアウトサイド・イン・アプローチである（Youngs 2021: 61-74）。彼によると、域内の統合進展により各国の政策が収斂し、EUに特異なパワーが生まれたのはたしかだが、そのパワーをパワーとして認識するようになったのは、域外からのチャレンジに対応しなければならなくなったからである。EUの集団行動が可能になったのは、外からのチャレンジを契機とした、内からのパワー発見によるのではないか、というのである。EU対外行動の駆動力となるはずの外部のチャレンジは、しかし、コンバージェンス（収斂）と同時に、ダイバージェンス（発散）も生みだしてしまうことに、ヤングスは注意をうながす。EU対外行動は域内加盟各国内にEUをめぐる政治化（politicization）を引き起こしてしまい、EU統合に緊張を与えていく可能性が高いというのである。なぜか。

　EU対外行動に影響を与える域外チャレンジを、ヤングスは多分野包摂的な構造的シフトの発生、として理解する。経済ナショナリズム、マイグレーショ

ン、気候変動、エネルギー制約、権威主義国家の台頭、とくにシリア、リビア、ウクライナ、トルコ、ロシア、中国という存在が、すべて複合的にうごめき、EUに対する域外チャレンジとして立ち現れてくる、というわけだ。このチャレンジに本格的に向き合うために、EUはもはやこれまでのような特異なパワーには頼れなくなり、ノーマルなパワーすなわち、ふつうの軍事パワーや経済パワーが必要になる。EU対外行動は、自らの防衛を志向した利益計算に基づき構築されていくようになる。EUは自らの利益を守ることを優先していくため、今後EUが国際問題に影響を与えられる程度や影響を与える形態は、変化していくこととなる。EUが対外的責任よりもインワード傾向を優先する場合も生じてくるであろうと、ヤングスは警告している。以上を問うていく研究方針が、アウトサイド・イン・アプローチである（Youngs 2021: 61-74, 73-4, Box3.1）。しかし彼の警告が正しいとなると、ヨーロッパのコア・インタレストをLIOの維持発展に措定し、EUをそのなかに埋め込んでいこうとする集合的政治意思は、持続的であることが難しくなっていく。多分野包摂的な構造的シフトにあって、すべての加盟国の共通利益を定義するのはきわめて難しい。マイグレーションやエネルギーなど、その最たる例であろう。EU対外行動をめぐって、加盟国内に政治化が発生する可能性が高まっていく。ヤングスの研究は、EU世界戦略の脆弱性を見定めていくべきことを示唆している。

主権侵入的リベラリズム

さて、EU対外行動の起動因を把握していくうえで、EU域内統合実績の域外投影を重視する研究も、またEU域外構造変容に対するEUの適応に着目する研究も、どちらも思想レベルでみれば、リベラリズムの実現という根本目標をEU対外行動の前提として想定していることには変わりない。ここに留意しておきたい。域内のEUリベラリズムを域外にも実現しようとするEUは、域内の非リベラル化の動きを食い止め、EUリベラリズムを守るために対応しようとする。この域内外両方向の動きを把握する研究蓄積が重要になるが、さらに加えて問うておくべきは、EUリベラリズムの特徴である。これをとらえるには、ベルツェルとツュルンによって定式化された、ポストナショナル・リベラリズムの概念が有効である（Börzel and Zürn 2021）。彼らは、第二次大戦後に

アメリカが中心となって西側に構築したリベラル・マルチラテラリズムとは異なる、各国の主権への侵入性と非政府主体の包摂性がともに高い水準で追求されていくべきだとするポストナショナル・リベラリズムの観点を重視する。この観点を基に、EU 世界戦略が追求する LIO の基本的な性質を捕まえていくことができるだろう。以下、この研究から得た着想をもとに、EU 世界戦略の特徴を整理してみたい。EU が自らを LIO のなかに埋め込むために追求している戦略は、次の六つの方針を土台に構築されているといえるだろう。

①リベラルデモクラシーが価値において正しいのみならず、高度な問題解決能力をもちうることを、EU の対外行動を通じて、証明しなければならない。

②排外的ナショナリズムは克服されなければならない。主権の共有は可能であり、主権は共同で行使されるべきであり、それゆえに、主権国家は連帯により、共通政策を進めていくべきである。

③EU は軍事的安全保障や生産・雇用の量的拡大だけでなく、環境の質や公正な労働、ジェンダー平等、多元主義やマイノリティ保護、そして寛容といった価値を、グローバルに実現できるのでなければならない。

④EU の政策プログラムはそうしたコアの価値規範を可能なかぎりメインストリーミング化しながら、多分野包括的に、策定されなければならない。

⑤政府以外の主体が幅広くコミットすべきであり、多国間・多次元の全当事者参加を絶対の原理にしなければならず、定期化された利害当事者協議過程を通じて共有規範を蓄積し、その実現を促進していかなくてはならない。

⑥政治行動は法をベースに進められるべきであり、EU の基本方針や政策は EU 法に具体化されなければならず、可能なかぎり EU 司法裁判所にボイスが与えられなければならない。

EU は以上六つの方針を土台に、世界戦略を策定している。これまで本章でみてきたとおり、その戦略の中軸をなすのが、EU 規制モデルの域外移植であった。この点で注目すべきが、ブラッドフォードの「ブリュッセル効果」についての研究である。なぜ EU 規制が多くのフォロアーをとらえ、グローバルに伝播していくのか、そのメカニズムについて、この研究は次の 5 点に注意を

引いている。ひとつは、世界第 2 位の経済規模をもつ EU のシングルマーケットへのアクセス条件の操作、次に、欧州委員会の技術的専門性や EU 司法裁判所の合法性判断に支えられた規制設定能力、三つめが、ビジネスに重い負荷をかける厳しい規制、四つめに、企業所在地にかかわらず EU 規制を事実上強制する非弾力性、最後に、EU 規制を部分的にしか適用しないと、法的技術的経済的に非合理性が発生してしまうようにする不可分性、以上の 5 点である (Bradford 2020)。とくに非弾力性と不可分性は、EU 規制の作りに関する仕組みであるが、ここがまさに、域内シングルマーケット構築の経験に裏付けされた、EU 規制ならではの特徴といえよう。参考までに、ブラッドフォードがブリュッセル効果を——制限された部分的なものも含めて——見出している EU 規制を挙げておきたい。それは、EU 競争法、一般データ保護規則 (GDPR)、オンラインヘイトスピーチ規制、食品安全関連規制 (GMO 遺伝子組換食品規制など)、化学物質規制 (REACH 規則)、有害物質制限指令 (RoHS 指令)、廃電気電子機器指令 (WEEE 指令)、動物福祉保護関連規制、排出量取引制度 (ETS)、などである。ここからは、上述のように近代産業社会が取り組んできた工業生産力や雇用拡大といったモダンな価値からは離れ、データやヘイト、アニマルウェルフェアやカーボンといった、いわばポストモダンの価値について規制力を増していこうとする姿を見て取ることができる。

　EU の主権拘束性の強いルール志向は、EU 特有の価値意識の追求を伴う。たとえば戦略的パートナーシップ協定の文書や、深く包括的な FTA (DCFTA) といった貿易協定のための文書形式で、各国のアイデンティティ政治もしくは生政治にも食い込んでいく。EU 的ポストモダン・リベラリズムが実に洗練された方法で、自発的合意を想起させるかのように表現され、外交文書用語の共通フォーマット化を通じ、リピートされていく。これは強いていえば、主権概念の空洞化や、国民的アイデンティティの規律化にも帰結すると憂慮されうる方策であり、強い反発を呼び起こしたとしても、決して不思議ではない。

　EU によるヨーロッパ統合が各国内のアイデンティティ政治に直接の影響を与え、EU 自体が加盟国内で政治化の対象となる（もしくは意図的に EU が政治化されてしまう）事態に着目して、統合後退のメカニズムをポスト機能主義として提案したのが、ホーヘとマークスであった (Hooghe and Marks 2009)。域内のポ

ストナショナルアプローチによる統合が停滞すれば、いうまでもなく、EU 世界戦略による LIO への貢献は想定しにくくなる。ベルツェルとツュルンの研究では、ポストナショナルアプローチへの反発として、押し戻し（push back）、修正（reform）、不服従（dissidence）、撤退（withdrawal）の 4 パターンが想定され、実証研究の方向が提案されている（Börzel and Zürn 2021: Figure 1）。この反発パターンは EU 域内でもありうることで、実際に欧州懐疑主義による EU 批判は、反 EU 政党ごとに差異は見られるものの、4 パターンのいずれかにあてはめることが可能である（臼井 2023）。

第 3 節　EU 世界戦略の課題
── リベラルと非リベラルのせめぎ合い

　本章の最後に、リベラリズムをめぐる大きな歴史の流れのなかへ EU 世界戦略を位置づけ、その現在的な課題の深刻さ、重さを、あらためて把握しておきたい。EU の対外行動を駆り立てたものは、政治の思惑が複雑に入り乱れさまざまな経緯があったにしろ、ポスト 1989 のリベラル・ヨーロッパの建設という使命であり、国連と同期したグローバル・ガヴァナンスの構築という使命であった。EU の政策当局者たちは、たしかにこの二つの使命を意識していた。東欧のリベラルデモクラシー革命は EU 近隣政策に帰結し、国連とのパートナーシップは上述の 2003 年欧州安保戦略そして 2016 年 EU 世界戦略の柱に据えられた。すでに述べたように、やがて EU は権威主義大国による非リベラル国際秩序に対抗するため、地政学的プレーヤーへの転換を模索していく。中国、ロシアの強大化という国際政治の変容がこの転換を要請しているのだとしたら、この転換を正統化しているのは EU 自身のリベラルな価値へ向けた集合的政治意思であろう。リベラル・ヨーロッパとグローバル・ガヴァナンスをともに実現していこうとする加盟 27 ヵ国の共有価値意識の強度が、EU 世界戦略と LIO の関係を見定めていくうえで重要になる。

ポスト 1989 のリベラリズム志向
　1990 年 11 月、ベルリンの壁崩壊から 1 年が過ぎた頃だが、当時の CSCE（全

欧安保協力会議）が『新しいヨーロッパのためのパリ憲章』という文書を採択している（CSCE 1990）。リベラリズムを基調とするヨーロッパ世界の到来を、真摯に期待する雰囲気に充ちたテキストである。時を同じくして誕生した EU は、この期待を背負う政治プロジェクトでもあった。パリ憲章にはこう記されている。

> われわれはいま、希望と期待が充たされる時代にいる。それは、人権と基本的自由に基礎づけられたデモクラシーへの強固なコミットメント、自由経済と社会正義を通じた繁栄、すべての国家のための平等な安全保障という、ヨーロッパの諸国民が数十年にわたって待ち望んでいた、希望と期待である。（CSCE 1990）

以来 30 年もの間、EU は着実に、グローバル・アウトリーチを進めてきた。ポスト冷戦時代のグローバル化の進展が、地球的問題群を投げかけてくるなか、国連が 2001 年ミレニアム目標から 2015 年持続可能な開発目標（SDGs）へと、グローバル・ガヴァナンスの向かう先を明示していくが、EU は自らの対外行動を、これに同期させていく。上述の『ヨーロッパ開発コンセンサス』が 2017 年に採択され、2019 年『ヨーロッパのためのアジェンダ』には、SDGs を EU 政策協調メカニズムに組み込むべきことが明記される（このメカニズムはヨーロッパ・セメスターと呼ばれる）。SDGs は開発援助のガイドラインに終始するものではない。それはリベラリズムを基調とするシステムの構築を謳った国連の政策文書である。目指すべき先は、恐怖や暴力から自由な、公正でインクルーシブな社会であり、全利害当事者の参加を実現し、人権と法の支配と正義と平等と差別禁止そしてグッドガヴァナンスを可能にする国内・国際環境である（UN General Assembly 2015）。EU 世界戦略文書には、EU がこうした国連の目標を自らの対外行動指針としていくべきことが、明確に記載されている。EU はこの目標の実現を――地政学的志向性を滲ませつつも――自らのコア・インタレストとして定義していく。

　リベラル・ヨーロッパとグローバル・ガヴァナンスをともに志向する EU 対外行動の戦略性は、前節で整理したとおり、EU リベラリズムを基調としつつ、

市民社会を関与させながら、強度の主権侵入性を追求する。この事実上の主権介入が、連帯という美名に回収され、EU規制モデルがいわばブランド化されていくのであるが、それはどこまでもEU域内でその統合路線が承認されている限りにおいて可能となる。ところが、EUが世界戦略を構築していった2010年代は、実存的危機の10年でもあった。その間に、かつてない規模で、欧州懐疑主義勢力が拡大していく。それは二つの大きな流れを史的背景として生起してきた情況であった。これがEUのLIO志向に暗い影を落としている。

ひとつは、ジーロンカの言うカウンター・レボリューションである（Zielonka 2018）。彼によると、実存的危機以降顕著になっていく反EUの動きは、ベルリンの壁崩壊から東欧革命そしてソビエト崩壊という大きな流れのなかで進んできた、リベラルデモクラシーに対する反動だという。たとえばハンガリーのオルバーン首相などは、自ら非リベラルデモクラシーをEUに対抗して作り出していくと主張するが、それはリベラルデモクラシーのモデル提供者を自負してきたEUにとって、内部からの反乱を意味する。問題は、ポストトゥルース的プロパガンダや人民の名によるエリート批判に対して、リベラルデモクラシーが適切に対応できる力を失っていることにあると、ジーロンカは指摘している。

またもうひとつ、クラステフがアフター・ヨーロッパの到来という事態に注意を引いている（Krastev 2017）。彼によると、ヨーロッパが直面しているのは、ヨーロッパという理念が終焉した時代である。そこでは、ヨーロッパ統合はもはや理想とはみられず、欧州懐疑主義の存在はごく当たり前の風景となる。そもそもEUのリベラルデモクラシーの前提となるポストモダニズムも世俗主義も、グローバル社会ではいぜんとして少数派であり、欧州への懐疑よりもEUへの支持こそが、歴史的には特別なことであったのだと、クラステフはみる。実存的危機の時代に、EUリベラリズムつまりマーケットのリベラリズムとデモクラシーのリベラリズムの双方を批判する急進右派および急進左派の政党が躍進しているのは、ごく当然の流れだというのである。

EUリベラリズム批判の史的背景に、こうした二つの強い動きが存在しているとする見方に留意しておきたい。非リベラルなものからの反発は、必ずや、EU世界戦略の障害となる。先にふれたヤングスの研究でも、域外における反

西側パワーの増大傾向と、域内における欧州懐疑主義政党の躍進が、LIO を志向する EU 対外行動アイデンティティに、不安と緊張をもたらすと指摘されている。これに加えて、EU の地政学的プレーヤーへの転換は、EU によるリベラル価値規範の推進に、修正を迫るものでもある。EU はこれからも世界政治をリードしていこうと試みていくだろうが、その対外行動は今後ますます、非西側権威主義大国の攻撃的ふるまいに曝されていく。そのため必ずしもリベラルとは言い難い方法でもって、対応せざるをえなくなっていく。そう、ヤングスは主張する（Youngs 2021: 71-3）。

　域内で続くナショナリズムや非リベラリズムとの絶えざる戦いの最中にあって、国民的一体性を保護しつつ、いかにヨーロッパとしてまとまり続けられるのか。ヨーロッパ単位の同胞意識はいまだ弱々しい。たとえばカトリック的共同体理念のような強いイデオロギーが一部の周辺的急進右派政党を超えて参照されはじめるとしたら（オルバーンがこれを例示している）、EU の LIO 志向はきわめて難しくなる。ロシアが本格的で大規模なウクライナ侵略を開始した 2022 年 2 月 24 日以降、EU の地政学的プレーヤーへの転換はさらにいっそう進んでいきそうだ。とすれば、EU 世界戦略文書の基礎となる EU リベラリズムは、今後も修正され続けるだろう。

　主権侵入性を本質とする統合の成果たる EU 規制モデルが、域内の欧州懐疑主義勢力によって修正を余儀なくされ、域外の権威主義大国に対抗するためにリベラルな価値の適用停止が必要になっていけばいくほど、LIO を志向する EU 世界戦略という像は、過去のものと化してしまう。結局は、EU という国際政治アクターを存在させ、チームヨーロッパを結成した加盟国の集合的政治意思の持続性が、問われることになる。

■参考文献

臼井陽一郎（2013）『環境の EU、規範の政治』ナカニシヤ出版。
臼井陽一郎（2015）「規範のための政治、政治のための規範——政体 EU の対外行動をどうみるか」臼井陽一郎編『EU の規範政治——グローバル・ヨーロッパの理想と現実』ナカニシヤ出版、9-25 頁。

臼井陽一郎（2020a）「EU によるリベラル国際秩序？」臼井陽一郎編著『変わりゆく EU──永遠平和のプロジェクトの行方』明石書店、7-27 頁。

臼井陽一郎（2020b）「Brexit の政治と EU の規範」臼井陽一郎編著『変わりゆく EU──永遠平和のプロジェクトの行方』明石書店、209-230 頁。

臼井陽一郎（2023）「多様化する欧州懐疑主義、岐路に立つ EU」小久保康之・広瀬佳一編『現代ヨーロッパの国際政治』法律文化社、刊行予定。

Beringer, S. L., Maier, S. and Thiel, M. (2019) *EU Development Policies: Between Norms and Geopolitics*. Palgrave Macmilan.

Börzel, T. A. and Zürn, M. (2021) 'Contestations of the Liberal International Order: From Liberal Multilateralism to Postnationa Liberarlism', *International Organization*, Volume 75, Special Issue 2, pp. 282-305.

Bradford, A. (2020) *Brussels Effect: How the European Union Rules the World*. Oxford University Press.（ブラッドフォード、A.『ブリュッセル効果 EU の覇権戦略──いかに世界を支配しているのか』庄司克宏監訳、白水社、2022 年）

Cartbone, M. (2017) 'The European Union and International Development', in Hill, C., Smith, M., and Vanhoonacker, S., eds., *International Relations and the European Union*, the Third Edition, Oxford University Press, pp.292-313.

Council of the EU (2003) *European Security Strategy: A Securre Europe in a Better World*. December 2003.

Council of the EU (2019) *EU Action to Strengthen Rules-based Multilateralism - Council Conclusions*. 10341/19, Brussels, 17 June 2019.

Council of the EU (2020) *EU Action Plan on Human Rights and Democracy 2020-2024*. 12848/20. Brussels, 18 November 2020.

Council of the EU (2022) *A Strategic Compass for Security and Defence: For a European Union that Protects its Citizens, Values and Interests and Contributes to International Peace and Security*. 7371/22. Brussels, 21 March 2022.

CSCE (1990) *Charter of Paris for a New Europe*, Paris 19 - 21 November 1990. [https://www.osce.org/files/f/documents/0/6/39516.pdf]

EEAS (2016) *A Global Strategy for the European Union's Foreign and Security Policy: Shared Vision, Common Action: A Stronger Europe*. June 2016.

EEAS (2019) *The European Union's Global Strategy: Three Years on, Looking Forward*. September 26, 2019.

EEAS (2022) *The EU as a Global Actor*. 19 May, 2022.

EU (2017) *The New European Consensus on Development: Our World, Our Dignity, Our Future*. Joint Statement by the Council and the Representatives of the Governments of the Member States Meeting within the Council, the European Parliament and the European Commission. 26/06/2017.

European Commission (2015) *Trade for All: Towards a More Responsible Trade and Investment Policy.* COM (2015) 497 final.

European Commission (2016) *State of the Union 2016.* By Jean-Claude Juncker, 14 September 2016.

European Commission (2018) *Feedback and Way Forward on Improving the Implementation and Enforcement of Trade and Sustainable Development Chapters in EU Free Trade Agreements.* Non Paper of the Commission Servies. 26.02.2018.

European Commission (2019) *The European Green Deal.* COM (2019) 640 final.

European Commission (2021a) *Strengthening the EU's Contribution to Rules-based Multilateralism.* JOIN (2021) 3 final.

European Commission (2021b) *The Global Gateway.* JOIN (2021) 30 final.

European Commission (2021c) *Trade Policy Review: An Open, Sustainable and Assertive Trade Policy.* COM (2021) 66 final.

European Commission (2022a) *Towards a Green, Digital and Resilient Economy: Our European Growth Model.* COM (2022) 83 final.

European Commission (2022b) *The Power of Trade Partnership: Together for Green and Just Economic Growth.* COM (2022) 409 final.

European Commission (2022c) *Implementation and Enforcement of EU Trade Agreements.* COM (2022) 730 final.

Hill, C., Smith, M. and Vanhoonacker, S. (2017) *International Relations and the European Union.* The Third Edition. Oxford University Press.

Hooghe, L. and Marks, G. (2009) 'A Postfunctionalist Theory of European integration: from Permissive Consensus to Constraining Dissensus', *British Journal of Political Science,* 39(1), pp. 1–23.

Krastev, I. (2017) *After Europe.* University of Pennsylvania Press. (クラステフ、I.『アフター・ヨーロッパ——ポピュリズムという妖怪にどう向きあうか』庄司克宏監訳、岩波書店、2018 年)

Müller, P. and Falkner, G. (2014) 'The EU as a Policy Exporter?: The Conceptual Framework', in Falkner, G. and Müller, P. (eds.) (2014) *EU Policies in a Global Perspective: Shaping or Taking International Regimes?* Routledge, pp. 1-18.

OACPS (2022) *Strategic Plan of the Secretariat of the Organisation of African, Caribbean and Pacific States (OACPS) 2022-2025.* Brussels, 4 July 2022.

Szewczyk, B. M. J. (2019) 'Europe and the Liberal Order', *Survival,* 61(2), pp. 33-52.

Szewczyk, B. M. J. (2021) *Europe's Grand Strategy: Navigating a New World Order.* Palgrave Macmillan.

Tocci, N. (2017) *Framing the EU Global Strategy: A Stronger Europe in a Fragile World.* Palgrave Macmillan.

UN General Assembly (2015) *Transforming our world: the 2030 Agenda for Sustainable*

Development. Resolution adopted by the General Assembly on 25 September 2015, A/RES/70/1.

Von der Leyen, U. (2019) *A Union that strives for more: My Agenda for Europe – Political Guidelines for the Next European Commission 2019-2024.* Directorate-General for Communication.

Youngs, R. (2021) *The European Union and Global Politics.* Bloomsbury Publishing.

Zalan, E. (2022) 'Borrel wants a Bolder, Faster EU– and Scolds Diplomats to Get to It', *Euobserver*, 11 Oct, 2022.

Zielonka, J. (2018) *Counter-Revolution: Liberal Europe in Retreat.* Oxford University Press.

おわりに

　本書の原点は、2021年11月7日に開催された日本EU学会研究大会公開シンポジウム『ポストBrexitのEU世界戦略：対外関係の再構築と加盟国間関係のゆらぎ』に遡る。本書編者の臼井陽一郎が企画、同・中村英俊がファシリテーターとなり、本書執筆者の池本大輔（第1章）、岩間陽子（第2章）、武田健（第4章）、小林正英（第5章）、神江沙蘭（第6章）が登壇した。ブレグジット後のEUについて、国際政治およびEU域内政治の視点から議論を交わすことができた。このシンポジウムの大まかな記録は『日本EU学会年報』第42号（2022年、53-75頁）で公刊されたが、各報告テーマをより本格的に論じるための出版計画を立ち上げ、オンライン会合を企画した。その際、シンポジウムでは触れられなかったフランスの動きを射程に入れるため、吉田徹（第3章）に参加を要請、快諾を得た。

　ちょうどその時期だった。ロシアによるウクライナ侵攻が勃発する。この衝撃をどう理解すべきか。会合の時間はこの問いに割かれていった。もはや各章すり合わせ出版会合ではなく、新たな研究会合に変わっていた。ブレグジット後のEUがウクライナ戦争の世界でどのような存在となっていくのか。会合は都合3回開催された。議論を通じて、共通の問題意識が浮かび上がってきた。それが、ポスト1989の「リベラル国際秩序（Liberal International Order: LIO）」のゆくえである。ベルリンの壁が崩れ、東西ドイツが統一し、東欧革命が発生し、ソビエトが崩壊したポスト1989のヨーロッパでは、この間に並行して構築されたEUが土台となって東西を再結合しつつ、リベラル秩序を域内外で実現するはずであった。ところが、それがなかなか軌道に乗らない。EUに対するブレグジット、ウクライナ戦争の衝撃は、ポスト1989のLIOのゆくえを探るという長期の時間軸で考えていくべきではないかとの認識で、執筆者は一致した。本書はこうした認識をベースとしている。

　LIOのゆくえを考えるには、もちろん、アメリカと中国の行動および両者の関係が重要になる。アメリカとヨーロッパの関係、中国とヨーロッパの関係も、

きっちりと問うていくべきである。インド太平洋とヨーロッパの地域間関係ももちろん外せない。グローバルサウスと西側の関係も、これまでになく、重要なものとなっている。本書の射程はあまりにも小さい。けれども、ポスト1989のLIOのゆくえという長期の視野から、安全保障共同体ヨーロッパのリベラルな達成と課題（序章）、イギリス・ドイツ・フランスの対ヨーロッパ政策およびLIOへの構え、とくにイギリスにおける対ヨーロッパ外交の敗北（第1章）、ドイツにおける西側統合と東方政策の相克（第2章）、フランスにおけるヨーロッパ・パワー構想の構造的矛盾（第3章）、EU域内のリベラルと非リベラルの相克（第4章）、EU安保政策と各国間ヨーロッパ安保協力の展開（第5章）、EU資本市場同盟の意義と経済通貨統合のゆくえ（第6章）、そしてEU自体の世界戦略構想（終章）について、基本の論点を整理し今後の見通しを付けておくことには、一定の重要性を主張できるのではないだろうか。人類普遍の価値たるべき基本的人権を毀損する権威主義国家の大国化と、リベラルデモクラシー国家内部に巣くう非リベラル政治勢力の拡大という事態のなかで発生した、国連安保理常任理事国の侵略戦争の渦中にあって、LIOの維持発展を基本政策課題とするEUの動向は、押さえておくべきテーマであるはずだ。世界政治のこれからを展望していくにあたって——リベラルな価値に対する西側のダブルスタンダードという批判も意識しつつ——ヨーロッパにまなざしを向けることの意義が読者に伝われば、最後の校正を終えたいま、願うばかりである。

本研究は、日本学術振興会の研究拠点形成事業（A. 先端拠点形成型）「流動化するグローバルなリベラル秩序におけるEUと日本：地域間研究の拠点形成」（JPJSCCA20180002）の支援を受けたものである。

　最後になるが、厳しい出版情勢にあって、本書の刊行をこころよくお引き受けいただいた明石書店、編集を担当された吉南堂・兼子千亜紀氏に、この場を借りて心からの謝意を表したい。

　2023年3月27日

臼井陽一郎・中村英俊

索　引

【人　名】

【事 項】

●**執筆者紹介**（五十音順、［ ］は担当章）

池本大輔（いけもと・だいすけ）［第 1 章］
明治学院大学法学部教授
主な著作：『EU 政治論——国境を越えた統治のゆくえ』（共著、有斐閣、2020 年）、'Brexit as a Result of European Struggles over the UK's Financial Sector', in Birte Wassenberg and Noriko Suzuki (eds.), *Origins and Consequences of European Crises: Global Views on Brexit* (Peter Lang, 2020), pp. 45-63; *European Monetary Integration 1970-79: British and French Experiences* (Palgrave Macmillan, 2011).

岩間陽子（いわま・ようこ）［第 2 章］
政策研究大学院大学教授
主な著作：『核共有の現実——NATO の経験と日本』（編著、信山社、2023 年）、『ハンドブック ヨーロッパ政治外交史——ウェストファリアからブレグジットまで』（共編著、ミネルヴァ書房、2022 年）、『核の一九六八年体制と西ドイツ』（有斐閣、2021 年）。

臼井陽一郎（うすい・よういちろう）［終章］
編著者紹介を参照。

神江沙蘭（こうのえ・さら）［第 6 章］
関西大学経済学部教授
主な著作：『金融統合の政治学——欧州金融・通貨システムの不均衡な発展』（岩波書店、2020 年）、'Germany's Compromises: The Impact of Crisis Narratives on the European Central Bank and Euro Governance', in Jill E. Twark (ed.) *Invested Narratives: German Responses to Economic Crisis* (Berghahn, 2022); *The Politics of Financial Markets and Regulation: The United States, Japan and Germany* (Palgrave Macmillan, 2014).

小林正英（こばやし・まさひで）［第 5 章］
尚美学園大学総合政策学部教授
主な著作：『NATO（北大西洋条約機構）を知るための 71 章』（共著、明石書店、2023 年）、『ヨーロッパの政治経済・入門［新版］』（共著、有斐閣、2022 年）、『国際機構［新版］』（共著、岩波書店、2021 年）。

武田 健（たけだ・けん）［第 4 章］
青山学院大学国際政治経済学部准教授
主な著作：「EU 内部の同調圧力」（『年報政治学』2021 年度第 I 号）、『トライバル化する世界——集合的トラウマがもたらす戦争の危機』（クルト・ドゥブーフ著、共訳、明石書店、2020 年）。

中村英俊（なかむら・ひでとし）［序章］
編著者紹介を参照。

吉田 徹（よしだ・とおる）［第 3 章］
同志社大学政策学部教授
主な著作『居場所なき革命——フランス 1968 年とドゴール主義』（みすず書房、2022 年）、『ヨーロッパ統合とフランス——偉大さを求めた 1 世紀』（編著、法律文化社、2012 年）、『ミッテラン社会党の転換——社会主義から欧州統合へ』（法政大学出版局、2008 年）。

●編著者紹介

臼井陽一郎（うすい・よういちろう）
早稲田大学大学院経済学研究科博士後期課程単位取得退学、リーズ大学大学院法学研究科修士課程修了。早稲田大学社会科学部助手を経て、現在、新潟国際情報大学国際学部教授。
専門分野：EU 政治
主な著作：『変わりゆく EU――永遠平和のプロジェクトの行方』（編著、明石書店、2020 年）、『EU の規範政治――グローバルヨーロッパの理想と現実』（編著、ナカニシヤ出版、2015 年）、『環境の EU、規範の政治』（ナカニシヤ出版、2013 年）、'The Democratic Quality of Soft Governance in the EU Sustainable Development Strategy: A Deliberative Deficit', *Journal of European Integration*, 29: 5, 2007, pp. 619-633; 'Evolving Environmental Norms in the European Union', *European Law Journal*, 9: 1, 2003, pp. 69-87.

中村英俊（なかむら・ひでとし）
早稲田大学大学院政治学研究科博士後期課程単位取得退学。県立長崎シーボルト大学国際情報学部（1999 ～ 2004 年）を経て、現在、早稲田大学政治経済学術院教授。
専門分野：国際政治学、ヨーロッパ統合理論
主な著作：「『民生パワー』概念の再検討――EU の対イラク政策を事例として」（『日本 EU 学会年報』第 24 号、2004 年、207-228 頁）、'Diffusing the Abolitionist Norm in Japan: EU "Death Penalty Diplomacy" and the Gap between Rhetoric and Reality in EU–Japan Relations', with Paul Bacon, *JCMS: Journal of Common Market Studies*, 59: 5, 2021, pp.1230-1246; *The European Union and Japan: A New Chapter in Civilian Power Cooperation?*, with Paul Bacon, Hartmut Mayer, et al. (Routledge, 2015).

EU の世界戦略と「リベラル国際秩序」のゆくえ
──ブレグジット、ウクライナ戦争の衝撃

2023 年 5 月15日　　　初版第 1 刷発行

編著者　　　臼　井　陽一郎
　　　　　　中　村　英　俊
発行者　　　大　江　道　雅
発行所　　　株式会社 明石書店
　　　〒101-0021東京都千代田区外神田6-9-5
　　　　　　電　話　03 (5818) 1171
　　　　　　F A X　03 (5818) 1174
　　　　　　振　替　00100-7-24505
　　　　　　http://www.akashi.co.jp
　　　編集　　　吉南堂（兼子千亜紀）
　　　装丁　　　明石書店デザイン室
　　　印刷／製本　モリモト印刷株式会社

（定価はカバーに表示してあります）　　　　　　　ISBN978-4-7503-5577-1

トライバル化する世界

集合的トラウマがもたらす戦争の危機

クルト・ドゥブーフ [著]

臼井陽一郎 [監訳]

小松﨑利明、武田健、松尾秀哉 [訳]

◎四六判／上製／248頁　◎2,400円

自分たちの集団以外の者は敵と見なし制圧しようとするトライバル（部族）化の動きが世界中で加速しているのはなぜか。気鋭のベルギー人ジャーナリストが現代と第二次大戦前の社会の類似性を指摘して戦争の可能性を警告し、真のグローバル化とは何かを問う。

〈価格は本体価格です〉

変わりゆくEU
永遠平和のプロジェクトの行方

臼井陽一郎 [編著]

◎A5判／並製／276頁　◎2,800円

リベラル国際秩序の最後の砦 EU、現在様々な内患外憂によりその存在がゆらいでいる。グローバル社会において加盟諸国は規範パワーたろうとする集合的政治意思を持ち続けることができるのか。政治、経済、社会政策等、様々な側面から今後のあり方を展望する。

《内容構成》

〈価格は本体価格です〉

〈価格は本体価格です〉